J&C 新闻传播学实验教材系列

JISUANJI FUZHU DIANHUA DIAOCHA

计算机辅助电话调查

从CATI项目策划、执行到数据导出与应用

朱 磊 主编
张 蕾 副主编

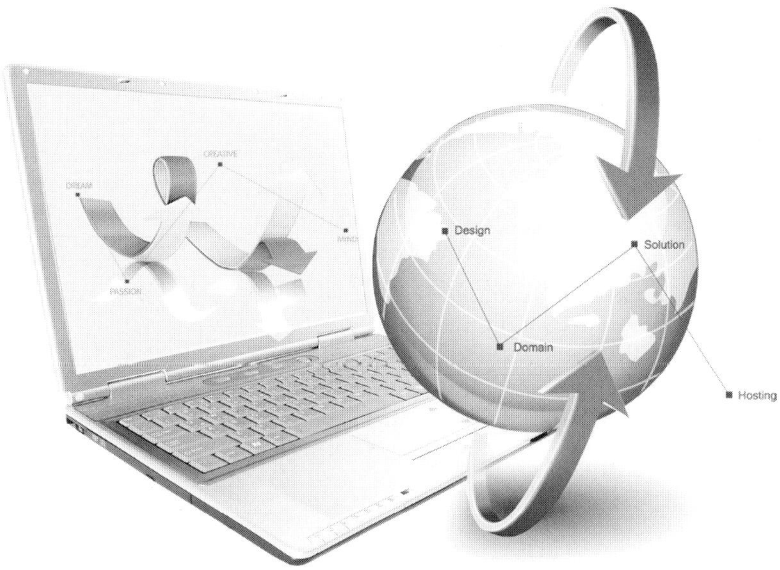

暨南大學出版社
JINAN UNIVERSITY PRESS
中国·广州

图书在版编目（CIP）数据

计算机辅助电话调查：从 CATI 项目策划、执行到数据导出与应用/朱磊主编；张蕾副主编．—广州：暨南大学出版社，2012.11
（新闻传播学实验教材系列）
ISBN 978-7-81135-603-8

Ⅰ．①计…　Ⅱ．①朱…②张…　Ⅲ．①计算机应用—电话—调查方法
Ⅳ．①C31-39

中国版本图书馆 CIP 数据核字（2010）第 159167 号

出版发行：暨南大学出版社

地　址：中国广州暨南大学
电　话：总编室（8620）85221601
营销部（8620）85225284　85228291　85228292（邮购）
传　真：（8620）85221583（办公室）　85223774（营销部）
邮　编：510630
网　址：http：//www.jnupress.com　http：//press.jnu.edu.cn

排　版：广州市天河星辰文化发展部照排中心
印　刷：佛山市浩文彩色印刷有限公司

开　本：787mm×960mm　1/16
印　张：14.5
字　数：297 千
版　次：2012 年 11 月第 1 版
印　次：2012 年 11 月第 1 次

定　价：29.00 元

（暨大版图书如有印装质量问题，请与出版社总编室联系调换）

总 序

这是一个媒体更迭与激变的时代；

这是一个教育变革与创新的时代。

我们该以怎样的理念和方式来推进媒体实验教学的改革与发展?

新媒体发展突飞猛进、日新月异，对中国传媒业和传媒教育产生了深刻的影响，形成了巨大的挑战，提出了崭新的课题。传媒业界和学界正在积极探讨应对之策，而“全媒体”和“媒体融合”被视为传媒业发展的方向，这同样也是媒体实验室建设和媒体实验教学改革的方向。所以，编写这套实验教材的一个重要理念就是要把握中国传媒乃至国际传媒的发展趋势，注重全媒体时代知识、技能的整合与创新。另一个重要理念就是化抽象的理论为具象的操作，注重学生实战能力的培植与提升。

2009 年 1 月，暨南大学媒体实验教学中心被教育部和财政部批准为 2008 年度国家级实验教学示范中心建设单位，之后便开始筹划媒体实验系列教材的编写与出版工作。经过几年的努力，编著者们已陆续完成了一些教材的编写，现在终于可以面见读者了。

借助国家级实验教学示范中心的平台，暨南大学媒体实验教学中心取得了长足的发展，教学理念与时俱进，实验设备不断完善，教学改革不断深入，教学与科研取得显著成效。在此，我们要特别感谢教育部、财政部、国务院侨务办公室以及学校的大力支持和重点资助！还要特别感谢学校实验室与设备管理处的悉心指导！

这套实验系列教材的酝酿与筹划倾注了董天策教授和谢毅教授的大量心血，教材的出版得到了暨南大学出版社徐义雄总经理和教育分社张仲玲社长的大力支持，同时也得到责任编辑的热心帮助，各位编著者为完成书稿废寝忘食，付出了辛勤的劳动，在此一并致谢！

杨先顺

2012 年 7 月 30 日

前　言

CATI 即计算机辅助电话访问（Computer Assisted Telephone Interview）的英文略写，是一种将计算机信息处理技术和通讯技术相结合的电话调查方法。它广泛应用于舆情调查、市场研究等各个领域。在全球经济一体化、传媒数字技术化和日新月异的信息化时代背景下，我们编写这本《计算机辅助电话调查》的目的，就在于帮助 CATI 使用者熟练掌握 CATI 技术，运用 CATI 技术开展各类调查研究活动。凡高校传播学、营销学、社会学专业的师生，企业市场与品牌部门、市场调查公司、广告公司和媒体机构的业界人士及政府机构社情民意的研究人员，如能从本书中获得某种帮助和启迪，那就是我们撰写者的最大欣慰了。

本书构建在调查理论与 CATI 实践结合的基础上。倘若没有一定的理论学习和积累，没有一定实践经验的反思，本书是不可能问世的。所以，概括来说，本书具有两大特色：一是“实践本位”；二是“读者导向”。

（一）实践本位

目前，国内外已出版了若干部与 CATI 相关的著作，积累了一定的成果。但是这些著作数量不多，且内容多是理论或技术层面的阐述。或是艰深的专业术语，或是难懂的程序语言，不便于 CATI 使用者理解和实际操作，也制约了 CATI 的普及和应用。

本书坚持实用理念，主张实践本位。力求在已有成果的基础上，加强实践性和可操作性，使理论更加具体化、通俗化。全书的编写顺序和实际的 CATI 操作顺序完全同步。全书共分为七章，第一、第二章对 CATI 的应用领域和基本知识作了概述性介绍；第三章到第六章，结合实际的 CATI 案例，按照 CATI 的实际操作顺序，分别就 CATI 项目策划、项目建立、项目执行以及数据统计与导出的方法进行了详细介绍；最后第七章就 CATI 数据的实际应用方法进行了介绍。本书实际操作部分所使用的案例，都是笔者亲身实践的第一手调查案例。

（二）读者导向

在 CATI 实践与教学过程中，笔者发现，许多 CATI 初学者都期望读到一部简单易懂、几乎能无师自通的教材。为满足这样的合理需求，我们充分考虑到 CATI 初学者在学习过程中的难点、重点，将本书定位于以读者为导向，力求简明易懂。基本依靠对本书的阅读，无须过多讲解，读者就能独立完成从

CATI 项目策划到完成调查报告或撰写论文的全部过程。

为了提高读者的兴趣，增强可读性、形象性，本书不惜篇幅，使用大量生动的图解和“小贴士”等来加强解说效果。另外，我们在编写过程中还特别增加了一项“根据读者评估进行内容修正”的环节，即在完成初稿后，请多位完全没有 CATI 经验的初学者按照书中的解说进行操作，并据此进行实际的 CATI 调研活动。如果初学者在阅读和操作过程中出现任何疑问，作者就进行相应的修改，直到初学者完全理解本书内容，能独立操作完成 CATI 各项步骤为止。

以“实践本位”和“读者导向”为原则编写这部 CATI 教材，完全是一项全新的尝试，可资参考的著作并不多。本书能得以顺利完成，完全仰仗于暨南大学新闻与传播学院领导、同仁们的支持和舆情研究中心近年来积累的研究成果，以及中心成员们丰富的调研经验。当然，疏漏和不足之处在所难免，请同行专家不吝赐教。

本书由朱磊任主编，张蕾任副主编，朱磊负责全书的组织、统稿工作。参与编写工作的人员有朱磊、张蕾、郭志鹃、张子民、朱芳宜、邬菊英、陈瑶。郭志鹃、邬菊英还参与了初稿的编辑整理和校对工作，朱磊、张蕾负责书稿的审核与修改工作。以上作者均为暨南大学新闻与传播学院舆情研究中心的核心成员，在舆情调查或市场调查方面具备较丰富的实践经验和一定的理论基础，且在近年内主持或参与过多个 CATI 项目。

本书在撰写过程中先后得到了暨南大学新闻与传播学院董天策教授、杨先顺教授、支庭荣教授、谢毅教授的关心和指导。暨南大学新闻与传播学院杨先顺教授、陈伟军教授和陈致中博士审阅了本书初稿，并提出了中肯的修改意见。上海南康科技有限公司华南办事处主管谷曼丹女士为本书的编写提供了参考资料，并提出了许多宝贵的建议。暨南大学出版社教育分社张仲玲社长为本书的顺利出版做了大量辛苦的工作，在此一并表示诚挚的谢意！

朱磊

2012 年 10 月于广州暨南大学

阅读提示

（1）文中凡是利用鼠标右键进行的操作，均写明。如未写明，则表示为左键操作。

（2）文中的“▼”表示“下一步操作”。

（3）“小贴士”是对前文操作的提示或相关知识的总结。

（4）本书使用的 CATI 系统为上海南康科技有限公司 ITACATI（电访专家）（版本：3.0），对于 ITACATI3.0 之后的版本也同样适用。

目 录

第一章　传媒研究与 CATI

第一节　CATI 的历史、现状和未来

CATI 系统（Computer Assisted Telephone Interviewing System）即计算机辅助电话调查系统，是通讯信息技术、计算机处理技术的快速发展与传统电话调查相结合的产物，从诞生到现在已经广泛应用于舆论调查、学术研究和市场调查领域。计算机辅助电话调查系统是通过计算机信息技术完成电话调查执行过程中的样本及抽样管理、问卷设计与管理、访问过程及访员管理，并能对访问结果进行数据分析与统计的技术。

从本质上说，CATI 技术是传统电话调查技术的延伸，因此，CATI 的历史就必须从电话调查说起。电话调查起源于美国，1876 年，贝尔发明了电话，从此，地球村的通讯进入了一个崭新的时代。

早在 1927 年，柯乐利调查公司（Crossley Survey，Inc.）就在 33 个城市（一说为 44 个城市）完成了三万个电话样本的访问，进行广播收听率的调研。这应当算是较早采用电话方式进行调研的记录了。① 20 世纪 70 年代初，CATI 在美国出现。访员面对计算机终端通过电话与被访者沟通，同时，能够同步将数据录入电脑。当时，美国的家庭电话普及率已经超过 90%，这时电话调查的覆盖范围与面对面调查等其他方式相比已经没有明显差异了。② 到 20 世纪 80 年代中后期，电话调查进一步得到普及应用，成为现代最重要的调查研究方法之一。

CATI 技术已经在欧美发达国家发展了四十多年，如今，许多国家半数以上的访问均通过 CATI 完成，有些国家 CATI 的访问量甚至高达 95%。③

电话调查技术在中国开始应用的时间相对较晚。直到 1987 年，电话调查才开始被一些专业的调查机构使用，主要用于民意测验和媒体接触率的研究。

---

① 上海南康科技有限公司 . CATI3. 0 操作手册 . 3.

② ［美］保罗 · J. 拉弗拉卡斯 . 电话调查方法：抽样、选择和督导（第 2 版）. 沈崇麟译 . 重庆：重庆大学出版社，2005. 6.

③ 上海南康科技有限公司 . CATI3. 0 操作手册 . 3.

1999 年，四川卫视利用当地的电话网络进行收视覆盖率调查；2000 年春节，央视春节晚会对收视率进行了即时调查。①

CATI 技术的应用必须要有两个客观条件的支持。首先是电话普及率要达到一定的程度，而我国电话的普及才是近十年的事情。21 世纪初我国大城市的固定电话普及率达到约 70%，这基本上满足了大范围电话调查的要求。其次，研究机构的信息化水平也是 CATI 系统得以顺利应用的重要物质前提，这主要是大型服务器和计算机网络的建设。

截止 2009 年底，我国累计电话用户为 106 107 万部，其中固定电话数量为 31 368 万部，移动电话数量为 74 738 万部，电话用户的比例已经达到相当高的水平。② 另一方面是我国计算机信息技术、硬件设备水平和宽带互联网技术等都有了突飞猛进的发展。因此，近年来，CATI 技术在许多领域得到了越来越多的应用，已经渗透到社会生活的方方面面，比如品牌知名度研究、产品开发与渗透研究、品牌市场占有率研究、广告传播效果研究、消费行业与态度研究、消费者生活形态研究、顾客满意度调查、服务质量跟踪调查、新产品测试研究、舆情与民意测验以及售后服务、电话营销等诸多领域。CATI 和政治、经济、文化等社会各方面密切联系的程度已经大大超出人们的想象。

不难想象，CATI 的发展前景将会无比广阔。一方面，CATI 与各种先进信息技术相结合，使得 CATI 的应用更方便，执行手段更灵活，执行效率和执行质量更明显，同时成本大幅度降低。特别是第三代 CATI 中心的问世，这使得支持使用广域网络多点并行执行调查业务成为现实。另一方面，CATI 与其他数据采集手段的整合，多种调研方式的互补，将大幅增强数据的客观性与全面性，提升调研的信度与效度。例如，计算机辅助面访系统（CAPI）、应用 3G 手机的 CAMI、基于网络平台的焦点小组访谈（NET_ FGD）和网络调查（CAWI，Computer Assisted Web Interviewing）等。可以断言，借助 CATI 及其相关计算机辅助调研手段的先进性、便利性和整合性等优势，在不久的将来，完成一项跨地域、跨媒体、跨手段的大型调研，可能只需要短短几个小时。

---

① 上海南康科技有限公司 . CATI3. 0 操作手册 . 3.

② 数据来源：中华人民共和国工信部网站，2009 年全国电信业统计公报，http：//www. miit. gov. cn/n11293472/n11293832/n11294132/n12858447/13011909. html ，2010 - 03 - 13.

表 1－1 CATI 历史年表

时间	国家或地区	事件
1876 年	美国	贝尔与他的同事试验了世界上第一台可用的电话机。
1927 年	美国	Crossley Survey 公司在 33 个城市（一说为 44 个城市）聘用调查员，采用电话方式开始最早的广播收听率调查。
1934 年	美国	美国统计学家 Claude E. Hooper 使用电话方式在同一时间内对 36 个城市的被访者进行广播收听率调查，开创了 Hooper rating。
1970 年	美国	CATI 问世。访员面对计算机终端通过电话与被访者沟通，并同步将数据录入电脑，实现对数据录入和统计的同步整合。
1970 年代中期	美国	美国家庭电话普及率达到 90% 以上，电话调查成为民意调查的最主要方法之一。
1975 年	美国	加利福尼亚大学洛杉矶分校将 CATI 系统应用于教学研究。
1980 年代	欧洲	计算机辅助面访（CAPI）率先在欧洲出现。
1980 年	美国	CATI 系统得到进一步发展，一些调研机构导入“混合调查”，即利用 CATI 系统，使用计算机处理面访和邮寄调查问卷。
1986 年	美国	美国锐齿软件公司发布基于网络环境的 CATI 系统。
1987 年	中国	电话调查开始被中国一些专业调查机构使用，主要用于民意测验和媒体接触率的研究。
1990 年代	美国	计算机辅助网络访问（CAWI）问世。
1995 年	美国	Windows 系统出现了以后，锐齿软件发布了 Wincati。
2000 年代初	日本	民意调查的抽样开始由原来从电话簿抽样逐步转为使用 RDD 方式抽样。
2001 年	中国	锐齿技术（从锐齿软件公司独立）发布 Wincati 中文版。
2002 年	中国	上海南康科技有限公司推出 ITACATI（电访专家）。
2002 年	中国	南京大学导入 CATI 系统。
2005 年	中国	暨南大学、深圳大学等高校先后导入 CATI 系统。

注：根据上海南康科技有限公司、美国锐齿技术公司、暨南大学、南京大学以及深圳大学官方网站网页资料整理并制表。

小贴士

CAI 与 CATI、CAPI 和 CASI

计算机辅助调查在国际上通常被简称为 CAI（Computer Assisted Interviewing），CASIC（Computer Assisted Survey Information Collection）或 CADC（Computer Assisted Data Collection），而传统的纸笔电话调查则通常被称作 PAPI（Paper－

and－pen Interviewing)。这些技术发源于欧美，但在早期发展阶段欧洲和北美是不同的。在美国，电话调查发展得较早，领先于欧洲。因此，早在20世纪70年代美国市场研究领域就出现了计算机辅助电话调查系统（CATI)。然而，另外一种计算机辅助调查形式——计算机辅助面访（CAPI）则在20世纪80年代率先在欧洲出现。在欧洲，面访获得了更大重视，基于便携式计算机的计算机辅助面访系统就此诞生了。各种计算机辅助调查的共性是：问题通过电脑屏幕展现，由访问者或被访者通过计算机直接录入答案。交互式的电脑程序呈现出特定规则的问题，不同的被访者或被访人群被呈现的可能是不同的内容。计算机辅助调查技术的应用主要有三种方式：CATI、CAPI和CASI（Computer Assisted Self Interviewing)。

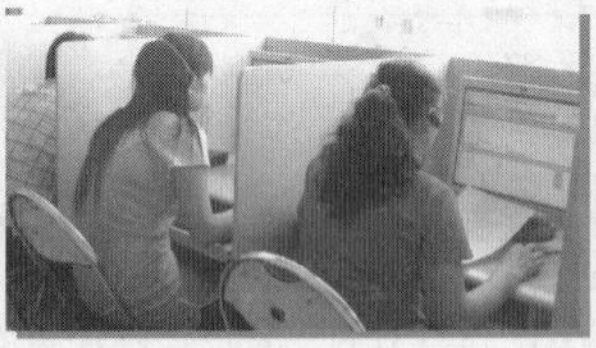

（1）CATI系统（Computer Assisted Telephone Interviewing System）是最早的计算机辅助调查方式。最初为单机形式，后来被网络形式所替代。CATI系统通常的工作形式是：访员坐在计算机前，面对屏幕上的问卷，采用平而缓的中性语调，清晰地向通话另一端的被访者提出问题，并将被访者回答的结果通过鼠标或键盘记录到计算机中去；督导则在另一台计算机前，借助局域网和电话交换机，对整个访问工作进行现场监控与指导。

（2）CAPI（Computer Assisted Personal Interviewing）是计算机辅助面访的简称。CAPI系统通常的工作形式是：问卷由计算机管理与呈现，被访者回答的结果被访员（或被访者）通过鼠标、键盘、手写笔或触摸屏等直接记录入计算机内。访问结束，数据通过互联网、邮寄或无线网等方式传送到中央服务器。汇总后的数据无须做太多整理，便可直接用于统计和数据分析。

3. CASI（Computer Assisted Self Interviewing）的特点是被访者自己阅读屏幕上的问题，然后输入答案。没有访员辅助，计算机程序引导被访者完成访问。在美国（公益性调查中，特别是艾滋病和吸毒者调查方面）CASI这种辅助访问方式受到了广泛接受。在访员将问卷程序转交给被访者的同时，被访者依旧可以获得相关解释和帮助，因此CASI在某种程度上也可被视作CAPI的一部分。

＊ 文字资料来源：上海南康科技有限公司.CATI3.0操作手册

＊ 图片来源：暨南大学新闻与传播学院舆情研究中心

第二节 CATI的特点

CATI结合了现代通讯技术与计算机信息处理技术，因而具备了“高科技”的形象，这种形象使它更容易受到人们（包括普通大众、一般调查从业者和专业研究员）的推崇，而较少理性考虑CATI技术对于现实电话访问所带来的时效性的把控、效率的提高和成本的节约。当然，相比于传统的PAPI式电话调查，CATI带来的变革意义和积极影响是不可忽视的，下面我们将具体谈谈CATI的特点。

1. 比传统调查更加节省时间和成本

一般而言，通过访员面访、邮寄等方式进行调查会较多地耗费人力、物力和财力。而CATI则可以免去调查交通、问卷编码和数据录入等环节的费用。相比传统PAPI式电话调查，计算机技术的加入，减少了印刷、纸张、场地等费用，同时又极大地提高了访问效率。特别是一些小范围的调查，CATI的调查费用是可以控制在较低水平的。然而，CATI进行单一项目运作的成本费用虽然不高，但前期投入较大，对管理和技术人员的要求尤其严格。这些在进行成本核算时，也是不能不考虑的因素

2. 便于管理和控制，降低访员和督导的工作强度

计算机信息技术的引入，有助于高效地完成自动抽样，进行问卷编辑和配额设定等。访员在访问过程中只需注视计算机屏幕，根据提示点击鼠标或录入文字，将精力集中于与被访者进行沟通；而督导则只要事先设计访问规则（比如问题的跳转），查看配额和样本使用情况，查询访问进度，查看访员个人话务数据（比如任务完成情况、访问成功率等等），进行答卷审核等操作。均大大减少了工作量，提高了工作效率。

3. CATI系统可在调查的同时，进行数据分析和统计

融入计算机技术之后，CATI将问卷的编码和录入过程自动化，并能迅速完成数据分析。为快速调查，尤其是对社会热点事件、突发事件的调查结论，提供了可靠条件。

4. 调查相关信息能够及时反馈

在CATI调查的过程中，可以根据需要随时查询样本的构成状况。这一点在配额调查中的作用尤为明显。在CATI中，一般访员都是在同一区域进行访问，因此督导可以随时沟通并纠正访员的不规范操作，还可以利用实时监听，及时发现问题并改进技术，提高访问质量。

另外，通过电话调查（包括 CATI），其本身可以突破地域（或其他特殊条件）的限制，使某一项调查可以大范围地展开。比如在非典期间，一般民众出于保护自身健康的考虑而难以接触，而对非典病人或其他隔离对象的访问更必须借助于电话调查了。通过电话调查这种非面对面的方式，可以更加方便地问部分敏感信息，也可以得到更加真实的回答。

以上描述了 CATI 积极作用，并不是说 CATI 就是完美无缺的。任何一项技术都不可能完全没有缺陷，在实际的使用过程中，我们要理性认识，扬其长，避其短，将 CATI 置于合适的时间，用合适的方式使其在合适的领域发挥作用。

首先，电话调查必须在电话（包括手机）足够普及的地方使用，否则就难以做到以“小样本”代表总体。比如，在偏远的山区或者电话普及率不高的广大农村地区，都不适宜进行 CATI 调查。

其次，电话调查不适宜采用过于冗长的问卷和过于繁杂的问题。在电话调查中，访员不像面访时那样与被访者现场交流，访员较难以对访问过程形成控制，被访者很容易被其他因素干扰甚至打断。实际上，被访者如要拒绝我们的访问时，可以更为果断。根据经验，在一般的民意电话调查中，整个访问过程不宜超过 15 分钟，所提问题以 15 个左右为宜。然而，专业商业调查单样本的访问时间和问题数量会更长更多，平均访问时间在 30 分钟以上的商业电话调查比比皆是，在没有大量可靠的样本的情况下，其调查效果值得商榷。另外，被访者只能听而无法见到问卷，所以对于选择题（尤其是多选题）来说，每道题的选项个数也必须适当控制。

除此之外，CATI 调查的最佳访问时间为工作日晚间时段和非工作日全天时段。实际上，不同地区的最佳访问时间也会不同。以晚上为例，大城市夜生活丰富，晚上的最佳访问时间较长较晚，而小城市则会较早结束夜生活，最佳访问的持续时间也较短。一项 CATI 调查开始时，可进行事先调查或进行一次测试，以确定最佳访问时段。

小故事

美国历史上民意调查失败的例子

现代意义上的民意调查发源于美国，并可以追溯到 1824 年报纸举办的模拟投票。在很长一段时间里，人们主要是通过模拟投票、亲自走访和寄发邮件等方法来进行民意测验。手段比较单一，取样缺乏代表性，容易导致错误结论。

最为典型的例子是美国《文摘周刊》在 1936 年进行的民意调查。此前，它已经成功地预测了 5 次总统选举的结果，然而 1936 年调查的结论和实际的结果大相径庭。这次调查该杂志发出 1 000 万张问卷，收回 200 万份，杂志预言共和党人兰登与寻求连任的罗斯福总统的得票比例为 57：43，结果罗斯福以压倒多数（61%）再次当选。从此，《文摘周刊》的信誉大减，其失败原因就是抽样样本缺乏代表性，同时没有注意到选民态度的动态变化。

不过，盖洛普公司和罗珀公司由于成功地预测了这次选举，自此开始初露头角，生意日益兴旺。正因为如此，民意调查机构在美国日益增多。民意调查已经成为美国政治经济生活中的一个重要组成部分。

第三节 传媒研究中的CATI

一、CATI在国内传媒研究中的应用

在计算机使用如此普及、信息化发展如此迅速的时代，传统的电话采访方式已经离不开计算机的协助，而计算机辅助电话访问系统（CATI）也成了电话采访的必要工具之一。从20世纪70年代问世以来，CATI经历了40年的发展，在许多领域都得到了广泛的应用，学术研究领域也不例外。

在我国的高校中，率先使用CATI系统进行科研活动的有南京大学、暨南大学、南京师范大学、深圳大学、复旦大学等。其中，利用CATI系统开展传媒与舆情研究活动较为活跃的有暨南大学、深圳大学和复旦大学等高校。

暨南大学新闻与传播学院CATI实验室是广州第一所在高校设立的CATI实验室，现隶属国家级媒体实验教学示范中心，拥有24个CATI坐席和8个CAPI终端。自2005年设立以来，该中心除承担新闻与传播学院学生实践项目之外，还承担了各类纵、横向调查研究项目，可独立完成各类民意调查、社会舆情调查，以及品牌监测、广告效果评估等调查研究活动。近两年来，暨南大学新闻与传播学院舆情研究中心利用该CATI实验室，已主持或承担了“建国60周年国庆阅兵民众期待调查”、“国庆60周年阅兵效果调查”、“亚运传播效果研究”、“广东省数字出版活动调查数据统计”、“影响报纸竞争力的核心因素调查”、“重大体育赛事对主办城市居民归属感的影响研究”、“广州新电视塔命名态度调查”以及“沪穗两地世博会民意调查”等CATI调研项目。

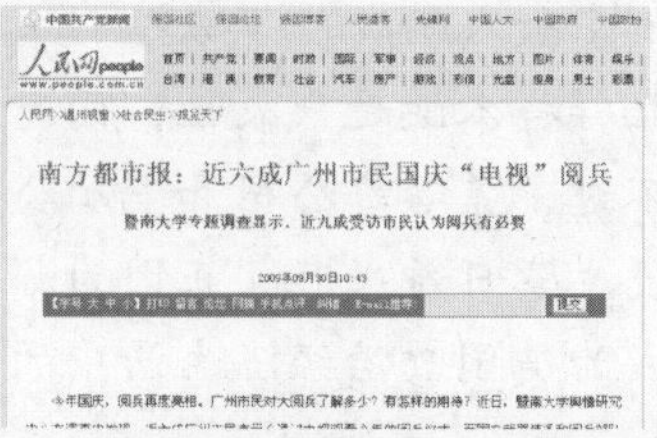

人民网

《南方都市报》2009年9月30日A18版　　凤凰卫视：《有报天天读》节目

图 1-1　各类媒体对高校 CATI 项目的报道举例

深圳大学的传媒与文化发展研究中心在 2005 年入选第二批省级人文社会科学重点研究基地，研究中心设有电脑辅助电话调查实验室。该实验室采用美国专利软件，实现对深圳市电话号码数据随机抽样、电脑辅助电话调查、自动生成调查问卷和统计分析的功能。目前承担有深圳市政府社情舆论专项任务。每周对 400 户家庭进行一次市民舆情民意电话调查。目前已经完成 100 多篇深圳市社情民意调查报告。①

2006 年 9 月，复旦大学传媒与舆情调查中心成立。目前，该实验室的 CATI 调查系统安装了集项目管理、访员管理、样本管理、问卷管理、配额管理、答卷管理和资料统计七大功能于一体的 ITACATI 电话访问软件（3.0 版本），可同时进行即时电话访问与数据分析。② 该调查中心成立以来，成功完成了“上海市民对世博信息化主题认知与反应舆情调查”、“上海市新闻媒体行风评议研究”、“上海市民对 2007 年全国‘两会’的认知与反应舆情调查”、“上海市民对党的十七大的知晓程度和评价舆情调查”、“关于市民幸福感和生活满意度的调查”、“纪念长征胜利 70 周年活动宣传效果调查” 等项目。

二、CATI 在国外传媒研究中的应用

尽管近年来我国在利用 CATI 进行传媒研究方面发展较快，但是与美国等发达国家在传播学学科的科研活动中灵活使用 CATI 等工具获取电话采访数据

① 资料来源：深圳大学传媒与文化发展研究中心网站，http：//media. szu. edu. cn/detail. asp，2010-03-27.

② 资料来源：复旦大学新闻学院实验中心，http：//www. xwxy. fudan. edu. cn/syzx/zxjs/2008-05/31/content_ 823. htm，2010-03-05.

的状况相比，我国在此方面的研究可以说尚处于起步阶段。以美国传播学界权威刊物《传播学杂志》（*Journal of Communication*）和我国传播学界权威刊物《新闻与传播研究》的对比研究为例，在对两本刊物由2000年至2009年的研究方法进行比较后发现，中文期刊占主导地位的研究方法是定性研究方法，英文期刊占主导地位的则是定量研究方法。从《新闻与传播研究》2000年至2009年研究方法的变化趋势来看，虽然在此十年期间，定量研究方法有间断性的上升趋势，但是定性研究方式占了绝对的主导地位。具体到对问卷调查这项研究方法的比较情况，中文期刊中“问卷调查法”只占了4.5%；英文期刊中“问卷调查法”的比例为24.3%。《传播学杂志》中，2000年至2009年9月间采用了电话调查的定量研究文章数量为29篇，占使用问卷调查方法的研究数量中的近三成。所有使用了电话调查辅助研究的文章在历时的变化上面，可以参照图1－2。

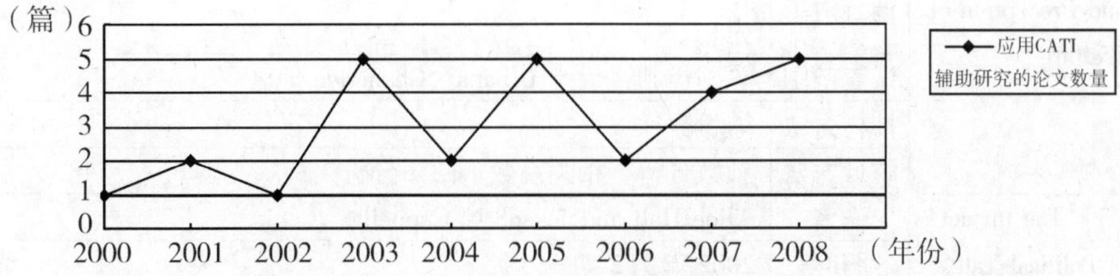

图1－2 《传播学杂志》在2000—2008年使用电话调查辅助研究数量的变化

从上图可以看出，《传播学杂志》在2000年至2008年间使用电话调查帮助研究的文章数量在总体上呈现上升趋势，但是上升趋势不显著，浮动较大。这也从侧面说明了美国在研究中对CATI系统的使用比较成熟，CATI技术需要根据研究主题来灵活应用。

美国《传播学杂志》在2000年至2009年9月间发表的论文中，在文章中明示使用CATI系统和委托专业调查公司或政府机构进行电话调查研究的文章共有23篇。表1－2按题目、作者、期刊号、主题、调查对象、调查范围、抽样方法、统计方法8个项目对这23篇论文进行了梳理。

表 1-2 《传播学杂志》中使用电话调查方法的论文一览表
(2000 年—2009 年 9 月)

题目		
(1) Bridging the Spheres: Political and Personal Co-versation in Public and Private Spaces	作者	Robert O. Wyatt, Elihu Katz, and Joohan Kim
	期刊号	2000 年第 1 期第 4 篇
	主题	公民在公共空间与私人空间谈论政治话题与私人话题的情况
	调查对象	美国成年人
	调查范围	美国全国
	抽样方法	随机数字拨号抽样
	统计方法	描述统计量分析，因子分析
(2) Media Use and Preception of Walfare	作者	Mira Sotirovic
	期刊号	2001 年第 4 期第 6 篇
	主题	民众对于福利受益者典型特征的认知
	调查对象	美国伊利诺伊州 Urbana - Champion 地区成年居民（男士优先）
	调查范围	美国伊利诺伊州 Urbana - Champion 地区
	抽样方法	随机数字拨号抽样
	统计方法	频数分析，相关系数，回归分析
(3) The Impact of Political Talk Radio Exposure on Attributions about the Outcome of the 1996 U. S. Presidential Election	作者	Alice Hall and Joseph N. Cappella
	期刊号	2002 年第 2 期第 6 篇
	主题	媒体宣传对受众理解新闻事件的作用
	调查对象	美国有家庭电话的成年人
	调查范围	美国全国
	抽样方法	随机数字拨号抽样
	统计方法	描述统计量分析
(4) Television News and the Cultivison of Fear of Crime	作者	Daniel Romer, Kathleen Hall Jamieson, and Sean Aday
	期刊号	2003 年第 1 期第 7 篇
	主题	电视新闻在培养受众对犯罪的恐惧感上的作用
	调查对象	美国家庭中 18 岁以上且在近期庆祝过生日的成年人
	调查范围	美国全国
	抽样方法	随机数字拨号抽样
	统计方法	频数分析，相关系数
(5) How Individual Explain Social Problems: the Influence of Media Use	作者	Mira Sotirovic
	期刊号	2003 年第 1 期第 12 篇
	主题	民众的媒介使用习惯对理解社会问题的影响
	调查对象	美国 Madison WI 和 Urbana - Champion IL 地区的成年人
	调查范围	美国 Madison WI 和 Urbana - Champion IL 地区
	抽样方法	随机数字拨号抽样
	统计方法	频数分析，描述统计量分析

（续上表）

题目		
(6) The Scary World in Your Living Room and Neighborhood: Using Local Broadcast News, Neighborhood Crime Rates and Personal Experience to Test Agenda Setting and Cultivation	作者	Kimberly Gross and Sean Aday
	期刊号	2003 年第 3 期第 2 篇
	主题	通过比较民众观看当地电视新闻的情况、居住地犯罪率和民众的个人安全感来测验传播学中的议程设置理论和培养理论
	调查对象	华盛顿都市区成年男性居民
	调查范围	华盛顿都市区（包括华盛顿和相近的马里兰州、弗吉尼亚州近郊）
	抽样方法	随机数字拨号抽样
	统计方法	描述统计量分析，相关系数
(7) What Do Americans Really Want to Know? Tracking the Behavior of News Readers on the Internet	作者	William J. Brown, Michael D. Basil, and Mihai C. Bocarnea
	期刊号	2003 年第 4 期第 8 篇
	主题	民众使用网络了解公共事务的自主性和频率
	调查对象	美国成年人
	调查范围	美国全国
	抽样方法	随机数字拨号
	统计方法	描述统计量分析，相关系数
(8) Preparation for the Y2K: Revisiting the Behavial Component of The Thirdperson Effect	作者	David Tewksbury, Patricia Moy, and Deborah S. Weis
	期刊号	2004 年第 1 期第 9 篇
	主题	传播中的第三人效应如何激发人们为对抗千年虫危机的准备行动
	调查对象	美国大西雅图地区与伊利诺伊州香槟地区的成年人
	调查范围	美国大西雅图地区与伊利诺伊州香槟地区
	抽样方法	第一个样本群从电话簿中系统抽样而来，为了包括未列入电话簿中的号码采取了附加一位的技术，第二个样本群采取随机数字拨号抽样
	统计方法	卡方检验
(9) Political Correlates of Local News Media Use	作者	Patricia Moy, Michael R. McCluskey, Kelly McCoy, and Magaret A. Spratt
	期刊号	2004 年第 3 期第 9 篇
	主题	居民对本地新闻的关注和相关的政治影响，包括对记者的评估、对新闻媒介的使用、政治知识和政治参与等
	调查对象	美国大西雅图地区的成年人
	调查范围	美国大西雅图地区
	抽样方法	从电话簿中系统抽取样本，为了包括未列入电话簿中的号码采取了附加一位的技术
	统计方法	描述统计量分析相关系数

（续上表）

题目		
(10) Examing Differential Gains from Internet Use: Comparing the Moderation Role of Talk and Online Interaction	作者	Bruce W. Hardy and Dietram A. Scheufele
	期刊号	2005 年第 1 期第 5 篇
	主题	民众利用电脑进行互动以及阅读网络上的新闻对他们参与公共事务的影响
	调查对象	美国公民
	调查范围	美国全国
	抽样方法	随机数字拨号抽样
	统计方法	描述统计量分析
(11) Representation of Women in News and Photos: Comparing Content to Perception	作者	María E. Len – Ríos, Shelly Rodgers, Esther Thorson, and Doyle Yoon
	期刊号	2005 年第 1 期第 10 篇
	主题	新闻报道和照片中展现出的女性形象与新闻相关工作人员和报纸读者对女性形象认知的差异
	调查对象	两份报纸的新闻编辑部员工
	调查范围	报纸编辑部所在地
	抽样方法	随机数字拨号抽样
	统计方法	描述统计量分析，相关系数，卡方检验
(12) Media Exposure and Attention as Mediating Variable Influencing Social Risk Judgments	作者	Michael D. Slater and Kenneth A. Rasinski
	期刊号	2005 年第 4 期第 10 篇
	主题	尽管受众在人口统计学上的特点和个人体验具有差异性，但在对危险的判断上，受众对媒体的曝光度和注意度是否会起到调节的效果
	调查对象	美国成年人
	调查范围	美国全国
	抽样方法	样本框从 Survey sampling international 购买而来，采取号码末尾附加一位的系统抽取方式
	统计方法	描述统计量分析
(13) Parenting the Internet	作者	Matthew S. Eastin, Bradley S. Greenberg & Linda Hofschire
	期刊号	2006 年第 3 期第 4 篇
	主题	抚养青少年的母亲的教学方式和互联网的使用情况对教学内容和上网时间的影响
	调查对象	美国中西部的一个州的母亲
	调查范围	美国中西部的一个州
	抽样方法	随机数字拨号抽样
	统计方法	描述统计量分析，相关系数

（续上表）

题目		
(14) Structual Antecedents to Knowledge and Participation: Extending the Knowledge Gap Concept to Participation	作者	Jaeho Cho1& Douglas M. McLeod2
	期刊号	2007 年第 2 期第 3 篇
	主题	社区的特性、政治知识层次与个人和社区的政治参与度三者之间的关系
	调查对象	美国 40 个不同社区中的居民
	调查范围	美国 40 个不同的社区
	抽样方法	随机数字拨号抽样
	统计方法	描述统计量分析，回归分析
(15) Stylistic Features, Need for Sensation, and Confirmed Recall of National Smoking Prevertion Advertisements	作者	Jeff Niederdeppe, Kevin C. Davis, Matthew C. Farrelly & Jared Yarsevich
	期刊号	2007 年第 2 期第 6 篇
	主题	电视戒烟广告视觉、听觉、格式的形式与受众对其的回忆之间的联系
	调查对象	美国 12～17 岁的青少年
	调查范围	美国全国
	抽样方法	随机数字拨号抽样
	统计方法	频数分析，描述统计量分析，相关系数，回归分析
(16) The Spiral of Silence and Fear of Isolation	作者	Kurt Neuwirth, Edward Frederick & Charles Mayo
	期刊号	2007 年第 3 期第 3 篇
	主题	受众对孤立的恐惧心理与传播学中“沟通焦虑影响意见表达”之间的关系
	调查对象	美国三个地区的成年居民
	调查范围	美国辛辛那提、奥克莱尔和哈提斯堡地区
	抽样方法	调查采用随机数字拨号抽样方式，为了减少误差，电话号码由随机数字表生成
	统计方法	频数分析，描述统计量分析，回归分析，因子分析
(17) Hostile Media Perception, Persumed Media Influence, and Minority Alienation: The Case of Arab in Israel	作者	Yariv Tsfati
	期刊号	2007 年第 4 期第 2 篇
	主题	如果少数派认为媒体带有偏见的报道有强烈的影响，那么这种报道是否会间接增强少数派的联合
	调查对象	在以色列地区居住的阿拉伯居民家庭居民
	调查范围	以色列
	抽样方法	随机数字拨号抽样
	统计方法	频数分析，描述统计量分析，卡方检验

（续上表）

题目		
(18) Mechanism through Which Adolescents Attend and Respond to Anti smoking Media Champion	作者	Hye – Jin Paek
	期刊号	2008 年第 1 期第 5 篇
	主题	青少年对宣传戒烟的媒介活动的参与和反应机制
	调查对象	美国 12～24 岁的青少年
	调查范围	美国全国
	抽样方法	随机数字拨号抽样
	统计方法	卡方检验，T 检验，结构方程式，方差分析
(19) Crime News and Racialized Beliefs: Understanding the Relationship between Local News Viewing and Perception of Africa Americans and Crime	作者	Travis L. Dixon
	期刊号	2008 年第 1 期第 6 篇
	主题	民众观看本地新闻和对非裔美国人与犯罪关系的认知
	调查对象	美国洛杉矶地区的民众
	调查范围	美国洛杉矶地区
	抽样方法	采用了 GENESYS 抽样程序随机拨号抽样
	统计方法	回归分析，方差分析
(20) What I Watch and Who I am: National Pride and the Viewing of Local and Foreign Television in Israel	作者	Jonathan Cohen
	期刊号	2008 年第 1 期第 8 篇
	主题	以色列人收看国内和外国电视节目的情况和对国家的认同感
	调查对象	以色列的成年人
	调查范围	以色列
	抽样方法	未提及
	统计方法	频数分析，相关系数，回归分析，方差分析
(21) Network News and Racial Beliefs: Exploring the Connection between National Television News Exposure and Stereoty-pical Preceptions of African Americans	作者	Travis L. Dixon
	期刊号	2008 年第 2 期第 7 篇
	主题	居民对国内电视新闻信息的曝光度是否会对种族态度和非裔美国人的认知产生可论证的影响
	调查对象	美国洛杉矶地区非学生的成年居民
	调查范围	美国洛杉矶地区
	抽样方法	第一阶段先通过随机拨号和电话辅助采访进行标准的随机抽样，第二阶段则根据户口普查情况对非裔美国人和拉丁美洲人进行了采样（GENESYS 抽样程序，2003）
	统计方法	频数分析，回归分析，方差分析

（续上表）

题目		
（22） Intergroup Communication as a Predictor of Jujwish Israel Agreement with Integrative Solution to the Israel Palestinan Conflict：The mediation Effect of Out－group Trust and Guilt	作者	Ifat Maoz ， and Donald G. Ellis
	期刊号	2008 年第 3 期第 5 篇
	主题	在控制变量的条件下，团体间的交流接触（比如以色列和巴勒斯坦间的团体会议）在什么样的条件下能够提高达成和平协议的可能性
	调查对象	以色列的成年人
	调查范围	以色列
	抽样方法	随机数字拨号抽样
	统计方法	描述统计量分析，结构方程式
（23） The Role of Family Interaction in New Immigrant Latino's Civic engagement	作者	Holley A. Wilkin，Vikki S. Katz ， and Sandra J. Ball-Rokeach
	期刊号	2009 年第 2 期第 12 篇
	主题	把家庭作为构造故事的一部分，探索家庭互动在影响公民参与中的作用
	调查对象	来自拉丁美洲的新移民家庭成员
	调查范围	美国洛杉矶地区
	抽样方法	随机数字拨号抽样
	统计方法	描述统计量分析，回归分析，T 检验

注：笔者对 2000 年到 2009 年 9 月期间美国传播学权威期刊《传播学杂志》（*Journal of Communication*）中应用电话调查的定量研究论文进行内容分析，并据此制表。

三、CATI 在国外传媒研究中的应用案例

接下来，笔者将从列表中选出一些具有代表性的案例，进行具体说明。

研究案例一：《公民在公共空间与私人空间谈论政治话题与私人话题的情况》

研究人员 Robert O. Wyatt 等人于 1996 年 5 月在美国全国范围内的 50 个州进行了大范围的电话调查，目的在于研究公民在公共空间与私人空间谈论政治话题和私人话题的情况。调查采用了 CATI 电话访问系统，共取得了 1 029 个成年人样本。在操作过程中，访员一旦接通一个符合条件的美国家庭，CATI 系统便能够显示回答者在年龄、性别上的配额，从而使访员能够灵活控制样本分配。女性占了总样本的 56%。在年龄上，18 到 34 岁的样本比例为 31%，35 到 49 岁的比例为 35%，50 到 64 岁的比例为 20%，65 岁以上的比例为 15%。在人种上，白色人种的样本比例为 84%，黑色人种比例为 9%，剩下的 7% 是其他人种或混血。这样的样本分布情况与美国人口统计局的比例基本相符，所以不用赋予权重。

电话接通后，访员会询问被访者对预定的 9 个话题的谈论频率，选项分为“经常、有时、很少、从不”四种情况。在询问完整体的谈论频率之后，访员进一步询问谈论地点和谈论的自由度。被访者谈论这些话题感到的自由度同样分为“非常、一些、稍微、完全没有” 4 个程度。9 个预定的话题包括了总统、政府和国会的表现、州政府和本地政府部门的表现、国际事件、经济状况等。

CATI 的大量使用使得这样大范围的调查便捷可行，既广泛地征求了民意，证实了民众对所有测量的话题都能够自由发表意见，也证实了政治话题的谈论对社会民主化的重要作用。

研究案例二:《民众的媒介使用习惯对理解社会问题的影响》

之前媒介研究显示，媒介能够影响我们对现实的认知。Mira Sotirovic 通过考察民众对于福利受益者典型特征的认知，以及这些认知是否与个人对媒介使用的不同有关来印证这一观点。

研究采用的数据是使用 CATI 系统于 1998 年和 1999 年对美国伊利诺伊州 Urbana – Champion 地区居民进行两次调查的结果，分别收集到 416 和 391 份样本。被访者的选取采用了随机拨号抽样的方式，访问时长平均为 20 分钟。调查人员由正在进修公共舆论课程并受过培训的各年级学生担任，访问过程同时受到监督。在调查实施过程中，研究人员借用了伊利诺伊州香槟分校社会科学部计算机工程和传播学办公室的资源。电话号码的样本框来自美国电话簿光碟资料库。

在电话接通时，访员首先询问接通的是不是办公地点的电话。在确定接通的是家庭电话后，访员首先要求与家中 18 岁以上的成年男性通话，如果没有则选择 18 岁以上的成年女性。被访者不得是伊利诺伊州香槟分校的学生。使用系统配额控制的技术，可以保证样本在性别和年龄上合理分布。总体的访问完成率为 50% 。在两次调查和每个样本之间都保证了变量测量的一致性，所以最终获得的样本可以相加，共 807 份。

在数据分析上，研究把电话调查获得的数据与官方统计数据进行了对比。

Table 1. Perceptions of Welfare

	Correct	*Incorrect*
1. Most of the welfare recipients are healthy and physically able to work (true)	57.1	34.7*
2. The majority of welfare recipients are Black (false)	59.6	30.7*
3. Among female welfare recipients most are White (true)	34.7	46.0*
4. Most people on welfare live in major cities (false)	38.5	53.2*
	Survey	*Official statistics*
5. About how old is the head of the average family that receives welfare?	28 years (median)	30 years (average)
6. What percentage of the federal budget is spent on welfare?	10% (median)	8%
7. What is the average monthly welfare payment?	$400 (median)	$362 (average)
8. How long, on average, do people stay on welfare?	5 years (median)	2 years (median)

Note: *Difference between proportions significant at $p < .01$.

图 1－3　民众对福利受益者的认知情况与官方统计情况对比[①]

上图显示了民众对福利受益者的认知情况与实际情况的差距。

Table 2. Impact of Media Use on Welfare Perceptions

	Able to work	*Race*	*Gender/race*	*Major cities*
Education	-.13*	.19**	.25**	.16**
Gender (female)	.01	.22*	.01	.04
Income	.04	.01	.01	.01
Age	-.01	.01	-.01	.01
Social ideology (conservative)	.02	-.06	-.08	-.16**
Talked with people on welfare	-.01	.06*	.01	.06*
TV national news	.07*	-.05	-.01	-.01
TV entertainment	-.01	.01	-.10**	-.02
TV cable	-.01	-.02	-.05	-.02
TV welfare	-.09*	.09*	.11**	.05
TV *Newshour With Jim Lehrer* (PBS)	-.06	.07	.12**	-.02
NP national public affairs	-.04	.02	.03	.01
Talk x TV entertainment	—	.20**	.17*	—
Talk x TV PBS	—	—	-.24**	—
-2 Log Likelihood	950.97	876.13	809.79	958.784
Model chi-square (*df* = 18)	31.61*	58.68**	79.93**	48.18**
Media variables chi-square improvement (*df* = 6)	11.99*	11.73	23.26**	5.12
Interactions chi-square improvement (*df* = 6)	3.90	13.35*	14.43*	10.08
n	741	729	651	740

Note: Entries are logistic regression coefficients. Positive coefficients indicate correct answers. Main effect coefficients are prior to the introduction of interaction terms. The interaction terms are added to equations subsequently, one by one. Only significant coefficients for interaction terms are shown.

$^{*}p < .05$; $^{**}p < .01$

图 1－4　民众媒介使用情况对福利受益者形象认知的影响[②]

① Mira Sotirovic. Media Use and Preception of Walfare. *Journal of Communication*. 2001， p. 758.

② Mira Sotirovic. Media Use and Preception of Walfare. *Journal of Communication*. 2001， p. 760.

图1-4显示了民众对媒介的认可度。

数据分析显示，民众对某些媒介的使用（以对有线电视新闻的收看和关注为代表），使得民众认为福利受益者的典型形象是非白色人种的、年轻的女性，他们预想的政府用于福利事业的资金比实际要高。这些媒介传递信息的特点是与环境联系不足、以事件为中心的，并且包含个人感情色彩。有阅读报纸习惯的民众对福利受益者的典型形象认知要更为准确。最终这些认知会影响民众对福利项目的支持度。

CATI系统给多次的历时性的调查提供了便利。在使用过程中，如何控制变量，悉心选择访员和最大程度地利用资源，都是需要特别加以注意的。

研究案例三：《抚养青少年的母亲的教学方式和互联网的使用情况对教学内容和上网时间的影响》

在数字信息化时代，父母对子女的教育也需要借助电脑等新媒体手段。Matthew S. Eastin等研究人员分析了对青少年的母亲电话访问获得的数据，试图找出她们的教学方式和互联网的使用情况对教学内容和上网时间的影响。

所有的采访是由一间专业公司采用CATI系统辅助完成的。为了收集尽可能多的教育方式，母亲被分成了四类：孩子在公立学校接受教育的单身母亲或已婚母亲、孩子在家接受教育的母亲、孩子在宗教学校接受教育的母亲。研究采用随机拨号的方式抽样。访问的平均时长为25分钟。第一和第二类样本要求被访者中单身和已婚的母亲数量相对均衡，并且有一个13到18岁之间的在公立学校接受教育的孩子，两类样本数量都需要达到300个。在转入代用号码前，每个号码都进行了两次尝试。第三类样本中包括了在家接受教育的青少年的母亲，样本框是在州政府登记过的选择在家教育的家庭，其中有537户家庭至少有一个在13到18岁间的青少年。在通过信函联系之后，116位母亲表示了配合意向，最终完成了容量为99的样本。第四类样本从八所基督教学校提供的信息中抽取，共取得容量为97的样本，采访成功率为45%。

研究结果显示，家长的教学方式对于教学技术手段的选择起了重大作用，网络的便利性也影响了网上教学的时间。

CATI系统使得对样本的管理和分类变得简单易行，在研究过程中也可以根据样本的采集情况，对配额作出调整。

研究案例四：《把家庭作为构造故事的一部分，探索家庭互动在影响公民参与中的作用》

此前的研究显示，传播内容的结构和构造故事（storytelling）的能力会影响公民对公共事务的参与。这项研究的目的在于把家庭作为构造故事的一部分，探索家庭互动在影响公民参与中的作用。

研究人员Holley A. Wilkin等人选择了移民的拉丁美洲家庭作为研究对象。

研究数据来自对739位来自拉丁美洲的新移民家庭成员的电话调查，其中301位从洛杉矶Pico Union地区获得，438位从洛杉矶东南部的Cudahy、Huntington Park和South Gate地区获得，这两个地域都聚居了很多拉丁美洲移民。调查的实施时间为2002年到2003年间，电话采访平均耗时40到47分钟。被访者被告知要调查居民对居住社区的感受。研究人员委托了一家专业的商业化调查公司实施访问。访员都掌握两种语言（英语和西班牙语），并且使用CATI系统进行调查。研究者监督了全部调查过程。在事先决定的调查区域内，访员采取随机拨号方式抽样，对未应答号码最多进行八次回呼。回应率用完成调查数量除以理论上有效号码，为48%。

研究涉及了许多用于测量家庭互动的变量，选项大多分为1（经常）到5（从不）的五个维度。研究人员用因子分析找出了影响家庭互动的主要因素，其中包括了家庭成员一起就餐的频率、谈话的频率、谈论工作的频率、参与户外活动的频率等。研究人员把获得的调查结果同已经形成的关于公民参与和传播构造故事的能力的研究结合起来。对变量的描述统计量分析结果可见下图：

	Sample Mean (*SD*)	Males Mean (*SD*)	Females Mean (*SD*)
Family Interaction	2.96 (.71)	2.91 (.69)	2.99 (.72)
Storytelling network	6.35 (1.74)	6.53 (1.66)	6.22 (1.79)
Belonging	1.32 (.19)	1.35 (.18)	1.29 (.18)
Collective efficacy	1.41 (.28)	1.41 (.29)	1.40 (.28)
Civic participation (%)	29%	32%	27%

图1-5 研究中对家庭互动、归属感等变量的描述统计量分析①

分析结果显示家庭互动会提高公民参与度，并且可促进邻里间交流，提高构造故事的整体性。

四、传媒研究中使用CATI的注意事项

在研究调查中使用CATI系统有很多显而易见的优点，如速度快、成本相对较低、调查范围广泛、大量样本管理简便等等。如案例中《传播学杂志》2000年第1期发表的第4篇文章，能够于1996年5月间在美国全国范围内的50个州共抽取了1 029个成年人样本，用于考察政治话题与私人话题在公共空间与私人空间的传播情况，这充分体现了CATI系统的优越性。

但是从众多案例的使用CATI过程中，我们可以发现，使用的情况和方式都应该受到一定的限制，不能够盲目使用。

首先，从研究的选题来看，使用CATI进行调查的研究主题大部分是有关

① Holley A. Wilkin, Vikki S. Katz, Sandra J. Ball - Rokeach. The Role of Family Interaction in New Immigrant Latino's Civic Engagement, *Journal of Communication*. 2009, p. 396.

受众认知层面的问题，对行动方面的调查较少。在近10年间的22篇文章中，几乎所有的研究主题都包含调查受众认知上的情况，对其可能带来的行动持保守态度。《传播学杂志》2001年第4期发表的文章 *Media use and preception of walfare*，调查的就是民众对于福利受益者典型特征的认知，以及这些认知如何反映了个人在媒介使用方面的差异。2004年第3期中的文章 *Political correlates of local news media use* 考察了居民对本地新闻的关注和相关的政治影响，包括对记者的评估、对新闻媒介的使用、政治知识和政治参与行动等。这也是电话调查的特点所致。研究人员或访者无法直接面对被访者，只能够通过语言相互交流，并且被访者所说的话与实际行动并不一定相符，所以使用这种方式调查行动层面的问题具有一定的局限性。

其次，从调查过程来看，使用CATI关键在于在实施过程中如何控制变量。在研究过程中要根据研究的主题、目的以及视调查的情况灵活改变策略，调查的每个环节都需要细致的控制才能够保证研究结果的可信度。在下文中就结合了案例中的情况总结出了各环节需注意的要点，具体有以下几点：

第一，对样本号码的控制。号码的抽样大多采用随机拨号抽样，以保证未被登记的号码也被包括进抽样框。样本如果是从电话簿中系统抽取而来，为了加入未列入电话簿中的号码可以采取附加一位的技术。要对某具体地区进行抽样时，需查清该地区的区号。电话接通后要进行询问，根据研究主题排除可能的无效的号码样本，如商用、医院、大学、政府机关和与研究知情者有关的电话样本等等。电话样本的数量和配额应预先设定，也可以根据调查情况进行相应修改。《传播学杂志》2002年第2期发表的文章 *The Impact of Political Talk Radio Exposure on Attributions about the Outcome of the* 1996 *U. S. Presidential Election* 中，调查中包括了足够数量的对各种其他政论广播节目听众的补充性采样，以作为有效的对照组。访问的第一阶段采集样本后，根据被访者的媒体使用情况进行分组；然后根据样本情况进行对照组的过采样。在第二和第三阶段的采样中，为了保证选举期间的样本数量，对主要研究对象——广播节目听众的配额数量增加了200人。在第四波采样中，对照组的样本有相应的增加。

第二，对被访者的控制。被访者的年龄、性别、种族、宗教等特征都可能对研究题目有重大的影响。根据被访者情况进行分组和配额，对研究有很大的帮助，比如可根据被访者的情况在分析时给予不同权重。如《传播学杂志》2006年第3期发表的文章 *Parenting the Internet* 中，对正在抚养青少年的母亲进行了访问。研究把被采访的母亲分为四个类别，并且第一和第二类样本收集要求被访者中单身母亲和已婚母亲的数量相对均衡，并且有一个13到18岁之间的在公立学校接受教育的孩子，两类样本数量都需要达到300个。另外，对有针对性的研究调查来说，需要清楚地界定被访者的特征。如《传播学杂志》2008年第1期发表的文章 *Mechanism through Which Adolescents Attend and Respond to Anti smoking Media Champion* 中，研究了青少年对宣传戒烟的媒介活动的参与和反应机制，被访者必须是12至24岁的青少年。

第三，对访员的控制。如果研究所用的数据是来自政府机关或专业的调查机构，就由专业的人员担任访员。研究人员需要就对访员的要求与相关机构做好沟通。如果所用的数据来自高校的研究室，所需样本量又大，担任访员的大多是高校内的本科生和研究生。学生最好经过相关课程的学习，如传播学课程、舆论课程等，而且还需要经过系统的培训，包括访问技巧和CATI访问系统的使用等。根据研究问题和采访对象的不同，可能对访员掌握的语言也有要求。《传播学杂志》2009年第2期发表的文章*The Role of Family Interaction in New Immigrant Latino's Civic engagement*中，需要对739位来自拉丁美洲的新移民家庭成员进行电话调查，所以访员都能够说两种语言（英语和西班牙语），并且研究者监督了全部调查过程。

第四，重复拨打的问题。为保证样本的随机性，在调查的过程中，必须设定好每个号码的状态与拨打次数的关系。如果号码为空号，可直接从样本列表中删除，但是如果号码状态为忙线或是无应答，应当列入等待列表，进行再次拨打。尤其当样本总体比较小时，更需要进行这项操作。再次拨打的时间应该在不同时段和不同日期，拨打次数按照需要设置。《传播学杂志》2005年第4期发表的论文*Media Exposure and Attention as Mediating Variable Influencing Social Risk Judgments*中提到：一个电话在不同日期的不同时段进行尝试至少25次以上时（包括周末），才可以从号码列表中撤出。号码的拨打次数可以在CATI系统中进程设置。在我国，当样本总量较大时，一个号码在进行1到3次拨打仍无应答或忙线后，可进行销定。另外，在研究中需要提及调查的整体回应率。国外常用的计算公式为AAPOR公式，计算方法为回应率＝完成调查数/完成调查数＋部分完成调查数＋拒访数＋语言问题数量＋其他不可控变量。回应率可以反映被访者的配合程度和访员的工作。又如，论文*Media Exposure and Attention as Mediating Variable Influencing Social Risk Judgments*中提及，运用AAPOR公式，得出的回应率为47%，这种回应率在全国范围内的随机电话调查中是正常的。当然，回应率根据国家、地区、人群的不同差异较大。

第五，对样本回访的问题。通常在采访员完成对样本的采集之后，为了确定样本的真实性和准确性，研究人员需要对样本中的一部分进行再次采访，核实情况。由于CATI系统能够记录所有的采访录音，所以研究人员能够直接在样本中抽取一部分检查，然后对有疑问的样本进行回访。《传播学杂志》2004年第3期发表的文章*Political Correlates of Local News Media Use*中，调查由受训过的大学生以及专业的调查公司实施。研究人员在样本中随机抽取了10%加以证实，并且对所有可能是非随机抽取的样本进行了核实。最后的回应率为35.4%。

最后，从数据获取途径来看，使用CATI获取的数据应当实现共享和利用。CATI只是一项数据获取的方式，对研究人员来说，如果高校内部有相应的设备和人员，可以自己策划实施电话调查；如果高校中没有这样的资源，可以求助于相关政府部门和专业的调查公司。如果存在研究主题涉及语言和文化沟通的问题，又可以委托当地的相关机构进行调查。研究人员根据需要既可以委托调查，可以购买相关数据。*Media Exposure and Attention as Mediating Variable Influencing Social Risk Judgments* 一文中，该研究需要进行一个全国范围内的随机数字拨号电话调查，该调查由 National Opinion Research Corporation 实施，共采访了1 200 位成人，抽样的样本框从 Survey Sampling International 购买而来。这样既提高了设备利用率，又节约了时间，也实现了信息共享的意义①。

第四节 CATI 在业界的应用

除了学术研究，CATI 技术还广泛应用在舆论调查、市场调查等领域。舆论调查在西方已有几十年的历史，在我国则刚刚起步。舆论调查一般是指政府或其他机构针对社会热点事件，运用科学的方法征询 、测量相关公众的态度与意见的过程和行为。而 CATI 自诞生就在其中发挥越来越重要的作用。市场调查是指企业或专业调查公司对于企业产品和服务、企业与品牌形象、企业经营与营销活动以及其他企业关心的主题而开展的调查活动。相比舆论调查，它的领域更为广阔，下面我们将对其中较为重要的调查作简要介绍。

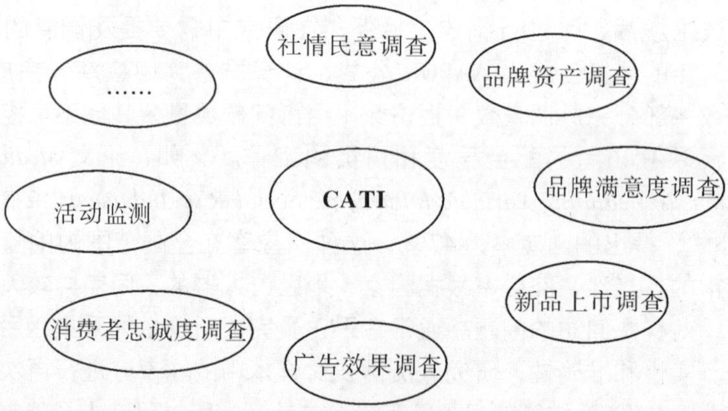

图 1－6 CATI 在业界的广泛应用

① 本节部分内容根据2010 年“中国调查”研讨会提交论文《中美传播学研究中对 CATI 应用现状比较及启示》改写而成，论文的作者是朱磊、朱芳宜。

一、社情民意调查

民意调查的主要目的是通过系统科学的调查技术，获取民众的需求。对重要事件的态度和观点，民意调查能够在民众和政府之间架起一座信息沟通桥梁，使舆情信息成为科学决策的重要参考依据。

CATI 技术的成熟使民意调查进入一个新的时期，利用 CATI，民意调查能够快速、科学、高效地完成，保证民意调查结果具有时效性和公正性。CATI 技术已成为国内外专业调查机构开展民意研究最主要的数据收集方式。

民意调查工作的内容包括：收集提供社会动态、舆情信息以及民众对重大决策、决定的意见和建议；收集民众对社会热点问题的认识和反映；了解民众对国内外重大事件、严重自然灾害和重要社会动态的反映，特别是对消除隐患、预防突发事件、维护稳定的意见和建议。

近年来，利用 CATI 系统进行民意调查受到各级政府部门的重视。2003 年 9 月，北京市统计局信息资讯中心为了建立"北京市社情民意调查网"，在选择固定样组外，还采取 CATI 的调查方式，通过电话访问市民家庭。2004 年 5 月，济南市统计局正式设立全市社情民意调查网络，并将 CATI 和网络调查以及入户调查作为三种主要的民意调查方法。

案例一：

国庆 60 周年大阅兵舆情调查

项目类别：公益性舆情调查

项目名称：国庆 60 周年大阅兵舆情调查

项目背景与目的：在国庆 60 周年之际，大阅兵仪式备受关注。在阅兵仪式之前，广州市民的关注度如何？对阅兵式都有哪些期待？对阅兵式都有什么看法？关注方式有哪些？在阅兵仪式之后，有多少市民观看了阅兵式？备受瞩目的关注点有哪些？他们的感受如何？对阅兵式有怎样的评价？为了正确认识以上问题，也为了对市民的期待和实际评价做出比较，本中心分别在阅兵式前后进行了两次电话调查。

方案实施：

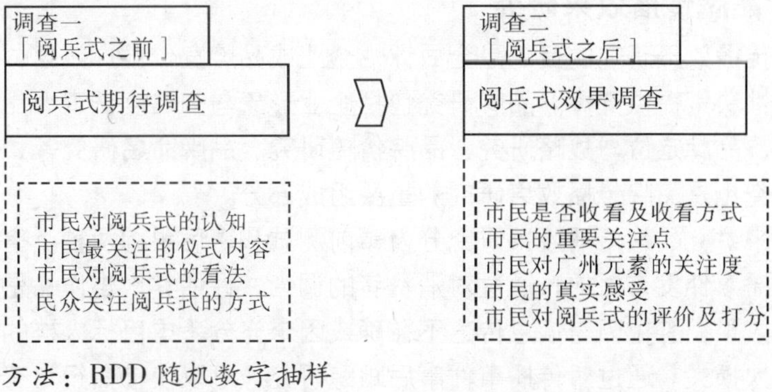

抽样方法：RDD 随机数字抽样

项目结果：

＊《60周年国庆阅兵期待调查报告书》、《60周年国庆阅兵效果调查报告书》

＊调查结果被境内外多家媒体引用

案例来源：暨南大学新闻与传播学院舆情研究中心

二、消费者行为与态度调查

在市场调查中，对消费者行为与态度的研究最为基本。它也是企业或品牌营销推广工作的前提，而CATI技术在这一领域的应用极为广泛。此类研究的目的在于了解目标消费者产品使用的现状和潜在需求，即细分消费者的期望和需求，分析产品所处的环境和主要竞争对手，把握消费者的购买、使用习惯，寻求产品或营销发展的机会。

案例二：

某奶粉品牌消费者购买行为调查

案例类型：消费者行为研究

项目背景和目的：受某婴幼儿奶粉公司委托，针对其顾客购买率低的情况，展开关于消费者购买行为的调查

数据采集方式：计算机辅助电话访问（CATI）

研究城市：广州、北京、上海

研究对象：①怀孕3到8个月的孕妇；②0到6岁的小孩的母亲

抽样方式：RDD随机抽样

样本量：200人/城市

执行周期：15天

调查结果：帮助客户了解其产品在各地消费者中的知名度及消费者选购或停止购买的理由，提出存在问题，并为其制订解决方案提供依据。

案例来源：暨南大学品牌战略与传播研究中心

三、品牌传播效果研究

品牌传播效果研究的目的是全面评估企业或品牌宣传推广效果，为决策人员做出理性决策提供支撑。品牌研究包括企业形象与知名度调查、品牌认知与形象调查、品牌定位与战略研究、品牌价值研究、品牌命名研究等，此外，广告效果研究也是品牌传播效果研究的重要组成部分。

一般来讲，品牌传播效果研究分为事前测试和事后跟踪两种。事前测试是在重要传播事件发布之前，通过对消费者的调查，评估其广告作品是否能够发挥预期的效果，避免因为信息传达不准确或因未充分考虑目标人群的接受习惯而造成重大损失。通过对传播事件事后跟踪研究，可以使传播行为有一个完整

的闭环，及时、完善地把握消费者的心态，为营销策略与传播策略的建立和调整奠定基础。

案例三：

某重大体育赛事传播效果评估

项目类别：舆情调查/传播效果评估

项目名称：某重大体育赛事传播效果评估

项目背景与目的：客户为国内某赛事组委会，在赛事筹备过程中，各种预热性的传播活动持续进行，这时传播效果到底如何、应如何改进成为客户比较关心的问题。本次调查的目的，就是评估赛事传播的效果，及早发现其中的问题，以作调整和改进。

研究方案：赛事筹备和在进行的不同阶段，组委会筹备和市民关注的焦点都会不同。在与客户沟通之后，确定了三个阶段、三个调研活动的方案。

研究框架：

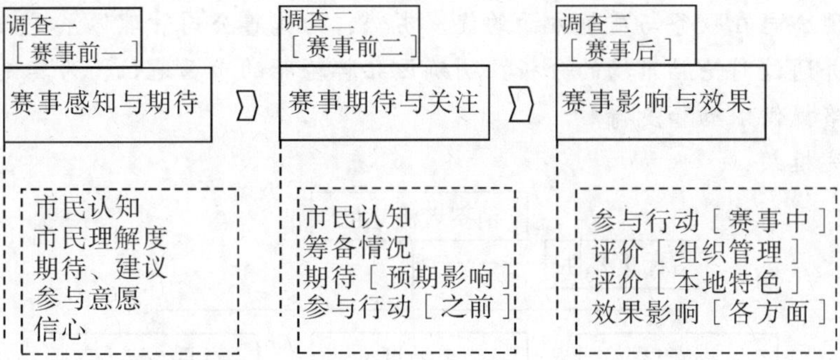

抽样方法：RDD随机数字抽样

研究成果：

*《某重大体育赛事传播效果调查报告》

*《某重大体育赛事传播效果评估与建议》

案例来源：暨南大学新闻与传播学院舆情研究中心

四、产品研究

产品能否成功最终决定了是否符合消费者的利益和需求。企业在开发新产品时必须进行深入的市场调查，其内容包括产品概念开发、概念测试、产品测试（包装、口味、功能……）、产品命名、产品销售渠道分析等。

概念开发与测试旨在了解消费者对产品的需求和认知，了解其对产品概念的理解和偏好及对产品特性的反映，从目标概念框中优选最好的概念。

产品测试是确定产品用户或目标市场对产品的态度和评价。衡量产品被接受的程度，与竞争品比较，消费者是否偏好该产品，评估市场前景；了解新产品在哪些方面还需要改进；发现产品对各个细分市场的吸引力；获得营销计划各元素的创意。

名称及包装测试是为了了解名称对消费者的适用性；分析评估包装的功能性和方便性；确定包装设计的组成要素，比如标志、颜色、形状、规格等，形成鲜明特性；测试包装传递信息的能力、形象吸引力。

另外，对产品（服务）追踪、产品满意度调查等也是产品研究的重要内容。[①]

案例四：

某轮胎品牌（国内）消费者满意度评估

案例类型：品牌满意度研究

项目背景与目的：某轮胎公司自实施新质量体系标准以来，多次委托第三方专业市场研究机构进行顾客满意度研究。为更好地反映当前公司顾客满意度现状、产品品牌影响力，该公司再次对本年度顾客满意程度进行测量、分析，以改进质量管理体系。本次评估围绕消费者满意度展开，了解消费者满意度现状，发现公司在服务与质量方面的优、劣势，为完善公司管理体系提供合理化建议；并通过对轮胎市场的分析，明确该品牌轮胎的市场地位，为其制订市场营销策略提供依据和支持。

研究框架：

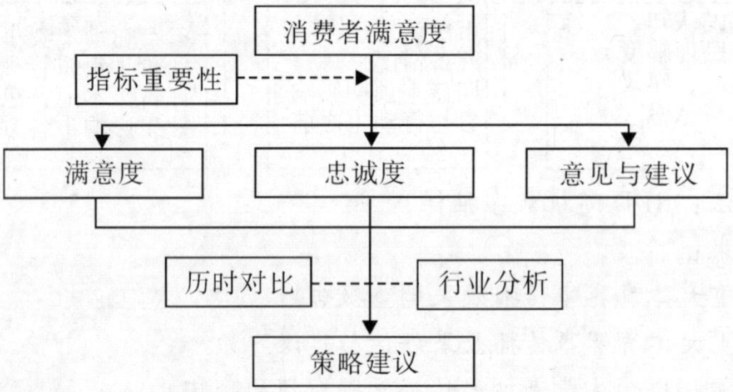

数据采集方式：计算机辅助电话访问（CATI），深度访谈

研究城市：广州、郑州、武汉等7个城市

研究对象：终端用户/经销商

抽样方式：根据终端消费者数据库随机抽样

样本量：终端用户400，经销商60

执行周期：30天

调查结果：帮助客户了解各地消费者和经销商对该产品的满意度和忠诚度，为其制订下一步营销计划提供了依据

资料来源：暨南大学品牌战略与传播研究中心，有改动

① 资料来源：暨南大学新闻与传播学院舆情研究中心，有改动。

第二章　CATI 基本知识

第一节　CATI 系统的基本构成

一、CATI 的工作原理

CATI 作为一种先进的调查方法和技术，日渐受到我国政府和民间调查机构的关注。我们看到 CATI 的工作形式是：访员坐在计算机前，面对屏幕上的问卷，向通话另一端的被访者读出问题，并将被访者的回答通过鼠标或者键盘输入到计算机中去，这是 CATI 给人的最初印象。其实一个完整的运用 CATI 技术调查的项目并不是简单地打个电话，而是要严格遵循 CATI 系统的工作流程，让我们先来看看 CATI 系统的工作原理图，如图 2－1 所示。

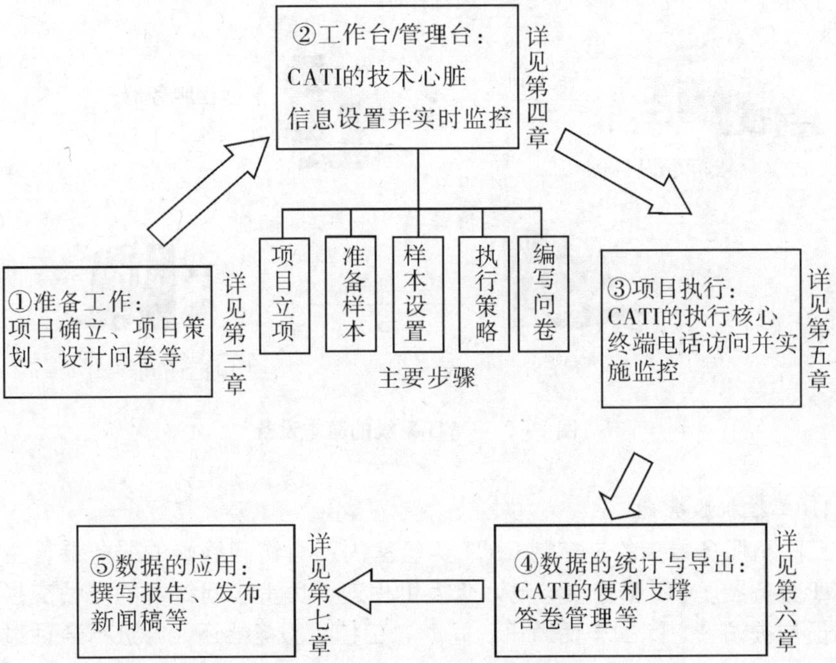

图 2－1　CATI 系统工作原理

在使用CATI系统之前，必须要充分做好一个项目的“软准备”，即项目的确立、严谨的策划和专业的问卷设计等准备工作，然后再使用CATI的软件平台进行立项、样本设置等工作。接下来才是大家最熟悉的执行步骤——电话访问。电话访问的工作流程大体可以分为四个阶段，即访问前的准备（心理、业务），访问实施（询问、引导、追问），记录和整理，结束访问。① 具体的执行操作将在第五章第二节为大家详细介绍。完成电话访问之后，要进行数据的统计与导出，这是最能体现CATI系统方便、快速、准确的一步。最后是数据的应用，即撰写项目调查概要，详细写出调查报告。

二、CATI基本设备

了解了CATI系统的工作原理之后，让我们一起来了解CATI系统中各种设备及其功能。在一般高校的CATI实验室里，我们能看到工控机服务器、数据库服务器、电话交换机、问卷设计器、远程服务器、电话访问终端等设施。让我们来看一看这些设备的组成情况，如图2-2所示。

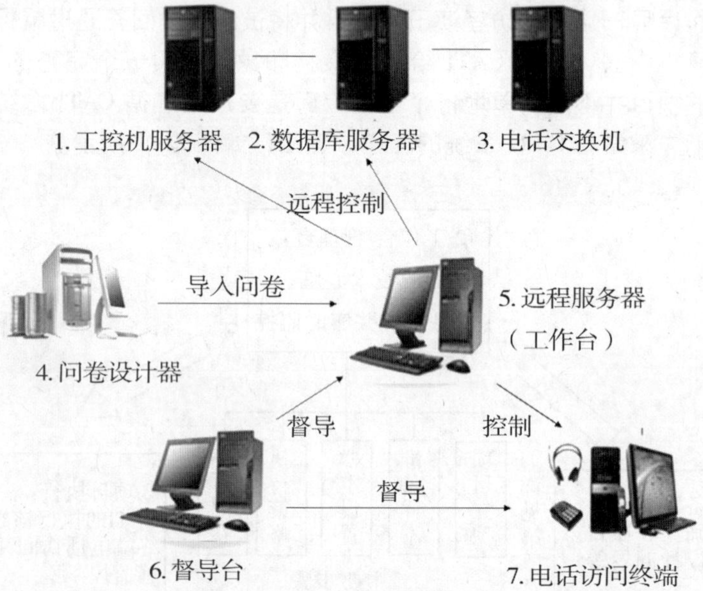

图2-2 CATI系统的基本设备

1. 工控机服务器

工控机服务器指的是控制CATI实验室内所有访问终端的服务器，主要安装CTI服务器。CTI服务器与电话交换机相连，负责访问终端的电话交换，实现访员与被访者之间的电话通讯。同时，工控机服务器还能够进行通话过程录

---

① 凌珍玉．关于提高计算机辅助电话访问调查质量的探讨．辽宁经济统计，2008（11）．

音、放音和第三方监听等操作。

2. 数据库服务器

数据库服务器指的是能提供查询、更新、缓存信息等数据管理功能的服务器，主要安装数据库软件。CATI 系统的后台数据都存放在数据库服务器中，各种终端在访问过程中采集到的数据、通过问卷填写的数据也最终都汇总到数据库服务器中。数据库服务器由消息服务器、样本池服务器和 CTI 代理服务器三部分组成。

消息服务器指的是为各种软件程序提供数据交换功能的服务器，从通俗意义上可以这样理解：它是 CATI 实验室所有信息数据接收、传递、转发的场所。

样本池服务器指的是维护、缓存执行项目的样本，为项目执行提供需要拨号的样本的服务器，可以将其形象地理解为所有状态的样本的储存仓库。

CTI 代理服务器指的是为所有需要与 CTI 服务器交互的软件提供一致接口的服务器，使用 CTI 代理服务器的好处就在于不用考虑具体的 CTI 设备类型。CATI 系统通过“CTI 代理”服务与电话交换机、外部电话网络相连完成访员与被访者间的电话通讯交换。

3. 电话交换机

电话交换机指的是有若干电话机共用外线的设备，承担电访室所有访问终端的电话拨出功能，保证每台终端电话的正常使用。

工控机服务器、数据库服务器和电话交换机是 CATI 设备中的核心，一般放置于同一个立式柜内，用数据线外接计算机进行界面操作，如图 2－3 所示。

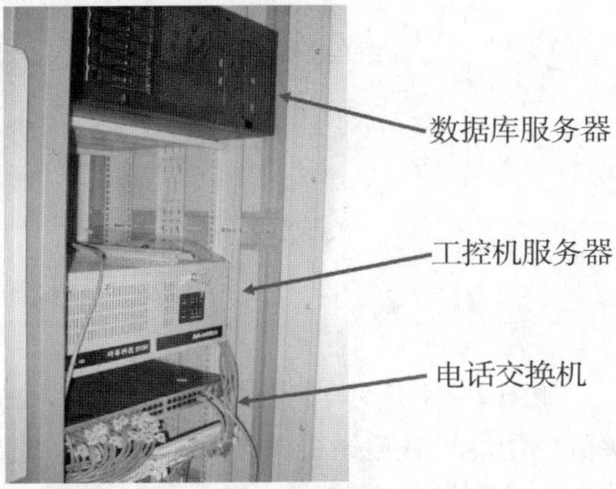

图 2－3 CATI 系统服务器

4. 问卷设计器

问卷设计器指的是用于设计问卷的软件。在高校电访实验室里，问卷设计模块位于 CAI 管理台界面的问卷管理中，一般在管理台界面可直接进行操作，当然也可以单独设立一台个人计算机作为问卷设计专用。独立的问卷设计器设计好的问卷需导入管理台后才能使用。

CATI 系统问卷设计器的优势在于对问卷的提前设置和修改的灵活性，避免了一些由于跳题或者选择答案错误而导致的数据偏差或者错误，及时对问卷中的问题顺序进行调整。

5. 远程服务器

远程服务器指的是远程操作工控机服务器和数据库服务器的个人计算机，

一般被称为工作台或管理台。请注意，这里的管理台有别于 CAI 管理台。CAI 管理台是一种系统软件，而这里的管理台是指管理整个 CATI 系统的计算机。

工作台和管理台可以由一台计算机负责工控机服务器和数据库服务器的界面操作，也可以由一台计算机负责工控机服务器，另一台计算机负责数据库服务器的一对一界面操作。立项、样本输入、样本设置等工作都要在工作台完成。

6. 督导台

督导台指的是用于监听访员访问和控制调查过程的个人计算机。高校电访实验室的督导实施，可通过独立的督导台，也可通过 CAI 管理台进行“坐席监控”等督导工作。督导并不只是在电话访问时进行监听，更重要的是对整个 CATI 远程服务器所有工作进行监控。

7. 电话访问终端

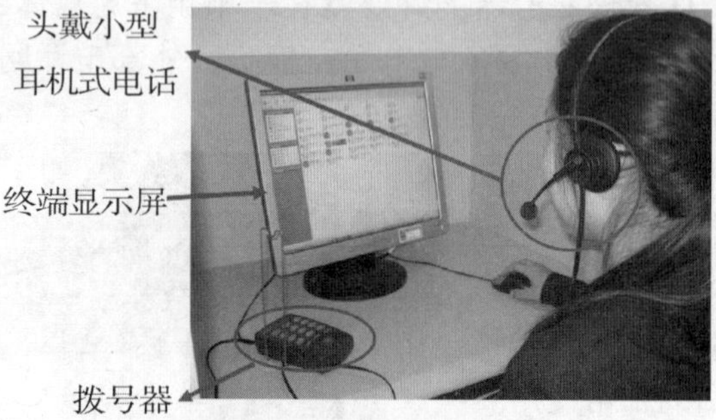

图 2-4　电话访问终端

如图 2-4 所示，电话访问终端包括头戴小型耳机式电话与个人计算机，头戴小型耳机式电话由耳麦与拨号器两部分组成。电访实验室的每台电话终端的个人计算机都安装了访员执行项目时使用的“ITACATI 电访专家”问卷执行系统。

访员拨打“ITACATI 电访专家”问卷执行系统显示的号码，在电话接通之后，向被访者读出计算机屏幕上的问题并直接将被访者的回答输入计算机。所有的电话访问终端都受控于工作台。

8. CAI 管理台

CAI 管理台指的是管理人员进行项目管理所使用的软件系统，一般安装在工作台的工控机服务器上，也就是工作台的计算机上。CAI 管理台是执行样本管理、问卷管理、访员管理等功能的系统软件，是整个 CATI 系统实际运作中的技术统领。

最后，让我们来看看一般高校 CATI 实验室的平面布局图。如图 2-5 所示。

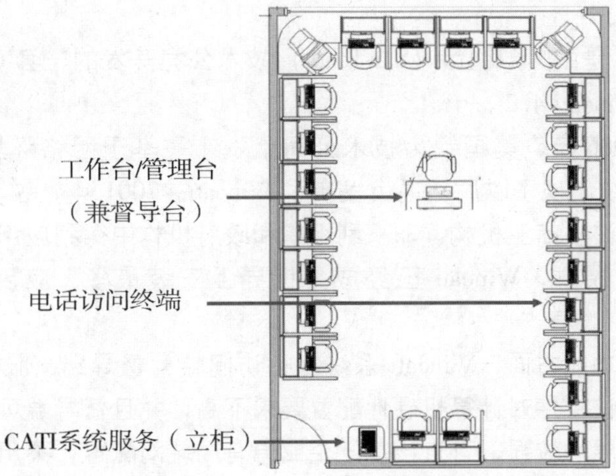

图 2－5　暨南大学 CATI 电话访问实验室平面布局图

CATI 电话访问室可参照暨南大学 CATI 电话访问实验室那样设计成坐席环绕四周的形式，也可参照大学语音教室的坐席那样设计成坐席平行排列的形式。电访实验室的布局可根据实际情况进行选择，但每个实验室还是需要有一定的设备，如图 2－5 中的 CATI 系统服务器、管理台、电话访问终端等基本设备。

一个 CATI 电访实验室的建设需要一定的资金支持，如硬件设备、软件系统的购置、安装、调试等；需要较长的时间投入，如对人员进行软硬件系统使用方法的培训等。

第二节　代表性的 CATI 软件系统

CATI 诞生至今已经有四十来年历史，它在业界的广泛应用也推动着 CATI 软件的发展，国内外涌现一大批 CATI 软件品牌，其中有很多都已经相当成熟和完善了。

一、国外代表性系统

国外的 CATI 系统比较多，比如美国锐齿（SawTooth）技术公司的 Wincati，Nipo Software 公司（荷兰）的 NIPO Fieldwork System for CATI Interviewing，Voxco 软件公司（加拿大）的 Voxco Interviewer™等。下面对 Wincati 和 Nipo 作重点介绍。

1. Wincati

Wincati 是由美国锐齿（SawTooth）技术公司开发的一套 CATI 系统，其最新版本为 Wincati 4.2。

早在 1986 年，美国锐齿技术公司就发布了基于网络环境的 CATI 系统。Windows 系统出现了以后，锐齿发布了 Wincati；2001 年，锐齿发布了 Wincati 中文版，在许多商业机构、非赢利组织和政府机构中得到应用。由于其强大的整合性和扩展性，Wincati 已经成为世界上安装最多、应用最广泛的 CATI 系统。[①②]

在系统功能方面，Wincati 系统包括访问端、督导端、服务端和问卷编写四个模块，该软件对计算机硬件配置要求不高，并且督导端可直接安装到服务器。它的扩展性较强，可直接基于企业原有局域网配置，不用作网络改造。作为 CATI 系统一系列标准功能的领先者，它所提供的功能较为丰富，常见的功能包括：智能预拨号、自定义报表、项目管理、抽样管理、问卷设计及管理、项目监控（配额、样本等）、答卷审核、工作站监控（监听、录音、发布消息）、答卷、话务统计、答卷编码等。[③]

除此之外，Wincati 还提供自动测试、快速拨号、画面监视等功能，大大提高了 CATI 系统的实用性和工作效率，另外 Wincati 支持的导出数据格式类型达 20 多种，也可使用 dBase 兼容工具来直接查看和编辑数据，具有较强的适用性。

Wincati 最具特色的功能在于：它所提供的混合调查模式选项（Mixed Mode Option），允许用户在一个系统中实现三种应用，可以建立纯粹的 CATI 项目、网络访问项目或者是二者的组合访问项目。Wincati 混合模式包含 Wincati 和 Sensus Web 两种一起使用的系统，所以 Wincati 混合模式可提供无缝的整合。Wincati 混合模式可实现的项目类型包括：单独的电话访问、单独的网上访问（支持复杂问卷和配额）、电话和网上混合访问（分享样本）、利用电话招募被访者的网上访问、电话和网上混合访问（e-mail 招募被访者）、电话和网上混合访问（被访者自己选择访问模式）。[④⑤]

总体说来，Wincati 混合模式可以充分发掘 CATI 和网上访问的潜力，提高访问成功率，特别是对于难以接触或不便接触的被访者，能够有效降低访问成本，缩短项目时间。

---

① 锐齿（Sawtooth）公司网站. http：//www. sawtooth. com.

② Wincati 的历史. 中国 CAE 联盟. 产品频道.

③ http：//product. caenet. cn/ShowProductNewsDetail. aspx？ProductID = 484&ID = 2173.

④ WinCati4. 2 混合模式：真正整合 CATI/. 网上访问. 中国 CAE 联盟. 产品频道. http：//product. caenet. cn/ShowProductNewsDetail. aspx？ProductID = 484&ID = 2171.

⑤ WinCATI4. 2：一套系统就可以做 CATI，网上，CATI/网上混合访问. 中国 CAE 联盟. 产品频道. http：//product. caenet. cn/ShowProductNewsDetail. aspx？ProductID = 2170.

2. NIPO

NIPO 系统全称为 NIPO Fieldwork System for CATI Interviewing，截至目前的最新版本为 1.11，由 NIPO 软件（NIPO Software）研发。NIPO 软件被认为是市场研究领域世界领先的软件和服务提供商。它依托庞大的国际市场研究网络和经验，为客户提供终端到终端的解决方案。

NIPO Fieldwork System for CATI Interviewing 计算机辅助电话调查系统功能较为全面，能为所有研究人员乃至受访者提供最佳的灵活体验。通过对调查作业流程进行优化，督导和客户可通过监督台实现对访员的全程监控，能够较好地保证调查的质量。与现有的 PBX 的连接（通过标准接口），NIPO 的语音系统可以实现自动拨号，这将明显提高访谈效率；如果现有的 PBX 不能接通，那么在终端电脑中安装电话卡可以实现相同的功能。NIPO 软件支持各种拨号器，包括 Sytel 和 Authensis，这些平台提供自动拨号，逐步拨打（技术无反应自动过滤）和预览拨号。同时，NIPO 电话访问系统还可以连接、管理和指导在家工作的访员，称为 NIPO CATI@ Home，督导可以监看和监听正在进行中的访谈，进行完整的质量检查。

与 Wincati 一样，最新版 NIPO 系统也可以实现计算机辅助电话调查和网上访问的无缝集成。具备所有必需的电话访问功能，如质量控制和预测拨号使用功能等。除此以外，NIPO 系统还能提供最先进的网络调查功能，且计算机辅助电话调查和网上调查两种调查环境都使用共同的编辑脚本，所以当需要改变或添加一个调查通道时，不需要进行脚本或问卷的切换。

NIPO 提供了现代市场研究所需的几乎全部功能，包括：支持中文、日文、韩文、阿拉伯文、希伯来文等多语言字符；在采访中进行语言切换；在计算机辅助电话调查和网上调查中转换；支持脚本编程、问题模板和问题库；自动高效的预览式拨号；在访问时从数据库中读取和写入数据；督导员在访问中改变配额和被访者预约设置；开放题自动录音和计算机辅助编码；问卷的长度、文本和答题代码没有限制；广泛的线路、数据验证和一致性检查；支持复杂的逻辑跳转和计算；支持自动循环检验、问题和答案倒置；支持动态的问题和答复文本；在采访中进行数据处理和格式转换；支持样本数据库的更新和检索；备用样本激活系统；自动采样、配额、预约和回应管理；易于获得 ASCII 和输入输出数据库文件等。

二、国内代表性系统

国内软件的产生要比国外软件晚很多，在软件的功能和使用体验上与国外软件相比还有差距，但国内软件品牌更适合国人的使用习惯，具有更高的性价比，因此近些年也获得了不错的发展。其中不乏一些优秀的民族 CATI 软件品牌，已经不断壮大，比如上海南康科技有限公司的 ITACATI、北京天元慧中有限公司的 Athenacati 面访通、上海天译有限责任公司的 Falcon Cati 等。这里我们以 ITACATI 为例作简要介绍。

ITACATI（电访专家）是上海南康科技有限公司于 2002 年推出的 CATI 专利品牌。该软件问世以来，已经在国内许多高校、专业调查机构、政府部门得到广泛应用。软件描述见表 2－1。

表 2－1　南康科技有限公司——电访专家发行说明

软件名称	软件描述
消息服务器	为产品的各软件程序提供数据交换功能
CTI 服务器	通过直接与 CTI 设备交互，提供产品所需的 CTI 相关功能；不同 CTI 设备类型对应有不同的 CTI 服务器软件
CTI 代理服务器	屏蔽与 CTI 服务器的直接交互，为所有需要与 CTI 服务器交互的软件提供一致的接口，而不用考虑具体的 CTI 设备类型
预拨号服务器	智能的、自动的拨号方式的软件
样本池服务器	维护、缓存执行项目的样本，为项目执行提供需要拨号的样本
问卷执行系统	面向访员，进行项目执行的软件系统
管理台	面向管理人员，进行项目管理的软件系统

资料来源：南康科技有限公司

ITACATI 系统是一套专业的电话访问系统。它是在市场营销学、统计学的理论基础上，利用计算机和电话交换机等技术手段和技术优势，结合营销和调查业务的管理和运作特征而开发，采用了基于客户的项目管理的先进理念，可以被广泛地应用于专业的电话营销、电话调查、电话回访等领域。

南康科技为用户提供 CATI 的整体解决方案，包括售前咨询、硬件选型、系统实施、售后服务、产品升级、使用咨询和培训等。考虑到不同层次用户的使用习惯和计算机操作上的差异，坚持“可视化、傻瓜化”的设计原则，功能界面简洁易懂，经过简单培训即可操作。ITACATI 也根据不同用户不同场合的使用，相继推出高等院校版、统计局版、企业版和专家版等多个不同版本。

ITACATI 具备了 CATI 系统所需的所有主要应用功能，如：预览式呼出和智能预拨号、自定义报表、项目管理、样本及母体管理、问卷设计及管理、项目监控（配额、样本等）、答卷审核、工作站监控（监听、录音、发消息）、答卷和话务统计、答卷编码等。

第三节　CATI 系统的人员配置

CATI 调查由于融合了通讯技术和计算机技术，因此在人员配置上与传统调查略有差别。CATI 因为需要更多的设备，尤其是通讯和计算机相关的重要设备，需要专业人员的技术支持。CATI系统的基本人员配置包括：项目督导、项目策划、QC督导、设备维护员、程序员、访员、数据分析员等，如图2-6所示。

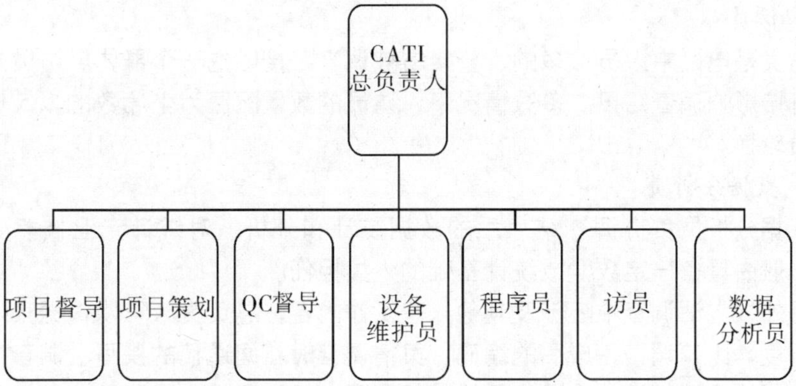

图2-6 CATI的基本人员构架

1. 项目督导

CATI必须有一个总负责人，总体负责从调查立项、项目策划，访员培训，调查执行到最终完成数据分析，撰写报告的任务分配和统一协调。督导则负责整个调查过程的控制，确保调查顺利、高效、高质量地完成。在正式调查开始前，需要对访员（尤其是新加入的访员）进行培训，使访员了解整个电话调查的过程和要求，并帮助访员快速了解正在服务的项目的特点，以及访问中的细节，这一部分工作一般由督导来完成。

2. 项目策划

项目策划人员负责对所定项目进行分析梳理，确定调查方案，统计分析方案，并在理论和方法上提供支持。比如，品牌满意度的调查往往涉及满意度评估模型和评估体系的建立，这时策划研究人员提供的支撑是至关重要的。确定调查方案包括编制和规范调查问卷，确定抽样方案，而统计分析方案是在调查之前设定的基本的统计内容，以便使调查更为有效和有针对性。

3. QC督导

QC是质量控制（Quality Control）的英文简称。QC督导要对整个调查过程和最终调查结果的质量负责。访员在调查过程中可能会出现问题，因此QC督导需要按一定的比例审核、验收访员完成的问卷，监听正在进行中的访谈，并据此给访员提供反馈，及时帮助访员正确地完成调查。

4. 设备维护员

CATI中的复杂设备较多，这对计算机及通讯硬件的知识要求很高，如果没有专业人员的协助，设备很难保持在最优状态，处理不当会严重耽误项目进度。

5. 程序员

在CATI中，问卷编制已经完全计算机化，遇到复杂的问卷的时候往往需要进行计算机编程，比如调查中的复杂跳题设置；另外，CATI也涉及复杂数据库的操作和维护，这些都需要专业程序员的协助。

6. 访员

访员是电话中人员最多的、直接与被调查者接触的一个群体。访员的访问质量直接影响调查结果。多数情况下，访员的数量配置为坐席数的1.5倍，以便人员轮换。

7. 数据分析员

数据分析员负责调查结束后的数据统计和分析，对统计专业技能要求较高，一般由具备一定数学或统计基础的人员担任。

另外，电话调查中还涉及其他一些工作内容，总负责人可以根据实际情况进行调度，比如调查完成后的编码、舆情调查时新闻通稿的撰写、调查报告的写作、对外相关部门的沟通联系等，都需要进行合理的人员配置。

第三章　CATI 项目的策划

本章以暨南大学新闻与传播学院舆情研究中心实施的公益性调查项目“国庆 60 周年阅兵效果调查策划”为例，详细解说 CATI 策划的主要内容和详细步骤，包括选题、撰写 CATI 项目策划书以及 CATI 项目问卷设计三个部分。

第一节　选题

第一章我们已经分析说明了利用 CATI 可以为各行各业进行有意义的调查。这些调查主要分商业项目和公益项目两种。商业项目是企业或其他商业组织基于一定的商业目的而进行的，对如何选题的考虑相对较少。而公益项目的调查目的多数是对公众关心的问题进行深入挖掘，吸引公众关注，引起公众的思考，以期在一定程度上解决问题，所以在选题上就需要深思熟虑。选题选得好，将会很好地揭示相关的社会问题，引起公众和相关部门的重视，从而达到公益项目的最终目的。

公益项目为了获得好的效果，一般可以从以下两个角度来选题：

（1）社会热点问题，即某个时间段内，媒体和民众高度关注的事件。从时间上来看，有每年的节假日、特殊纪念日等，如春节或周年纪念；从事件上来看，既有重要的国家大事，如“两会”、“奥运”、“世博”等，也有新近发生的特殊或突发事件，如“西南干旱”、“玉树地震”等；此外，还有媒体聚焦的新闻事件或人物，如“躲猫猫”、“范跑跑”、“犀利哥”等。

（2）民生问题，即与公众的生活息息相关的各类问题，如医疗、教育、养老等。

这两方面都是公众关注最多的问题，被访者在受访过程中一般会很乐意配合。

第二节　撰写策划书

调查策划是对整个调查的背景、目的、方法、样本情况、预期目标等进行整体构思和说明，总领整个调查，起着核心的作用。

一份策划书，一般由标题、调查研究的背景和目的、方法、内容等部分构成。下面以暨南大学新闻与传播学院舆情研究中心实施的“国庆60周年阅兵效果调查策划书”为例进行说明。

一、标题

标题一般写在策划书的最上方，要求简洁明了，直接说明本次调查项目的内容。如“国庆阅兵效果调查策划书”、“广州市民的亚运感知调查策划书”等。

二、调查研究背景

每一个调查研究项目，都有其特定的环境以及其特定的原因，这些因素在策划书里面都要充分说明。只有作好充分的环境分析，才能使调查的目的更加明确。这一部分的内容会涉及较多的宏观环境分析，比如行业背景、市场变化、社会舆论现象等。

国庆60周年阅兵效果调查策划书

调查背景：

2009年10月1日即将举行的阅兵仪式，是国庆60周年大型纪念活动，该活动受到全国人民的广泛关注。9月12至14日，本中心以“国庆阅兵期待”为主题，以广州市民为对象，进行了阅兵关注度、认可度等方面的电话访问调查。

调查目的：

(1) 对前期调查中的预测性的观看行为进行实际验证。

(2) 了解广州市民观赏阅兵式的反应与中央预期精神的符合度如何。

(3) 了解广州市民对国庆阅兵式的感受、关注点及总体评价。

在此基础上，我们认为有必要在阅兵仪式结束后，对“国庆阅兵”纪念活动的实际效果做进一步的验证调查，将两次结果进行对比分析，从中发现新的、有价值的现象。

三、调查研究目的

调查研究的目的即本次调查将对哪些现象进行深入了解、欲获得怎样的数据等。只有明确了调查目的，才能明确调查对象和调查研究的内容，从而有针对性地设计问卷、抽样方式，安排调查时间、方法等。调查目的是整个策划书的核心。

四、调查研究内容

明确调查目的以后，需要将目的细化，使其具备可操作性。例如，调查的目的是“了解60周年国庆阅兵的效果”。这个目标可以从知晓、理解、态度三方面来分解出不同的问题。认知层面包括对阅兵的知晓及知晓渠道等；理解的层面则可包括对阅兵的认识和感受；态度可以更深入到对某些观点的认同感等。从这几个方面着手，将问题的设计更加细化，具体如下表所示：

表3－1　调查目标分解表

调查目的	调查内容	调查题目
了解60周年国庆阅兵的效果	知晓层面	有没有看阅兵？通过什么渠道看的？
	理解层面	看过的感受如何？对哪部分印象深刻？
	态度层面	对阅兵的评价如何？

五、统计计划

统计计划是指对调查数据的采集和分析计划，在问卷编写的过程中完成，属于策划书的组成部分之一。例如：

统计分析计划：

（1）知晓

观看/未观看人数比例分析（Q1）；不看阅兵的原因分析（Q9）；媒介使用情况比例分析（Q2）；年龄、学历属性与媒介使用情况的交叉分析（Q2、F1、F2）。

（2）理解

①对所有被访者选择的选项进行排序，重点为前三项（例：Q3各选项被选总数降序排列，选哪三项的人最多）。

②对印象深刻的前三个分别进行选项排序（例：Q3第一个选A的有多少人，第一个选B的有多少人……降序排列，找出前三）；属性与Q3的交叉分析。

（3）评价

Q5、Q7选项对比分析；Q6比例分析；Q8比例分析及统计平均值。

最常用的统计数据的方法一般有以下几种：

（1）简单统计，也称单维统计，以频数分析为主，只涉及单变量的数据统计。如每个选项被选的有多少个、所有样本中男性有多少名等。

（2）交叉统计，又称多维统计，一般在频数分析的基础上，对两个变量进行分析。多为被访者的个人信息与主题问题之间的交叉。

在统计计划书中，要明白清晰地说明对问卷上的每个问题进行怎样的统计，以指导后期的数据导出与归类。

六、调查对象及抽样说明

在CATI中，最常使用的抽样方法是随机拨号抽样法（RDD，Random Digit Dialing）。RDD抽样方法通常是将被调查区域的所有电话区号输入系统，后面2～4位数由系统自动生成。

这种抽样方式简单、易操作，但也存在一些问题。首先，由于后几数字位随机生成，所以在调查过程中要人工或利用专门的软件去筛选空号、企业电话、传真机等无法调查的号码；其次，各区域电话局号的取得也需要花费一定的成本。因此，我们可以借助黄页、企业名录等各类电话号码簿来获取电话号码的号段。

在电话调查的过程中，为了确保调查的样本代表性，会经常用到配额控制，按照调查的需求对样本进行限定。在CATI中经常对被访者的属性（如年龄、性别、收入等）进行配额控制。

表3－2　被访者配额分配表

年龄＼性别	男性	女性	合计
19岁及19岁以下	8%	8%	16%
20～29岁	10%	10%	20%
30～39岁	12%	12%	24%
40～49岁	12%	12%	24%
50～59岁	10%	10%	20%
60岁及60岁以上	8%	8%	16%
合计	60%	60%	120%

表3－2中，对被访者从性别和年龄上进行配额分配，如果调查总样本量为300份，则按照上面的比例对各类被访者人数进行换算。

CATI中的配额是通过计算机系统来控制的，当某个指标额度满了，系统会自动提示访员。具体的操作在第四章的第三节中详细介绍。

七、置信度和抽样误差

我们经常可以从报纸上读到报道民意调查结果的新闻，文中往往会出现“置信度”、“置信水平”、“信心水平”或“抽样误差”等词汇。如：

本次调查于2010年1月采取CATI电话调查系统，针对北京、上海、广州三个城市的1 054位18~60周岁常住居民进行电话访问，在95%置信度下本次调查抽样误差为±1.7%。[①]

我们都知道，抽样得到的数值是有误差的。由抽样引起的样本指标和总体指标之间的误差，就是抽样误差。置信度则表示抽样的可靠程度，一般置信度设定为95%或99%，也就是可靠性在95%或99%情况下的意思。置信度也可称置信水平、置信水准、信心水平等。

例如，上述报道中的调查“在95%置信度下本次调查抽样误差为±1.7%”，就是表示这次调查得到数值的误差范围在±1.7%的可能性有95%，也就是说，假定这次调查发现了“赞成率为50%”，如果进行100次同样的调查，至少有95次的调查得到的赞成率数值会在50%±1.7%（即48.3%~51.7%）的范围内。由此可知，抽样调查得到的数值在推及到总体时，不是一个绝对不变的数值，而是一个可能的范围。

1. 确定样本量

不同的抽样方法，其样本量的计算方法是不同的。以简单随机抽样为例，根据置信度和抽样误差来推算合适的样本量，一般常用的方法是用统计学教材介绍的公式计算，或参考置信度和样本量对照表来确定。

这里我们介绍更为简便的方法，即使用网络上的计算软件，如Creative Research Systems在网上提供的Sample Size Calculator（见下图）进行推算。我们只需选择置信度（95%或99%），然后输入抽样误差以及总体人数，就可以得到合适的样本数量。

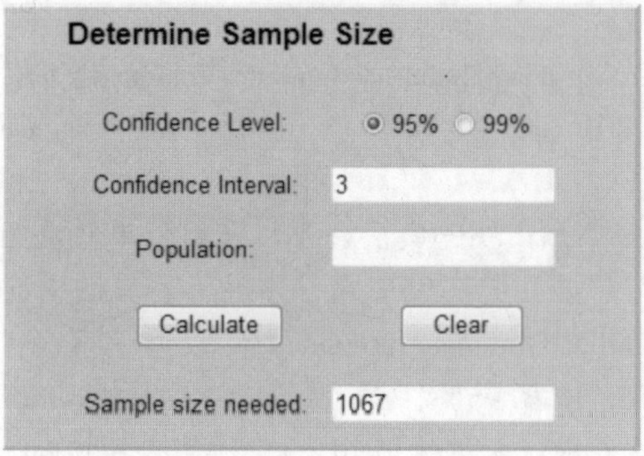

图3-1 Determine Sample Size（**确定样本规模**）**框**

（来源：http://www.surveysystem.com/sscalc.htm）

例如，我们要调查广州市民对世博会的评价，查广州市统计资料可知，

① 就业形势好于预期，2009年近1/3居民收入有实际增长．人民网，http://2010lianghui.people.com.cn/GB/182155/11059123.html，2010-03-02.

2009年广州市常住人口为1 025万人，如要针对广州市民抽样，在95%置信水准下，抽样误差为正负3个百分点，那么至少需要容量为多少的样本呢？只要打开该网页，在Determine Sample Size（确定样本规模）框内，Confidence Level（置信水准）处选择95%，Confidence Interval（置信区间）栏内输入3，Population栏输入总体人数，当总体人数足够大或不可知时，可不输任何数字。按Calculate按钮，即可得到Sample Size（样本规模）为1 067，即需要抽取容量为1 067个的样本。

2. 推算抽样误差

反之，根据置信度和样本数来推算它的抽样误差，也可以利用该网站上的计算软件，我们只需选择置信度（95%或99%），然后输入抽样误差以及样本量，就可以得到抽样误差。

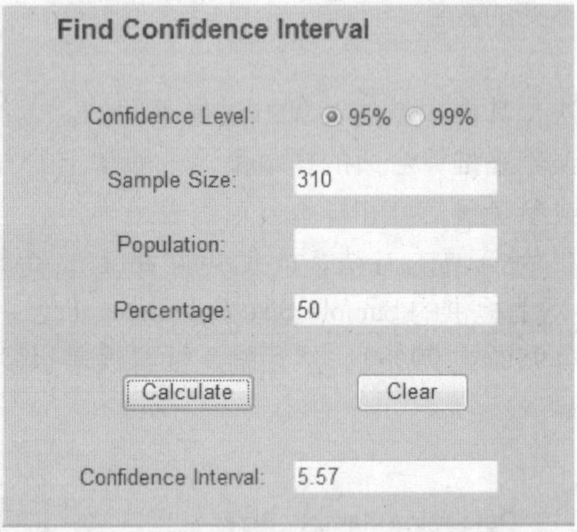

图3-2 Find Confidence Interval（获取置信区间）框
（来源：http：//www.surveysystem.com/sscalc.htm）

例如，某次针对广州市民的舆情调查，采用简单随机抽样方法，成功获得310位市民的回答，想要知道在95%置信水准下，其抽样误差是多少，只要打开前述网页，在Find Confidence Interval（获取置信区间）框内，Confidence Level（置信水准）处选择95%，Sample Size（样本规模）空栏处输入310，Population输入总体人数，当总体人数足够大或不可知时，可不输任何数字，Percentage（百分数）处采用默认值50，然后按Calculate按钮，即可得到Confidence Interval（置信区间）为5.57，即随机抽取310个市民作样本，在95%置信水平下，其最大抽样误差为±5.6%。

八、调查安排（时间、人员的安排）

CATI的工作是一个典型的团队合作工作模式，各项工作分工很明确且衔接很紧密，需要详细的工作安排，以确保工作顺利进行。

在策划书的撰写过程中，很重要的一点就是整个调查的安排，要形成一个易操作、可执行的计划表，其中主要是时间和人员的安排。

在时间方面，作成调查研究计划要考虑以下几个因素：

1. 调查的截止时间

调查的截止时间是调查的重要时间点，一切的时间安排需要从这个时间点往前推，以确保调查顺利完成，调查结果能够顺利被引用。尤其是时效性较强的项目，如为新闻报道而展开的“国庆60周年阅兵效果调查”，为确保调查数据能够满足新闻报道的时效性，确保在当天晚上报社截稿之前整理出数据，调查必须在10月1日中午阅兵结束后立即展开。

2. CATI访问时间

根据不同的调查目的，电话访问时间也有不同的安排。

对于大多数受访者来说，平时的晚上七点到九点是比较好的受访时间。周末全天都可以，但要避开早上九点之前和晚上九点之后，以及午饭、午休和晚饭的时间。总之，最高原则就是要避开大多数被访者不方便接听电话的时间。

当然，也有一些情况，因为对被访者有特殊要求（如企业、公司职员等），需要在上班时间进行调查，这样被拒访的可能性会相对高一些，那就需要掌握一定的电话沟通技巧，力求降低拒访率。

小贴士

如何降低拒访率

（1）电话沟通时要亲切随和、面带微笑、有礼有节，以谈话的方式来完成调查。

（2）向被访者强调访问持续的时间，如“能不能耽误您2分钟的时间”。

（3）在调查的过程中，适当提示还剩多少问题，如“我们的调查还有最后两个问题，希望您能帮我们做完，好吗”。

（4）如被访者表示要中断访问，则尽量与被访者另约时间。

（5）在被问及背景问题时常造成拒访，这时候可以强调“以下这些资料只作为统计分析用途，不涉及个人隐私，我们也会为您保密”等。

（6）问卷设计时，如询问被访者年龄，可直接要求选择年龄段，降低拒访或拒答的可能。

在人员安排方面，每个调查项目需要设立总负责人或项目督导，对整个项目进行总体的把握与协调。涉及具体事务，则要做到各项事情责任到人，工作量合理分布。

表3－3 调查计划表

	工作内容	责任人	开始时间	结束时间	持续时间	9月						10月				
						25	26	27	28	29	30	1	2	3	4	5
1	计划设定	张××	2009－9－25	2009－9－25	1d											
2	撰写策划、设计问卷	吴××	2009－9－25	2009－9－28	4d											
3	问卷程序编辑	郭××	2009－9－28	2009－9－29	2d											
4	新闻稿预写	黄××	2009－9－28	2009－9－29	2d											
5	样本抽取	吴××	2009－9－30	2009－9－30	1d											
6	试调查	陈××	2009－9－30	2009－9－30	1d											
7	访员管理	陈××	2009－9－30	2009－10－2	3d											
8	正式调查	章××	2009－10－1	2009－10－2	2d											
9	数据导出及整理	章××	2009－10－2	2009－10－2	1d											
10	结果概要撰写	陈××	2009－10－2	2009－10－2	1d											
11	新闻稿撰写	黄××	2009－10－2	2009－10－3	2d											
12	报告撰写	吴××	2009－10－2	2009－10－3	2d											

本书中所引用的例子是一个相对简单的工作流程，专业的调研公司在策划项目和时间安排上有更细致的分工和计划。

如下面这个例子：

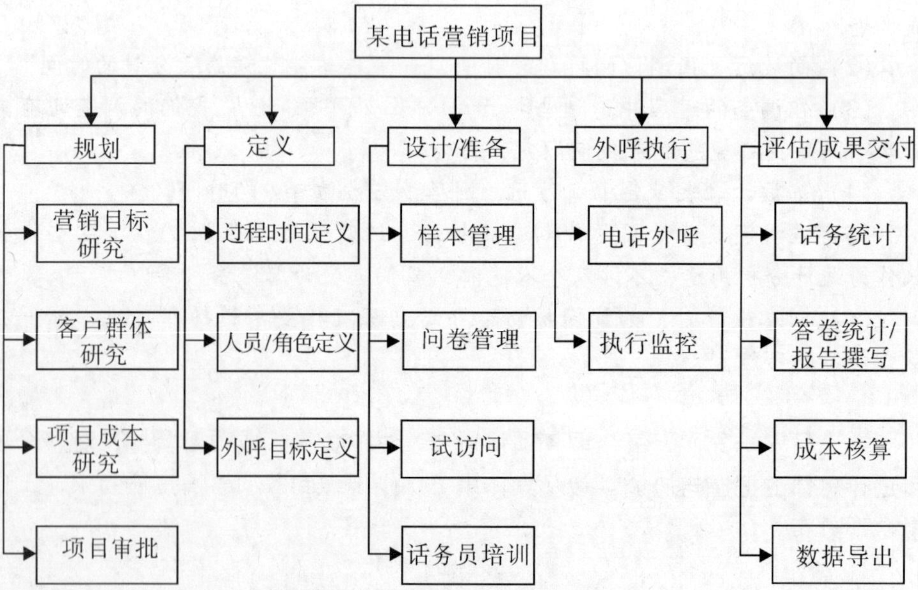

图3－3 典型的电话外呼项目

表 3－4　某电话外呼项目时间安排

ID	任务名称	开始时间	完成时间	持续时间
1	**外呼项目定义**	**2004-10-22**	**2004-10-22**	**1d**
2	过程/时间定义	2004-10-22	2004-10-22	1d
3	人员/话务员分配	2004-10-22	2004-10-22	1d
4	项目目标定义	2004-10-22	2004-10-22	1d
5	**外呼项目设计**	**2004-10-25**	**2004-10-27**	**3d**
6	样本管理	2004-10-25	2004-10-26	2d
7	问卷管理	2004-10-25	2004-10-25	1d
8	话务员培训	2004-10-26	2004-10-27	2d
9	**外呼项目执行**	**2004-10-28**	**2004-11-2**	**4d**
10	电话外呼	2004-10-28	2004-11-1	3d
11	电话监听	2004-10-28	2004-11-1	3d
12	答卷审核	2004-11-2	2004-11-2	1d
13	**结果评估和交付**	**2004-11-3**	**2004-11-3**	**1d**
14	话务统计	2004-11-3	2004-11-3	1d
15	数据导出/报告撰写	2004-11-3	2004-11-3	1d

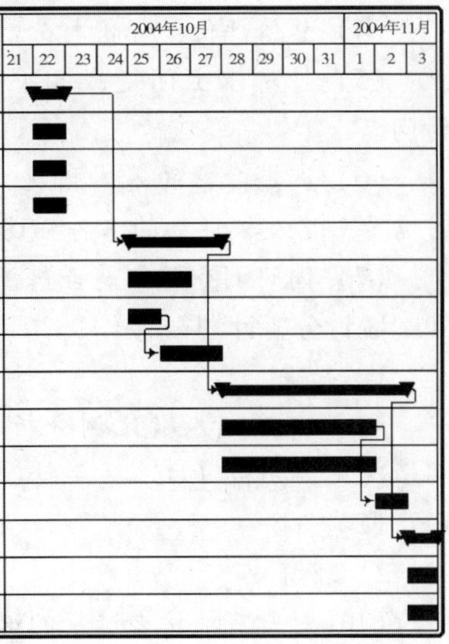

资料来源：上海南康科技有限公司

九、预算

策划书中还要体现整个调查的费用预算，即要对调查的成本有预测。调查项目的费用预算主要集中在对管理费用的预测，含人员工资、电话费用、易耗品摊销、折旧费等。其中人员工资是 CATI 的主要费用，指付给访员的劳务费。一般按件计酬，根据问卷的长度或难度来确定每份成功问卷的单价，人员工资总量则根据调查问卷的总量来推算。

国庆 60 周年阅兵效果调查策划书（有删节）

调查背景：

2009 年 10 月 1 日即将举行的阅兵仪式，是国庆 60 周年的大型纪念活动，受到全国人民乃至全世界的广泛关注。9 月 12 至 14 日，本中心以“国庆阅兵期待”为主题，以广州市民为对象，进行了阅兵关注度、认可度等方面的电话访问调查。在此基础上，我们认为有必要在阅兵仪式结束后，对“国庆阅兵”纪念活动的实际效果做进一步的验证调查，将两次结果进行对比分析，从中发现有价值的、可资参考的内容。

调查目的：

（1）对前期调查中的预测性的观看行为进行实际验证。

（2）了解广州市民观赏阅兵式的反应与中央预期精神的符合度如何。

（3）了解广州市民对国庆阅兵式的感受、关注点及总体评价。

调查内容：

（1）知晓：知晓度（Q1）、知晓渠道（Q2）。

（2）关注领域：亮点（Q3）、地域关注（Q4）。

（3）评价：预设目标（Q5）、基本理念（Q6）、其他效果（Q7）。

（4）总体评价：评价打分（Q8）。

（5）针对以上问题或用户的特殊感受，对符合条件的用户进行开放式访问。

（6）调查对象的基本情况（年龄、教育程度、职业、性别；开放式对象另需要姓名及较详细的工作描述）。

（7）询问调查对象是否愿意进入样本库。

统计分析计划：

1. 知晓

观看/未观看人数比例分析（Q1）；不看阅兵的原因分析（Q9）；媒介使用情况比例分析（Q2）；年龄、学历属性与媒介使用情况的交叉分析（Q2、F1、F2）。

2. 理解

（1）对所有被访者选择的选项进行排序，重点为前三项（例：Q3 各选项被选总数降序排列，选哪三项的人最多）。

（2）对印象深刻的前三个分别进行选项排序（例：Q3 第一个选 A 的有多少人，第一个选 B 的有多少人……降序排列，找出前三）；属性与 Q3 的交叉分析。

3. 评价

Q5、Q7 选项对比分析；Q6 比例分析；Q8 比例分析及统计平均值。

调查安排：

调查时间：2009. 10. 1　12：00—17：30（详细时间安排见表 3－3）

调查方法：运用电话访问系统进行电话调查

调查对象：广州市民

样本目标量：300 份

抽样方法：

（1）在 www. IP109. com 上提供的广州市手机号段（手机号码前 7 位）中，从不同手机网络类别里，按号段量的比例，在每个手机网络抽取一定数量的号段。

（2）将步骤 1 中抽出来的号段输入系统，后 4 位数字由电脑自动组合，生成广州地区手机号码。

调查费用预算：

人员工资：×元/份×300 份＝×元

第三节　问卷设计

问卷的编写是CATI中的重要一环。从格式规范上来说，一份完整的CATI问卷包括标题、问候语、甄别题、问卷正文、结束语五个部分。

1. 标题

标题要简明清晰地表达出问卷的主题或目的，同策划书的标题类似。

标题：国庆60周年阅兵效果调查问卷

2. 问候语

CATI调查最大的特点在于访问者与被访者是通过电话沟通的，只能通过话语交流，而无法运用肢体语言等其他沟通手段。而被访者在接到陌生的电话时往往具备较强的戒备心理，如果处理不好，很容易遭到拒访。因此，问候语是给被访者留下的第一印象，十分重要。

问候语的编写要注意以下几点：

（1）简明扼要。在接通电话的第一、二句话内把电话的来意表达清楚。

（2）问卷语言口语化。不能使用太过于书面的语言，要让被访者容易听清和理解。

（3）要有礼有节。在问候语中，介绍清楚来意后，要以询问的口吻，征求被访者的同意。

问候语：您好，我们是暨南大学新闻与传播学院舆情研究中心，想耽误您两三分钟的时间做一个有关“国庆阅兵”的调查，可以吗？

3. 甄别题

当被访者同意接受访问以后，问卷调查还不能正式开始，必须根据本次调查的目的，对被访者进行甄别。一般通过一小段说明或者一两个简短的问题来达到目的。甄别有各种情况：

（1）在做商业项目调查时，为了了解消费者的真实态度，往往需要消费者对调查咨询行业及调查项目所涉及的行业没有过多地接触或了解，以减少先入为主的偏见和误解。

> 甄别：请访员根据系统提示，甄别被访者。
>
> ■请问您或您的家人有没有在调查行业工作？
>
> 1. 没有
> 2. 有（抱歉，您与本次访问的要求不符合，我们的访问到此结束，谢谢）

（2）如果是民意或舆论调查，为了确保样本的代表性需要做配额控制，如年龄、性别、收入等。在某个配额已满的时候，则需要对被访者进行甄别，如30～39岁的被访者已经不需要被访问了，就需要在问卷开始前询问被访者的年龄，以甄别该被访者是否符合被访条件。

> 甄别：请访员根据系统提示，甄别被访者。
>
> ■请问您的年龄是：
>
> 1. 不到16岁（访问到此结束，谢谢）
> 2. 16～19岁
> 3. 20～29岁
> 4. 30～39岁
> 5. 40～49岁
> 6. 50～59岁
> 7. 60岁及以上

4. 问卷正文

问卷正文是整个问卷的主体，按照内容不同可分成两个部分。第一部分主要根据调查内容和目的展开设计，问题的标号以“Q”开头，如下例所示。第二部分是有关于被访者个人信息的问题，如性别、年龄等，问题的标号以“F”开头。为了避免被访者的抵触，第二部分的问题往往放在后面，主体问题结束以后。

> Q1. 请问您有没有观看今天上午举行的阅兵仪式？
>
> 1. 有　　2. 没有（跳转Q5）

> F1. 被访者性别__________（请访员直接记录，无需询问）
>
> 1. 男　　2. 女

问卷中的问题按照问题的类型主要分为封闭题和开放题两种：

封闭题是指答案范围已经确定，以选项的形式提供给被访者，被访者的选择不能超出问卷所提供的选项，即我们常说的选择题。封闭题可以分为单选题、多选题、多选排序题。前面所展示的Q1和F1是最常见的封闭题型。除此以外，多选排序题指在记录被访者的答案时，不仅要记录被访者提供的选项，还要记录被访者提及选项的顺序。

开放题是指答案范围不确定，被访者可根据自己的感受回答的问题。

对于电话调查，要访员迅速记住被访者所有的答案要点存在一定的困难，所以在CATI中，问卷一般以封闭题设计为主。

CATI的问卷编写的过程中需要注意以下几点：

（1）问卷不能太长。因为CATI主要以电话沟通为主，问卷过长会引起被访者的反感，随时可能中断访问，使调查失败。

（2）问题设置要简洁，不要有过多的铺垫，最好只用一句话。

（3）问题的选项设置不要过多。由于几乎所有的问题选项都需要访员读给被访者听，因此，如果选项过多，被访者留下印象的往往只有最初和最后的选项，在一定程度上会影响被访者的选择。另一方面，访员为了避免这种影响，要重复提示选项，最终也会耽误调查时间。

（4）问卷的问题与选项语言要口语化。除非调查内容的需要，一般情况下不要使用过多的书面语言，以免影响沟通效果。

Q1. 请问您有没有观看今天上午举行的阅兵仪式？

1. 有　　2. 没有（跳转 Q5）

Q2. 请问您是通过什么方式观看阅兵仪式的？（多选）

1. 电视　　2. 广播　　3. 网络　　4. 手机　　5. 现场　　6. 其他________

Q3. 您是否认为本次阅兵是一次“节约”的阅兵？

1. 是的　　2. 不是　　3. 说不清楚

Q4. 如果按十分制记，请您给本次阅兵打个分，您会打多少分？（跳转 F1）

1. 十分　　2. 九分　　3. 八分　　4. 七分　　5. 六分

6. 五分　　7. 四分　　8. 三分　　9. 二分　　10. 一分

Q5. 请问您不看阅兵式的原因是什么？

1. 在工作　　2. 没有设备条件　　3. 不感兴趣　　4. 其他__________

5. 结束语

问卷结束以后，不能马上挂断电话，需要有礼貌地提示被访者调查结束，并表示感谢。在书面的问卷中，一般是用简短的语言致谢，而在电话访问中则需要亲切的说明和诚恳的致谢语言。

结束语：我们的调查到此结束，感谢您的配合！祝您假期愉快！再见！

第四章　CATI 项目的建立

第一节　系统的进入与退出

要建立 CATI 项目，首先需要进入 CATI 系统。因此，在开始介绍立项步骤之前，有必要先给读者介绍一下进入 CATI 系统的操作步骤，同时一并介绍系统的退出。

一、系统的进入

如第二章第一节所述，CATI 系统有两个服务器，一个是数据库服务器，一个是工控机服务器。进入系统就是把两台服务器都打开，首先应该启动的是数据库服务器，然后再启动工控机服务器。首先介绍数据库服务器的相关操作。

1. 数据库服务器的打开操作

主要操作导航:
开机 →登录 →消息服务（操作 →启动）→样本池 →代理服务

▼ 首先通过服务器主机上的启动按钮打开数据库服务器。启动之后，会出现一个登录框，输入相关的账号和密码后单击“确定”就可以进入数据库服务器的界面，如图 4 - 1。

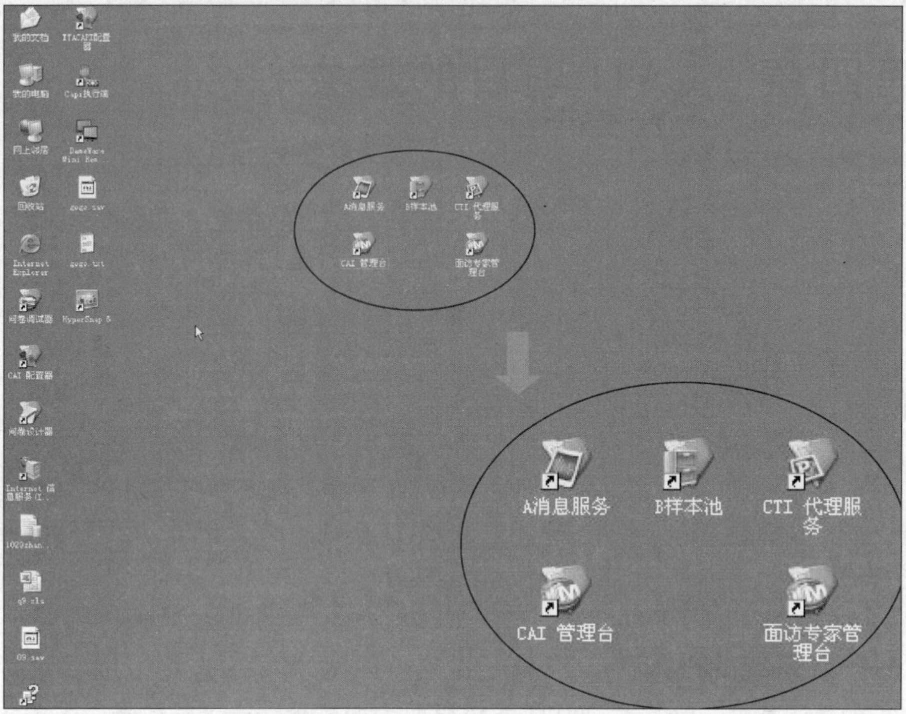

图4－1

接下来需要在界面中找出“消息服务”、“样本池”、“代理服务”三个图标并依次打开，进入“消息服务器”、“样本池”、“代理服务器”的界面。

这三个图标必须按照“消息服务→样本池→代理服务”的顺序依次打开，关闭的时候要按照相反的顺序依次关闭。

（1）消息服务器的打开。

▼ 首先，找到消息服务的图标，如图4－2。

图4－2

▼ 双击，进入消息服务器的界面，如图4－3。

图4－3

▼ 单击左上角的“操作”，如图4－4。

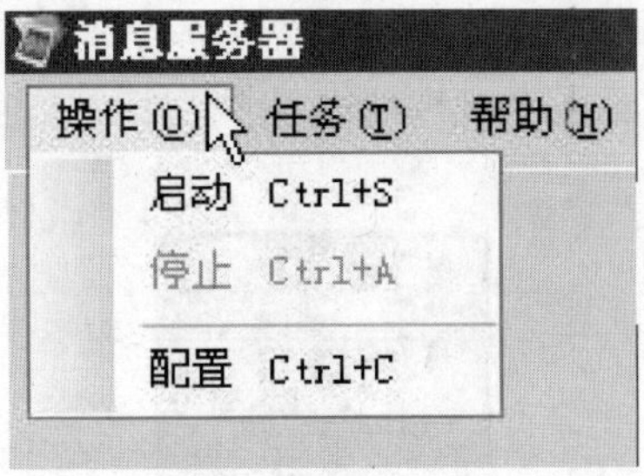

图4－4

▼ 在出现的列表中单击“启动”，如图4－5。

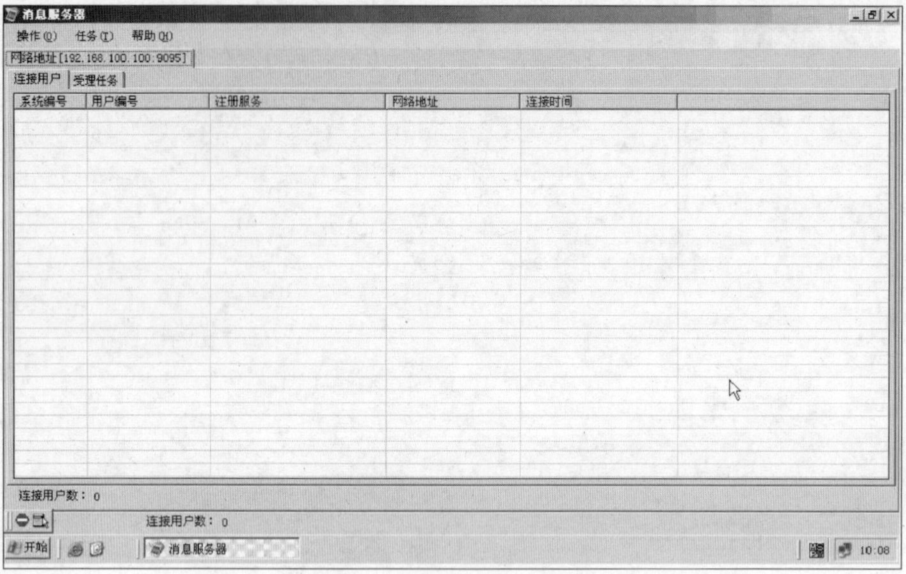

图4－5

这样，消息服务器就完全打开了。

（2）样本池的打开。

▼ 在数据库服务器界面中找出样本池的图标，如图4－6。

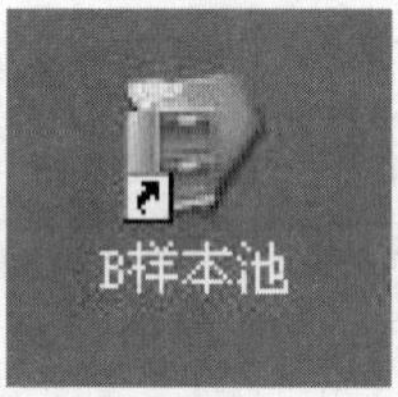

图4－6

▼ 双击，进入样本池界面，如图4－7。

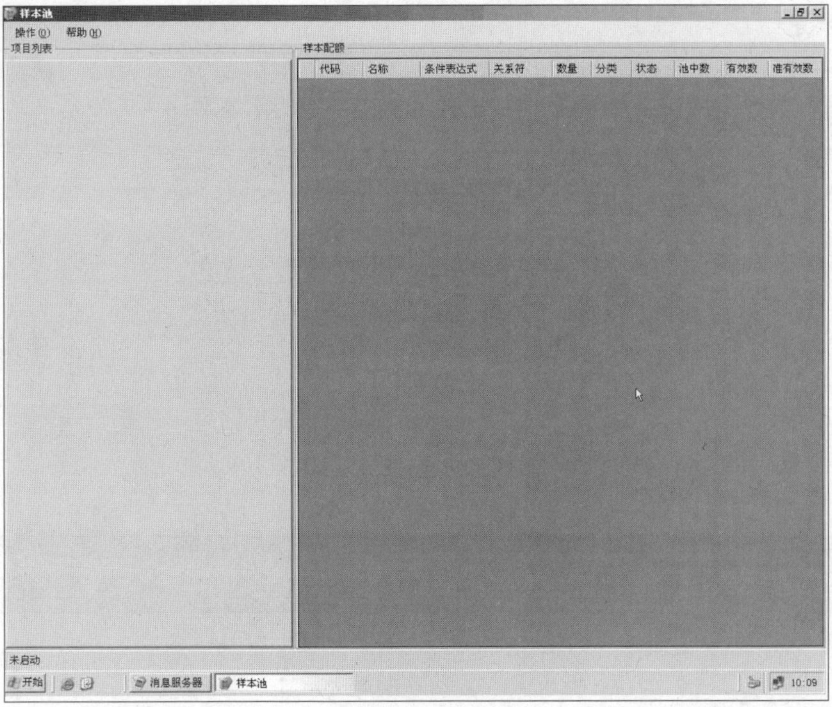

图4－7

▼ 按照打开消息服务器的操作方法，单击左上角的“操作”，然后单击“启动”，完成样本池的启动操作，如图4－8。

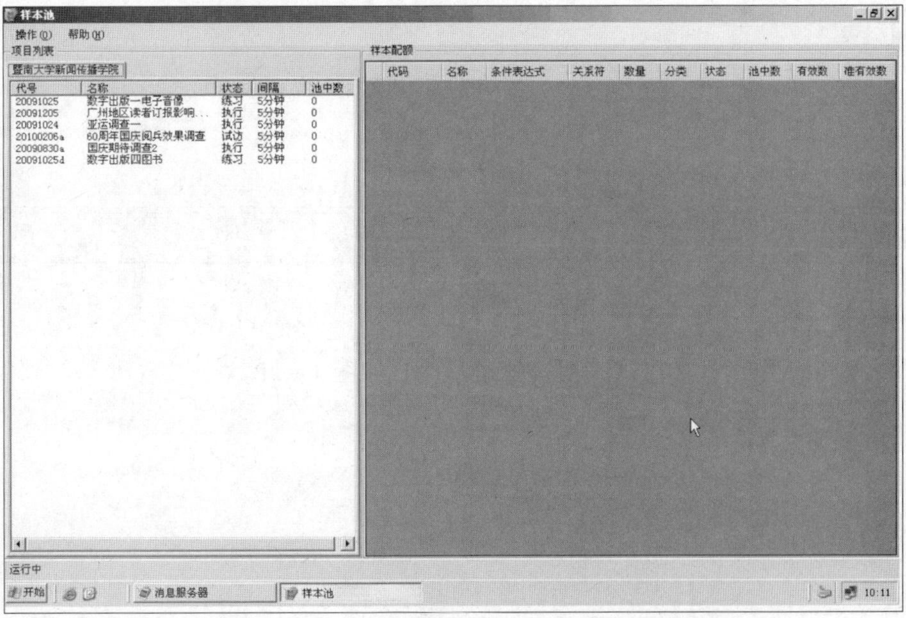

图4－8

（3）代理服务器的打开。

▼ 在数据库服务器界面中找出代理服务的图标，如图 4 – 9。

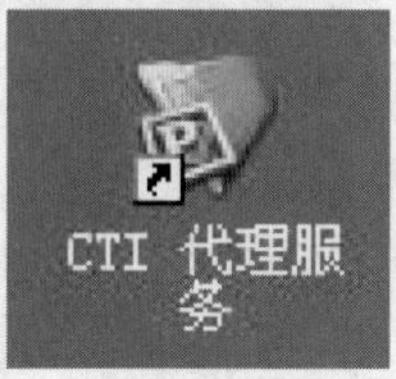

图 4 – 9

▼ 双击，进入代理服务器界面，如图 4 – 10。

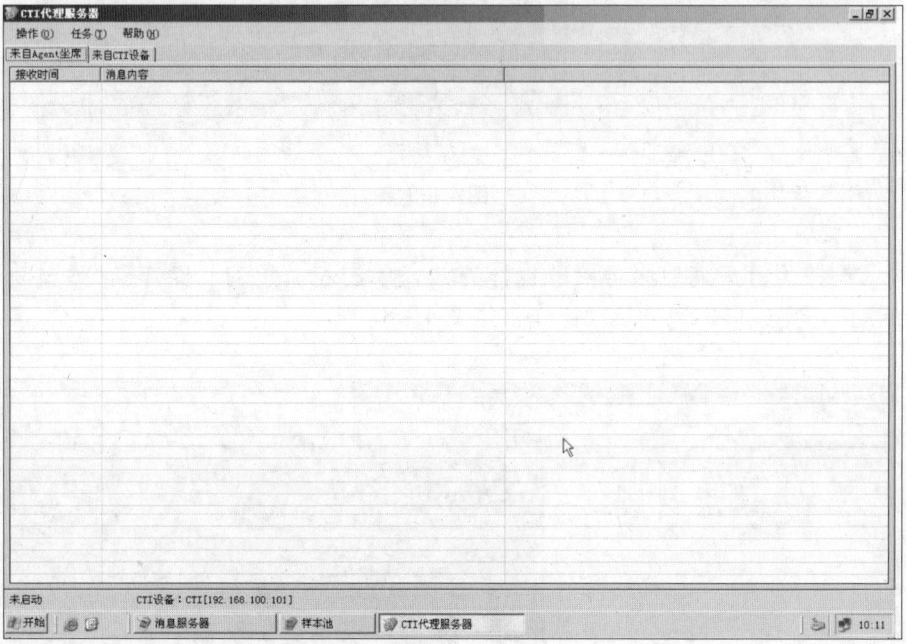

图 4 – 10

▼ 以同样方法完成代理服务器的启动，如图 4 – 11。

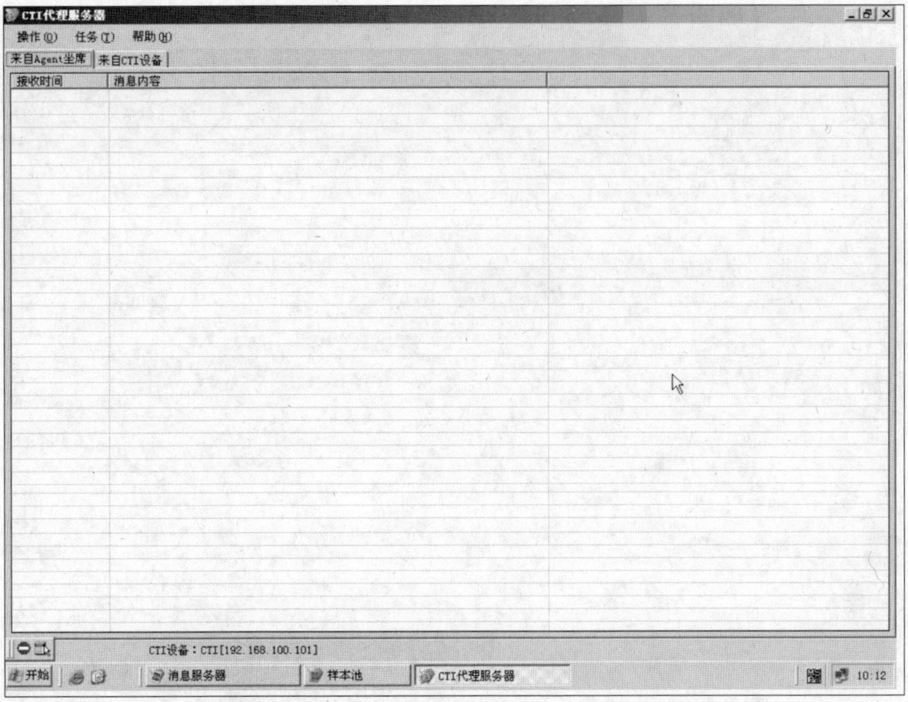

图 4－11

至此，数据库服务器的打开操作完成。

2. 工控机服务器的打开操作

主要操作导航： 登录 →CAI 服务（操作 →启动）

▼ 通过服务器主机上的“启动”按钮打开数据库服务器。完全启动之后，同样会跳出一个登录框，输入相关的账号和密码后单击“确定”进入数据库服务器的界面，如图 4－12。

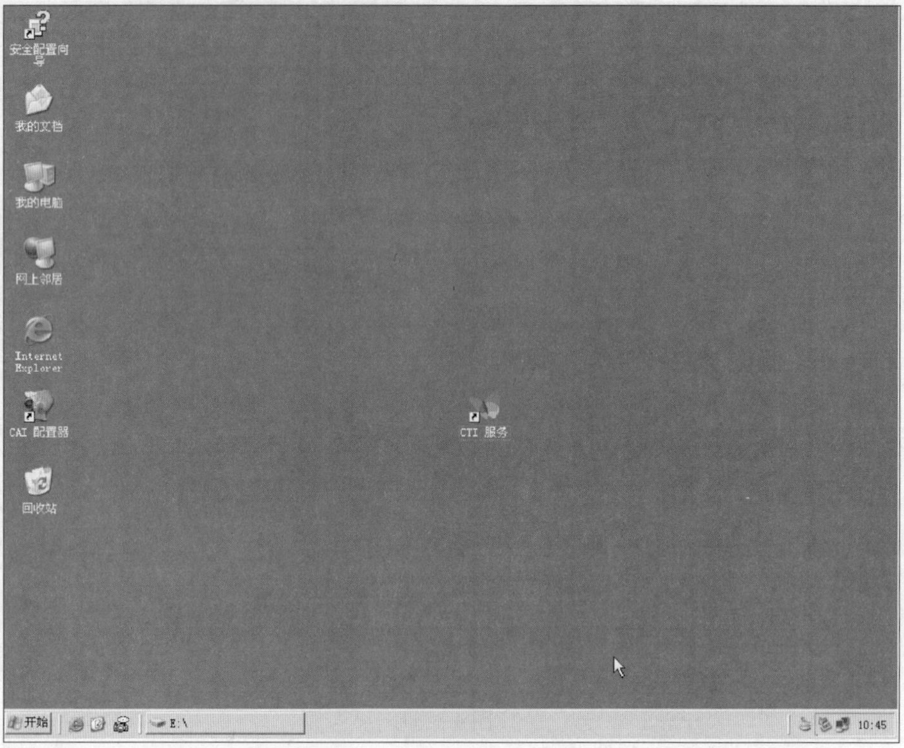

图 4－12

▼ 在界面中找到“CTI 服务”的图标，如图 4－13。

图 4－13

▼ 双击，进入电话服务器对话框，如图 4－14。

图4－14

▼ 单击对话框左下角的“启动”按钮，如图4－15。

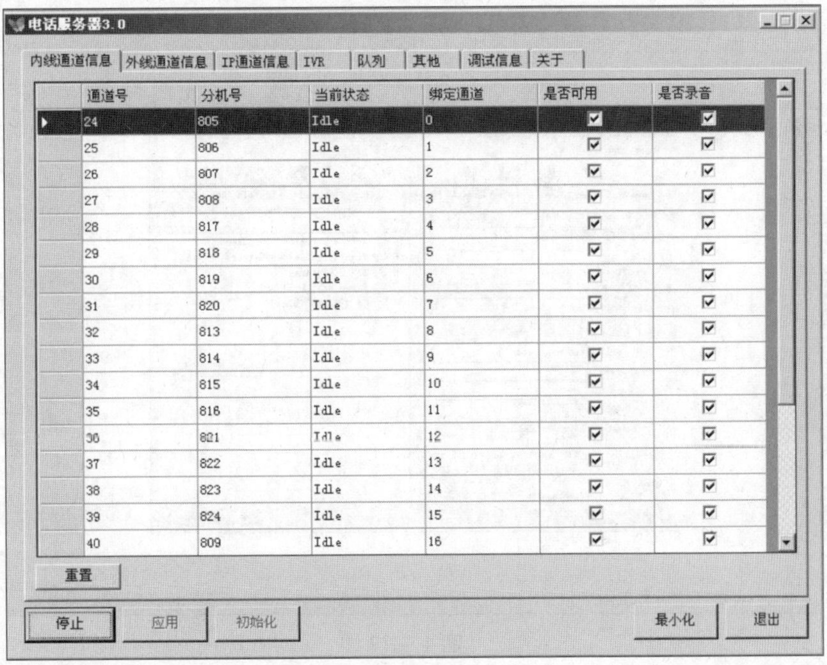

图4－15

单击“启动”之后，该按钮就变为“停止”。

至此，工控机服务器的打开操作完成。

小贴士

如果工控机服务器没有连接显示器的话，一般会在数据库服务器的界面上安装一个远程连接的图标，通过远程连接可以在数据库的界面中打开工控机服务器的界面。具体操作如下：

▼ 在数据库服务器的界面找出远程连接的图标，如图4－16。

图4－16

▼ 双击该图标，进入远程连接的界面，如图4－17。

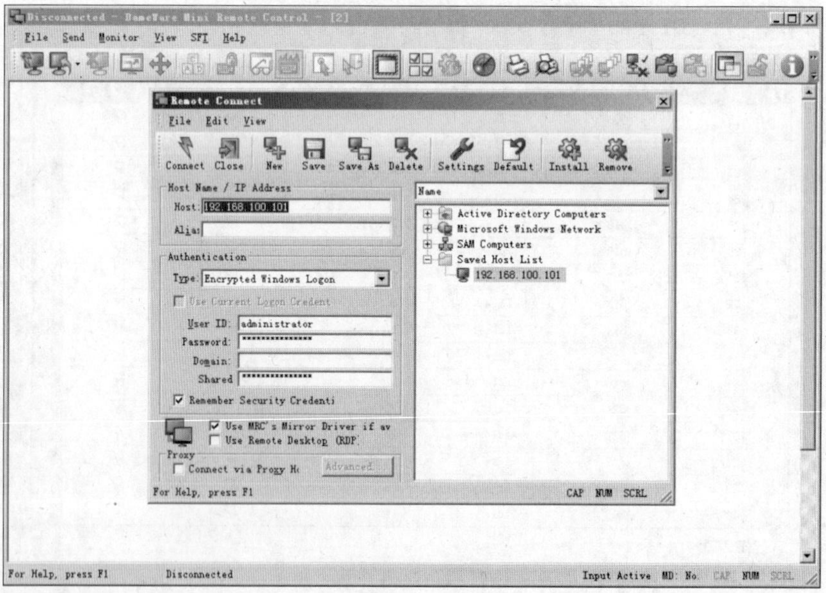

图4－17

在中间的小对话框中，左边中上部的“Host”后边的编辑框中显示的就是工控机服务器的地址。如果没有显示，操作者可通过右部的选择框在“Saved Host List”文件夹中寻找，找到后单击就会出现在“Host”后边的编辑框中。

▼ 单击对话框左上角的“Connect”按钮，即可进入工控机服务器的界面，如图 4－18。

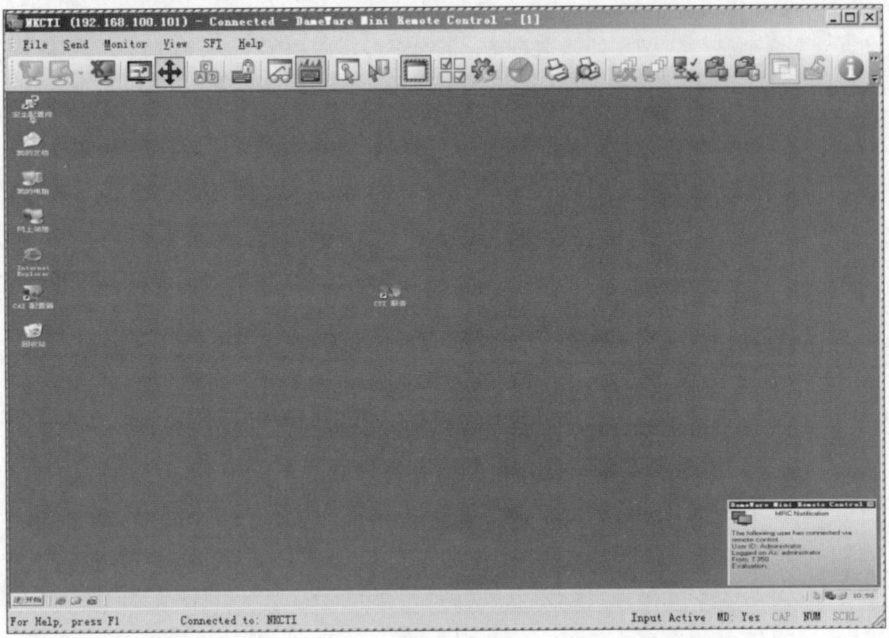

图 4－18

接下来的操作与上文所讲的工控机服务器的操作相同。

另外，有的电访机构还会为工控机也设置一个远程控制的服务器，即用另外一台计算机远程控制数据库服务器和工控机服务器。这种情况下，就要通过这台远程控制的独立计算机的桌面上的远程控制图标，先进入数据库服务器的界面，然后再从数据库服务器的界面中，通过远程控制图标进入工控机服务器的界面。

二、系统的退出

退出系统就是关闭两台服务器。值得注意的是，开机的时候是按顺序先打开数据库服务器，然后再打开工控机服务器的。关闭的时候，要先关闭工控机服务器，然后再关闭数据库服务器。首先来看工控机服务器的关闭操作。

1. 工控机服务器的关闭操作

主要操作导航： CAI 服务（停止 →关闭）→开始 →关机 →选项 →确定

▼ 在服务器界面中打开电话服务器的对话框；

单击左下角的“停止”按钮，然后单击右上角的关闭按钮关闭对话框，回到服务器界面，如图4－19。

图4－19

▼ 接下来像关闭普通计算机一样，如图4－20，单击桌面左下角的“开始”按钮，出现如图4－21的对话框。

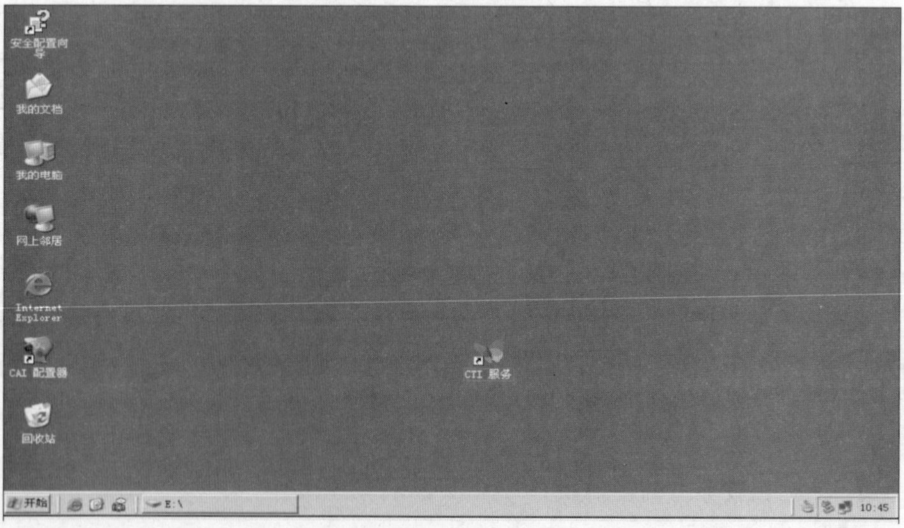

图4－20

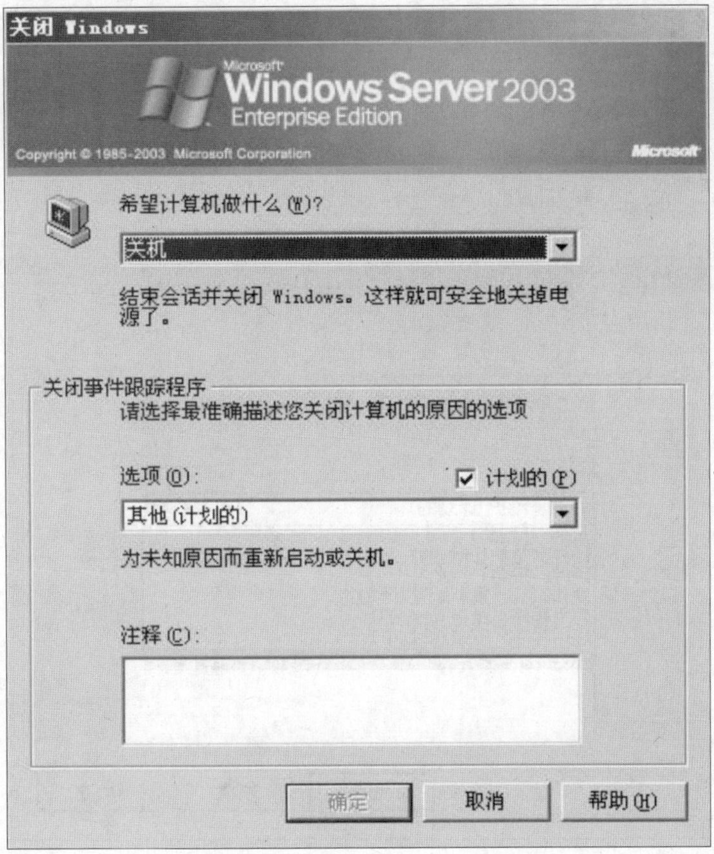

图4－21

▼在“希望计算机做什么?”中选择“关机”，然后点开“关闭事件跟踪程序”中“选项”下方的下拉按钮。

除“其他”选项外，选择任何一个选项都可以关闭计算机，但是通常会选择“安全问题”，如图4－22。

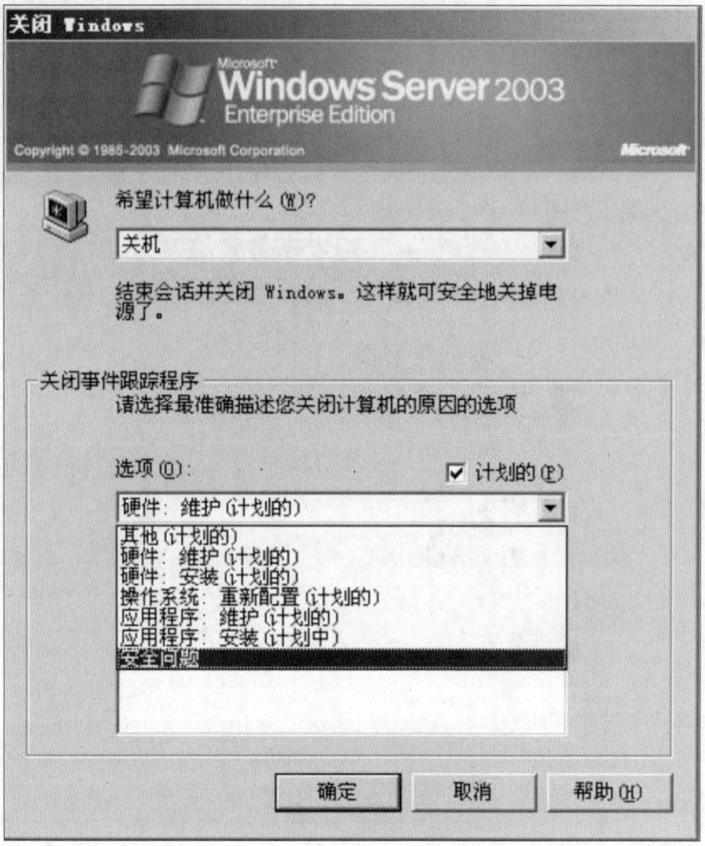

图4－22

▼ 选择“安全问题”后单击“确定”即可关闭计算机。

2. 数据库服务器的关闭操作

数据库服务器打开的时候曾先后打开了“消息服务器”、“样本池”、“代理服务器”三个界面，关闭的时候要先关闭“代理服务器”，再关闭“样本池”，最后关闭“消息服务器”。这三个界面关闭之后，才可以关闭数据库服务器的主机。接下来先演示一下代理服务器的关闭操作。

▼ 打开代理服务器的界面，如图4－23。

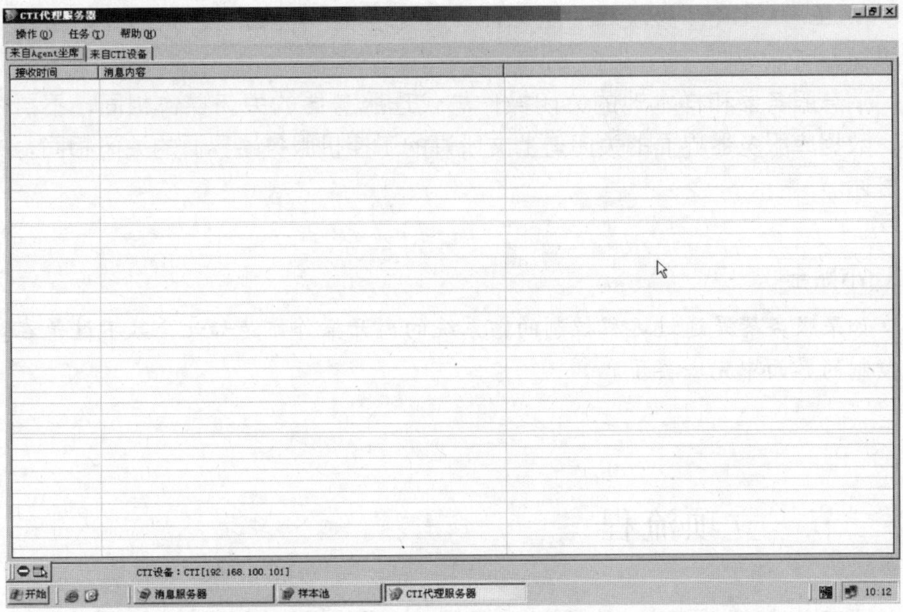

图 4－23

▼ 单击左上角的“操作”，如图 4－24。

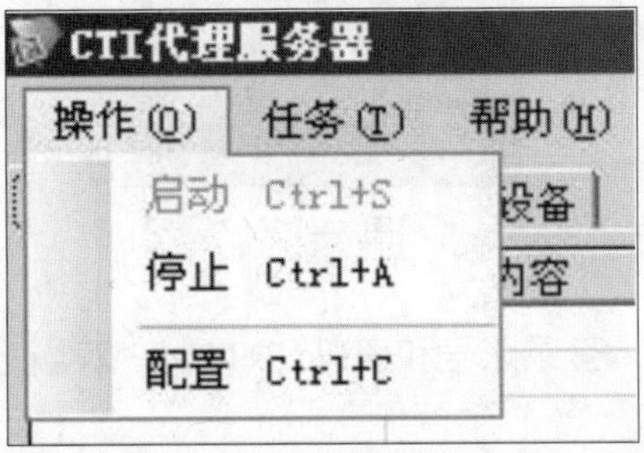

图 4－24

▼ 在列表中单击“停止”，会出现一个提示框，如图 4－25。

图 4－25

▼ 单击“OK”，然后单击“CTI 代理服务器”界面右上角的关闭按钮关闭界面即可。

消息服务器和样本池的关闭操作与代理服务器的关闭操作相同，不再赘述。数据库服务器界面的关闭与上文所讲的工控机服务器界面的关闭相同，亦不赘述。

小贴士

如果服务器是通过远程控制的，系统的离开操作亦是如此，只不过是在远程控制的界面中完成罢了。

第二节　立项流程

要建立 CATI 项目，首先要进入管理台。具体操作如下：

▼ 在数据库服务器的电脑桌面上找到“CAI 管理台”图标，如图 4－26。

图 4－26

▼ 双击打开，输入登录账号和密码，如图 4－27。

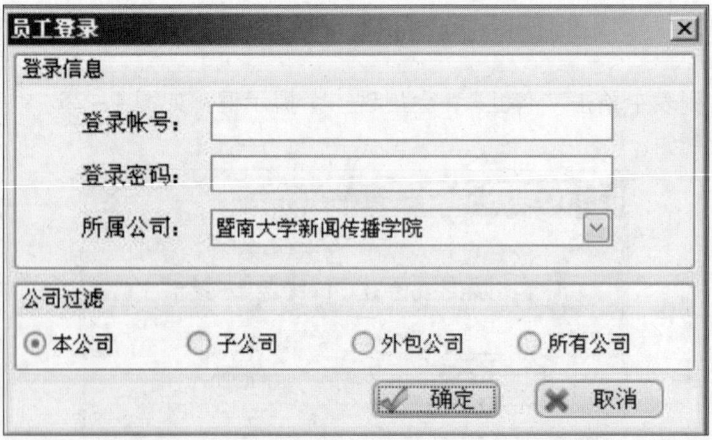

图 4－27

▼ 单击“确定”就可以进入管理台的界面，如图 4－28。

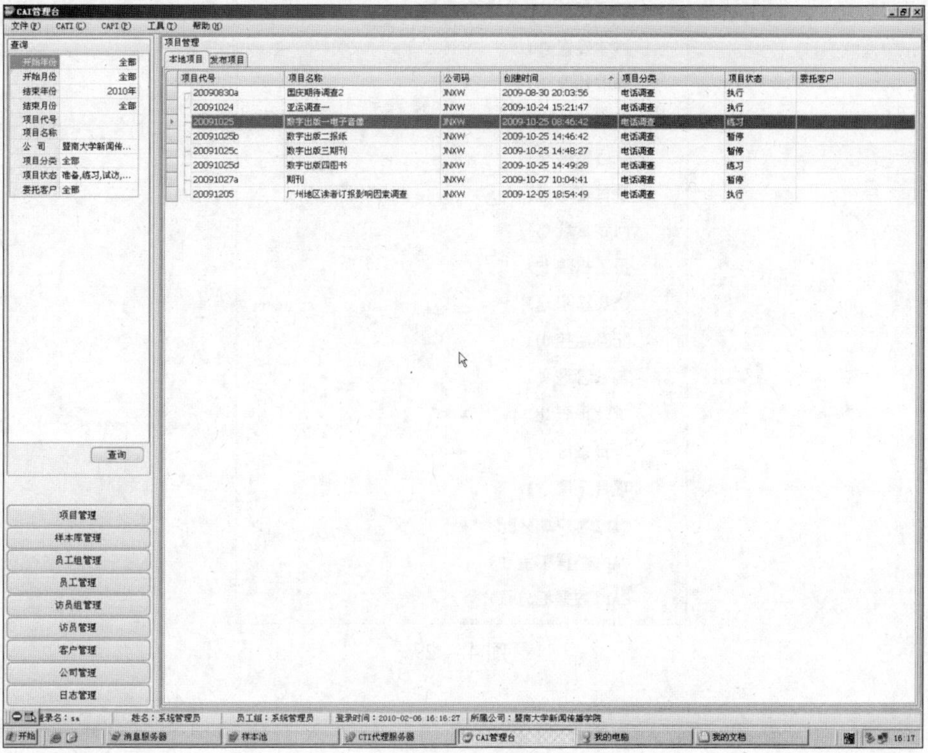

图 4－ 28

在这个界面中，我们开始介绍建立项目的每一个步骤。

一、完整立项流程

主要操作导航： 新建项目 →样本设置 →样本抽取 →样本维护 →执行策略 →问卷管理 →访员权限 →编辑项目

1. 新建项目

▼ 在管理台界面中单击右键会出现一个选项列表，找到“新建项目”，如图 4－29。

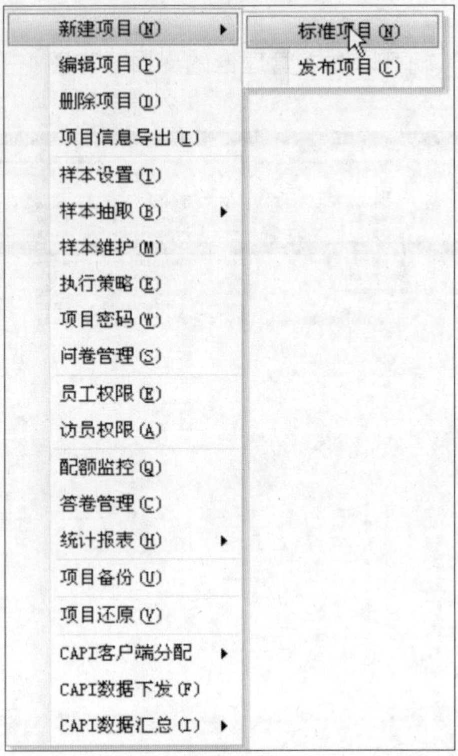

图4－29

▼在“新建项目”中单击“标准项目”就进入新建项目的对话框，如图4－30。

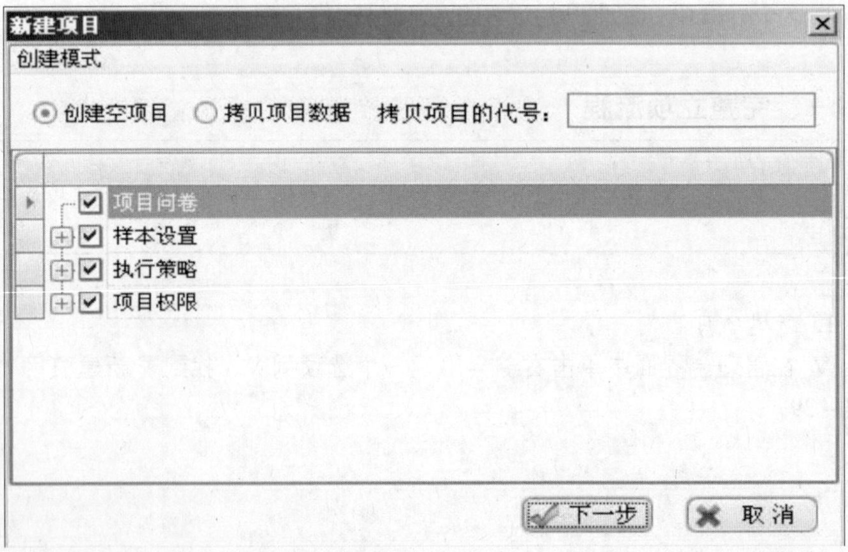

图4－30

在新建项目的对话框中默认的是“创建空项目”，“项目问卷”等几个选项也都已经默认勾选。“拷贝项目数据”是复制一个系统中已有的项目，这是快速的，也是最常用的一种立项方式。这里先介绍“创建空项目”，之后介绍“拷贝项目数据”，即本节第二部分的“快速立项步骤”。在新建项目的对话框中选择“创建空项目”，单击“下一步”。

▼ 系统默认的是“内部项目”，不用选择，如图4－31。

“项目代号”可以用阿拉伯数字和英文字母随意编写，一般都以项目创建当天的时间为代号，如“20100206”。“项目名称”可以根据实际情况自由填写，例如“60周年国庆阅兵效果调查”。“项目分类”的输入框中默认的是“无分类”，单击后端的下拉按钮，会出现“电话调查”、“电话营销”、“面访”三个分类。

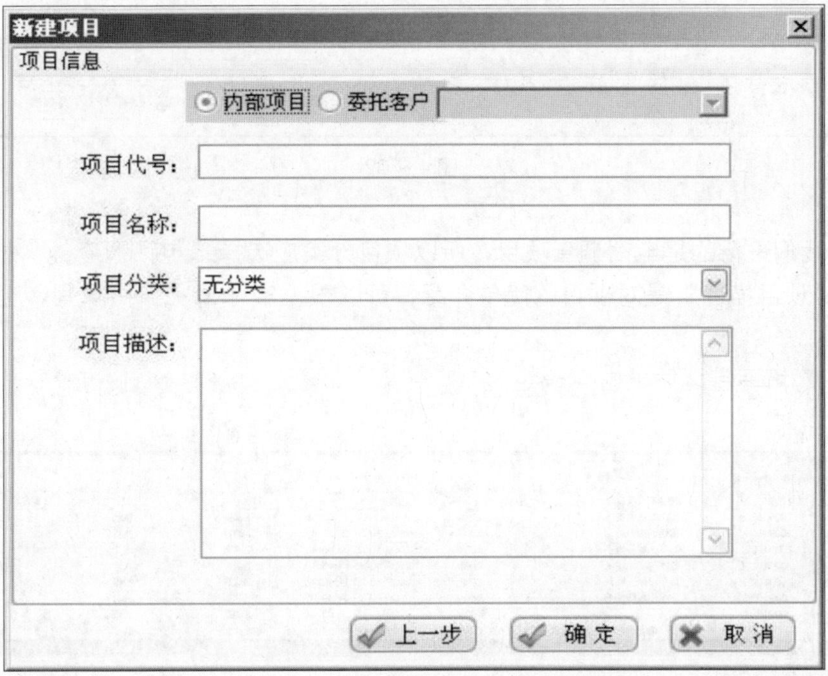

图4－31

▼ 单击“项目分类”后端的下拉按钮，编辑框如图4－32。

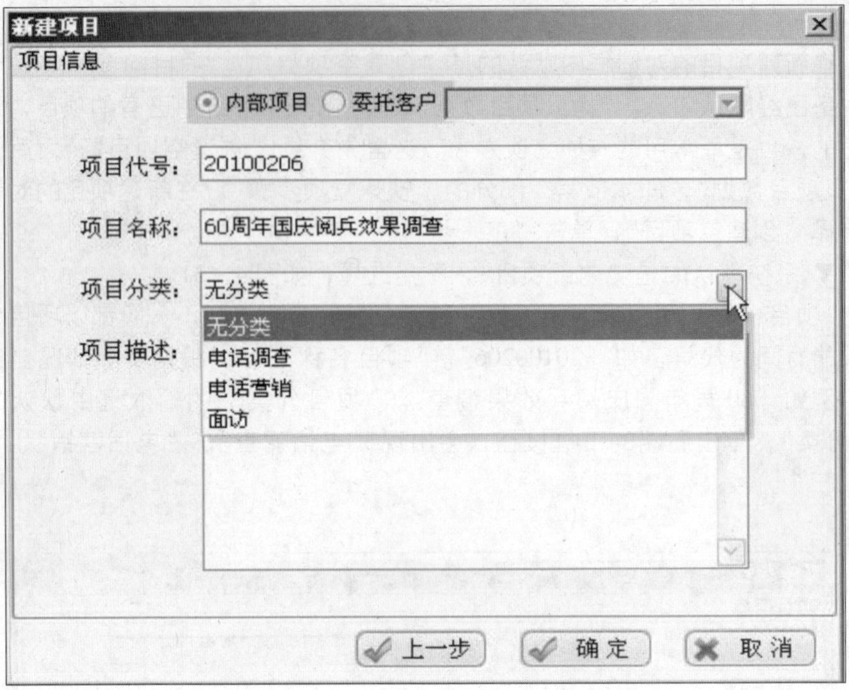

图 4－32

我们进行的是电话调查项目，所以项目分类应选择“电话调查”。

“项目描述”是对项目的简单介绍，可以根据实际情况自由填写，也可以不写。

▼ 填写完之后单击“确定”。

图 4－33

我们发现，如图4－33，一个新的项目就会出现在管理台的界面中，在项目列表的最下端就能找到，不过它是个空的项目。接下来，我们就来一步一步地把这个空白项目补充完整。

2. 样本设置

▼ 在管理台界面中右键单击“新建项目”，会出现一系列选项，如图4－34。

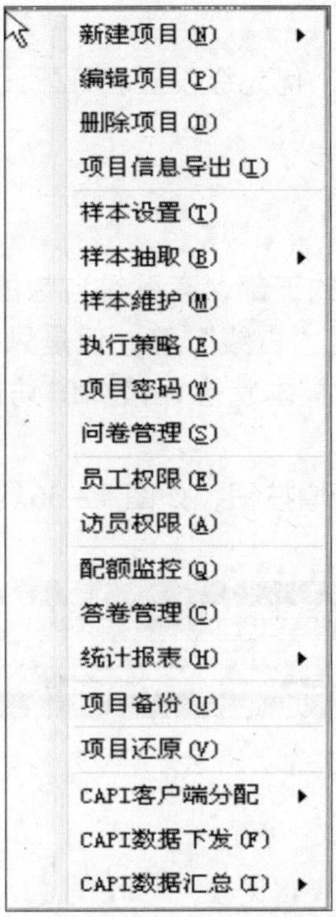

图 4 － 34

细心的读者会发现，这个选项和上文介绍新建项目时的选项是一样的。接下来，本书会按照创建项目的一般顺序依次介绍“样本设置”、“样本抽取”、“样本维护”、“执行策略”、“问卷管理”、“访员权限”、“编辑项目”。

▼ 单击“样本设置”，进入样本设置编辑框，如图 4 －35。

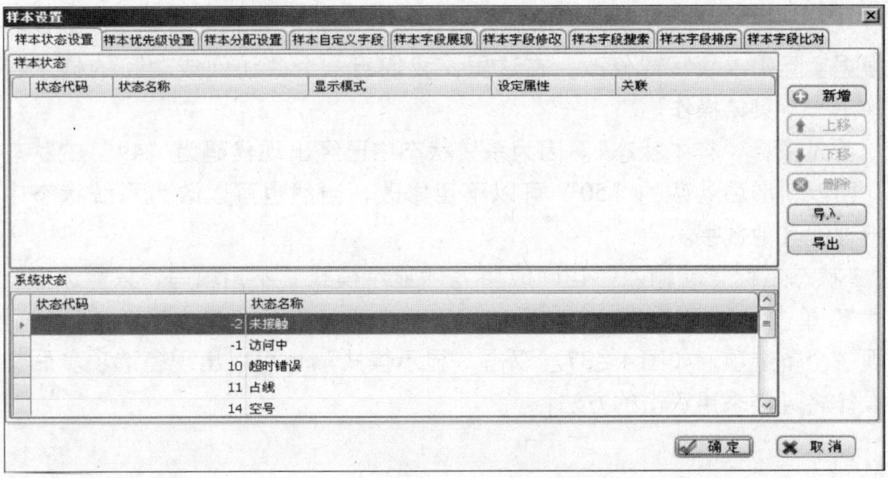

图 4 － 35

样本设置包括状态设置、优先级设置、分配设置等多个方面，我们首先来介绍一下样本状态设置。

(1) 样本状态设置。

在样本状态设置对话框的下部，有系统自带的一些状态代码和状态名称，诸如“未接触”、“访问中”、“占线”等，但是只有这些是不够的，创建者应该根据实际需要，新增一些样本状态，诸如“访问成功”、“访问不成功”、“配额已满”等。

▼ 首先，单击右侧的新增按钮，如图4－36。

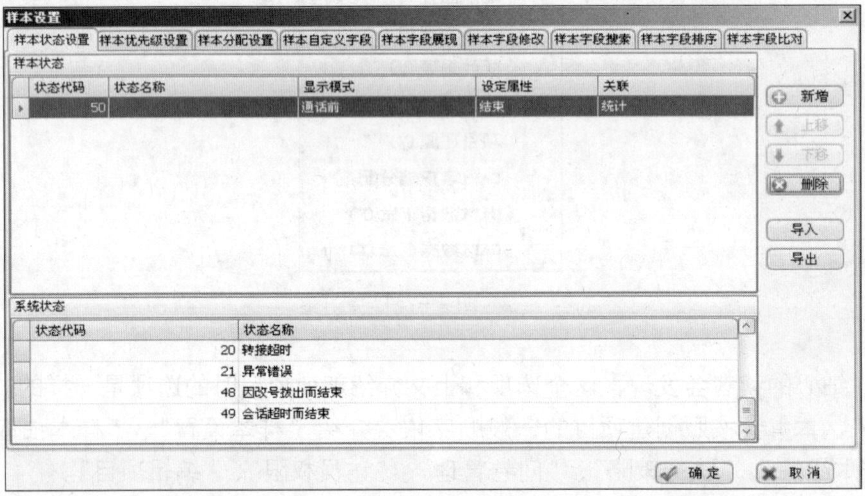

图4－36

从对话框中可以发现，新增后的蓝色条状编辑框并非全部空白，创建者需要根据实际需求填写或修改。在这里，我们用一个“访问成功”的样本状态来演示一下具体操作。

首先来看“样本状态”。因为系统状态中已经出现代码为“49”的状态名称，所以新增后默认的“50”可以不用修改，当然也可以改为系统状态中没有出现的其他数字。

“状态名称”就输入“访问成功”。“显示模式”不用填写，只能选择。

▼ 单击“显示模式”会在后端出现一个下拉按钮，单击这个按钮就可以出现各个备选项，如图4－37。双击“显示模式”也可以出现备选项。后文类似操作将直接采用双击的方法；

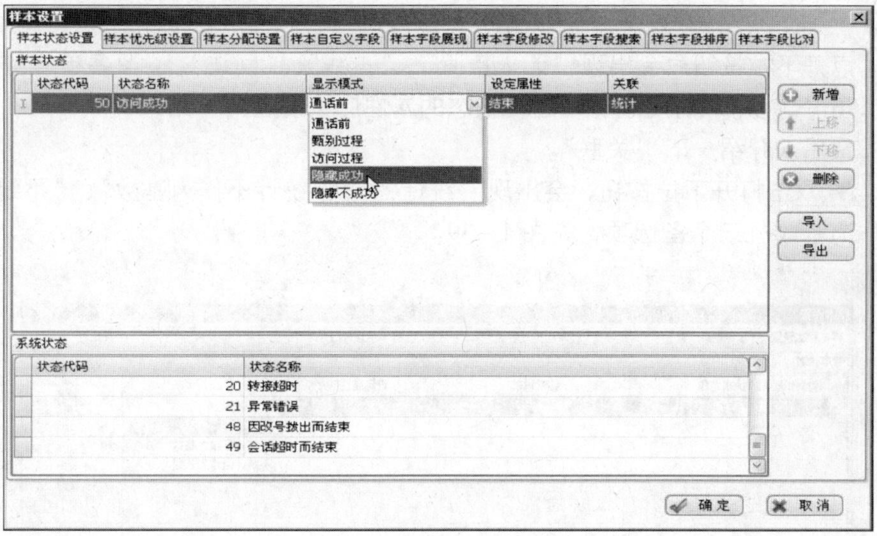

图 4－37

显示模式共包括“通话前”、“甄别过程”、“访问过程”、“隐藏成功”、“隐藏不成功”五个选项。前三个不用解释，“隐藏成功”指该样本已经按要求回答完了所有问题，是一个成功的样本。“隐藏不成功”则是该样本结束了访问，但是由于配额已满，没有回答问题、回答不符合要求等原因被认定为不成功的样本。看到这五个选项后，读者就会明白“显示模式”这个概念了。

对于“访问成功”这个状态应该选择“隐藏成功”这种显示模式。

接下来进行“设定属性”选项。

▼ 单击“设定属性”下的下拉按钮，如图 4－38。

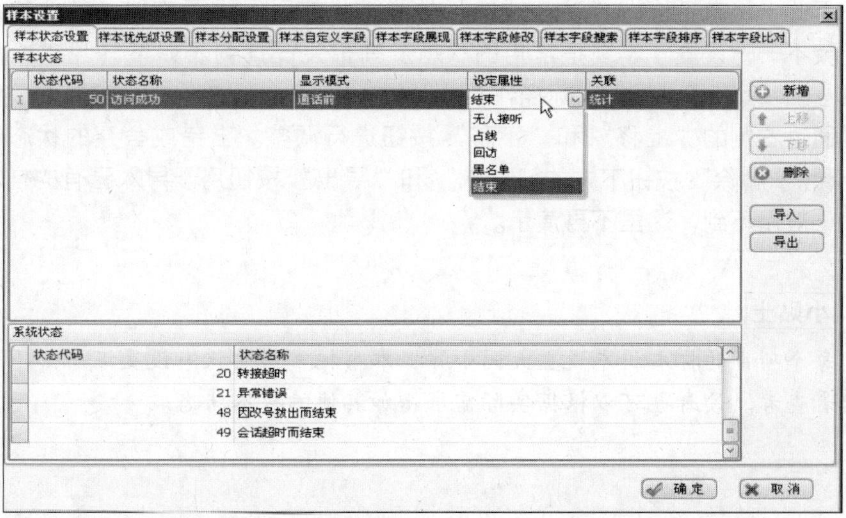

图 4－38

点开下拉按钮后会出现“无人接听”、“占线”、“回访”、“黑名单”、“结束”五个选项。“访问成功”这种状态的属性应该设定为“结束”。

最后来介绍一下“关联”。

▼ 双击打开下拉按钮，会出现“统计”、“不统计不作为基数”、“不统计但作为基数”三个备选项，如图 4－39。

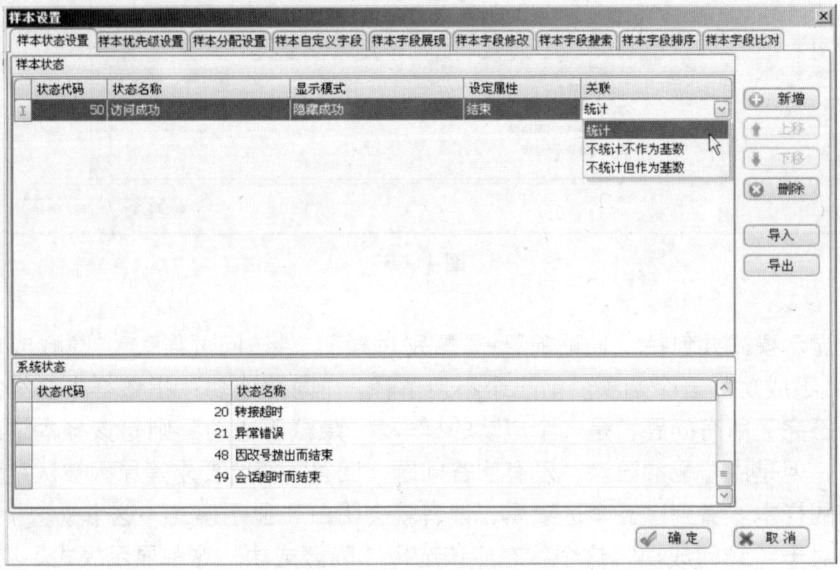

图 4－39

毋庸置疑，“访问成功”的样本应该选择“统计”。

至此，状态名称为“访问成功”的样本状态已经设置完毕，其他的状态我们就不一一设置了。现把常用的状态及其相关设置列表如下（见本段后的小贴士），读者可以根据实际操作自行设置。此外，新增样本状态的上下位置还可通过右侧的“上移”和“下移”按钮进行调整。出错或舍弃的状态也可以删除。“删除”按钮下方的“导入”和“导出”按钮用于导入已有的样本状态，一般用不到，这里不再演示。

小贴士

每个项目的样本状态设置大同小异，本书把常用的状态设置汇总如下，以备读者查考。读者也可以根据实际需求增加其他的样本状态。

状态代码	状态名称	显示模式	设定属性	关联
50	访问成功	隐藏成功	结束	统计
51	无人接听	通话前	无人接听	不统计不作为基数
52	传真	甄别过程	结束	不统计但作为基数
53	不在服务区	通话前	无人接听	不统计不作为基数
54	拒接	通话前	结束	不统计不作为基数
55	空号	通话前	结束	不统计不作为基数
56	话吧	甄别过程	结束	不统计但作为基数
57	拒访	甄别过程	结束	不统计但作为基数
58	预约回访	访问过程	回访	不统计但作为基数
59	恶意客户	甄别过程	黑名单	不统计但作为基数
60	用户忙	通话前	占线	不统计不作为基数
61	失败	隐藏不成功	结束	不统计但作为基数
62	配额已满	隐藏不成功	结束	不统计但作为基数

图 4－40

（2）样本优先级设置（可选操作）。

样本设置的第二项是样本优先级的设置，被设为优先的样本会在访问时被优先拨打。

▼ 单击打开它的对话框，如图 4－41。

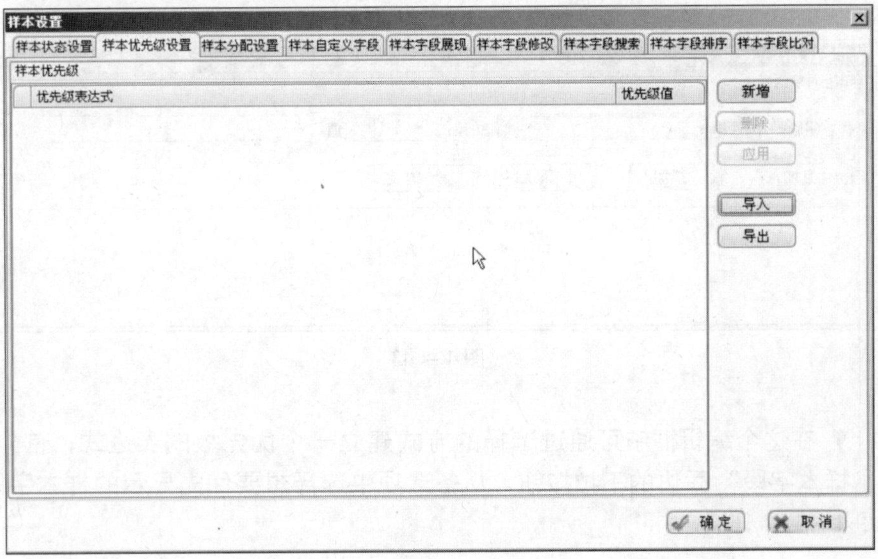

图 4－41

▼ 同样需要单击“新增”，如图 4－42。

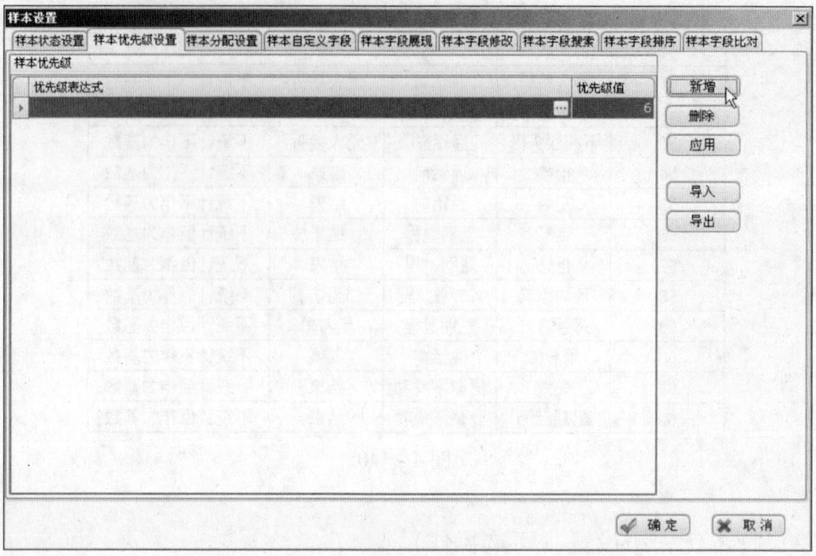

图4－42

▼单击“优先级表达式”下方蓝色编辑条后方的按钮，就会出现“样本条件表达式”的编辑框，如图4－43。

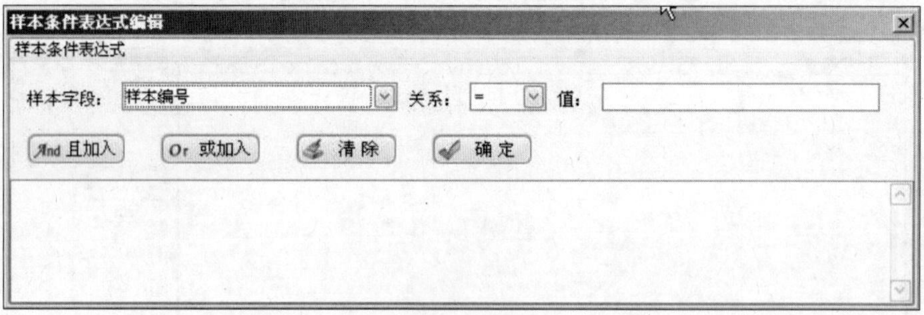

图4－43

▼在这个编辑框中可通过选择的方式建立一个优先级的表达式，首先单击“样本字段”后边的下拉按钮，从备选项中选择想要优先显示的样本字段，如图4－44。

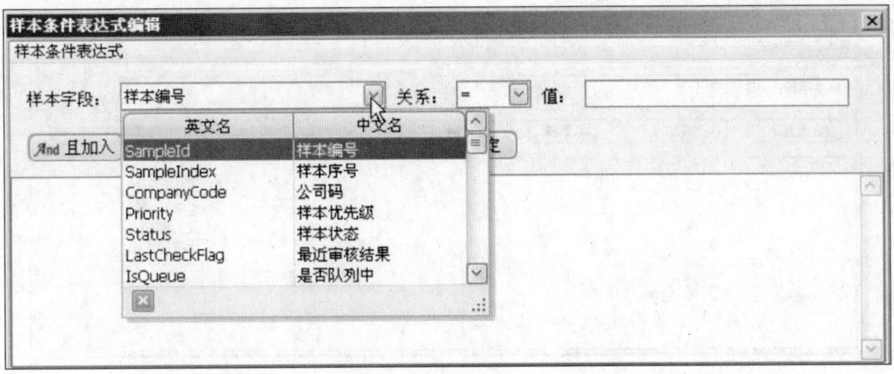

图 4 - 44

举个例子，如果我们想要把样本状态为“未接触”的样本设为优先，这里的字段就要选择“样本状态”。一般情况下都是利用“样本状态”这个字段来设置优先级。在字段上单击之后，这个选择框会自动关闭。

▼ 接下来，单击“关系”后边的下拉按钮，如图 4 -45。

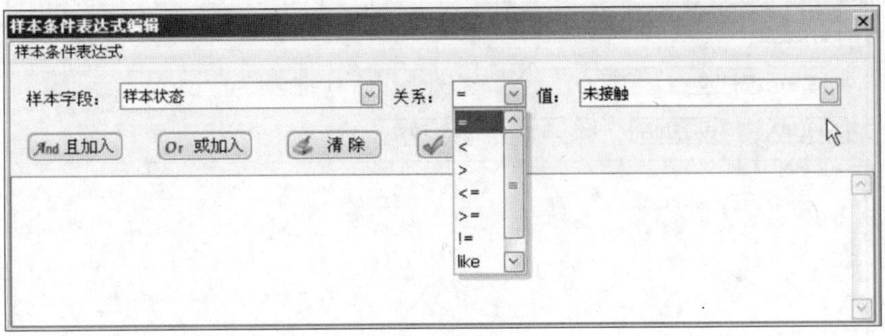

图 4 - 45

“关系”中共包含“=”、“<”、“>”、“<=”、“>=”、“!=”、“like”七种符号，分别表示“等于、小于、大于、小于等于、大于等于、不等于、近似”七种关系。根据选择的样本字段不同，可以选择不同的关系符。

▼ 利用同样的操作方法，打开“值”的备选框，如图 4 -46。

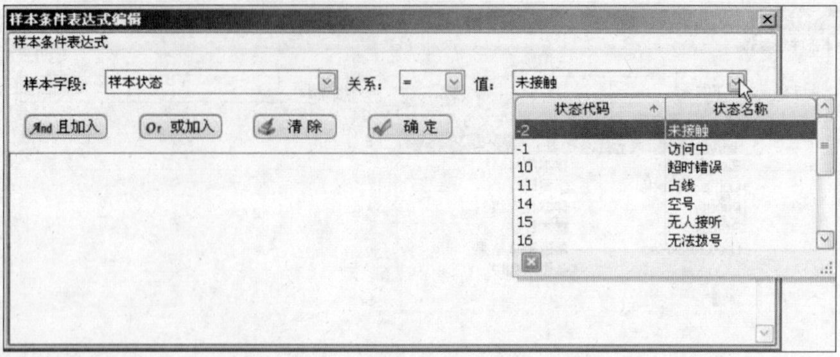

图 4－46

在这里选择“未接触”，样本状态为“未接触”的优先条件表达式就设置完毕了。

▼ 编辑完成后，点击“And 且加入”按钮，这个表达式就生成了，如图 4－47。

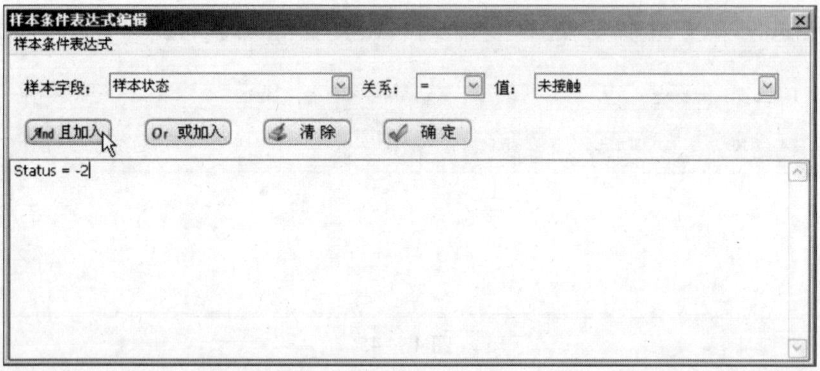

图 4－47

其他优先条件表达式的编辑也是这样，在实际操作中，读者可根据选择项编辑。表达式可以编辑多条，如果这些表达式必须同时满足，就要单击“And 且加入”，如果是满足其一即可，就要单击“Or 或加入”。同时，这些表达式还可通过“清除”键来删除。

▼ 如果表达式编辑完成，单击“确定”关闭此编辑框进入优先级设置的下一步操作，即优先级值的设置，如图 4－48。

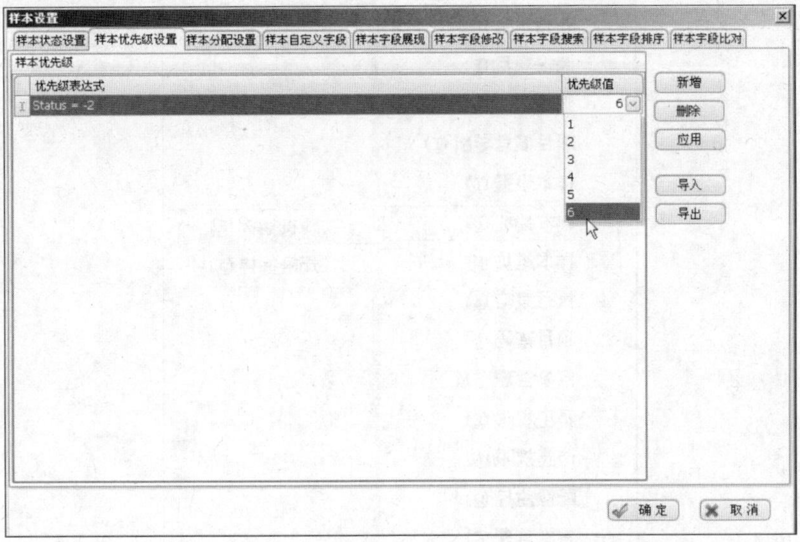

图 4 - 48

优先级值包括 6 个数值，随着数值的由小变大，优先级也由高到低。如果只有一个优先级，通常会选择数值“6”。至此，一个完整的样本优先级设置已经完成。如果有需要，可以继续新增，也可以删除，单击“应用”这条设置就开始起作用。另外，优先级的设置同样可以导入和导出，不过一般用不到。

（3）其他设置。

除了上述两个设置外，样本设置的其他设置都不常用，本书就不再详细介绍。

3. 样本抽取

▼ 在管理台界面上右键单击新建的项目，在出现的右键列表中选择“样本抽取”，如图 4 - 49。

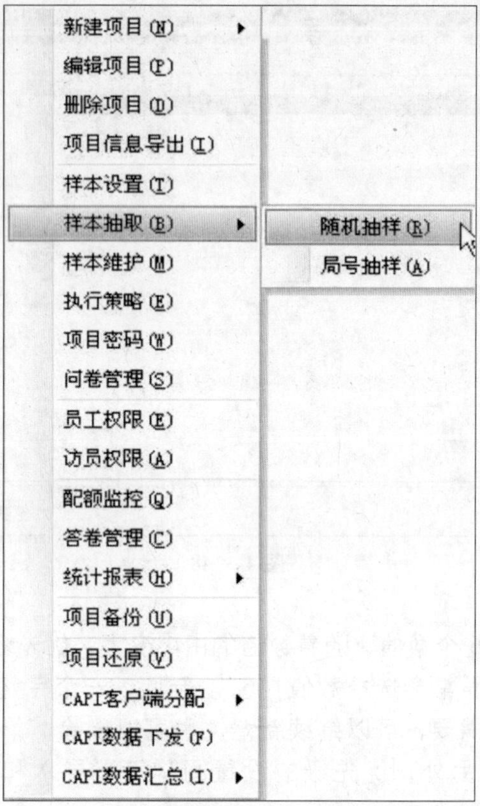

图4－49

样本抽取有两种方法，一种是随机抽样，一种是局号抽样，一般采取随机抽样的方法。

▼ 单击“随机抽样”，进入对话框，如图4－50。

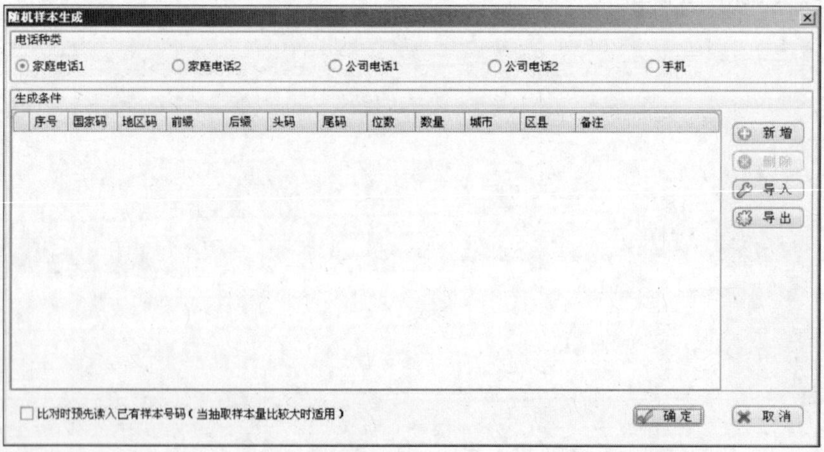

图4－50

对话框的最上端有电话种类的选择，前四个都属于固定电话，最后一个是手机。我们先来讲一讲固定电话的抽取。

▼ 首先，在种类中选择“家庭电话1”，然后单击右边的“新增”按钮，如图4－51。

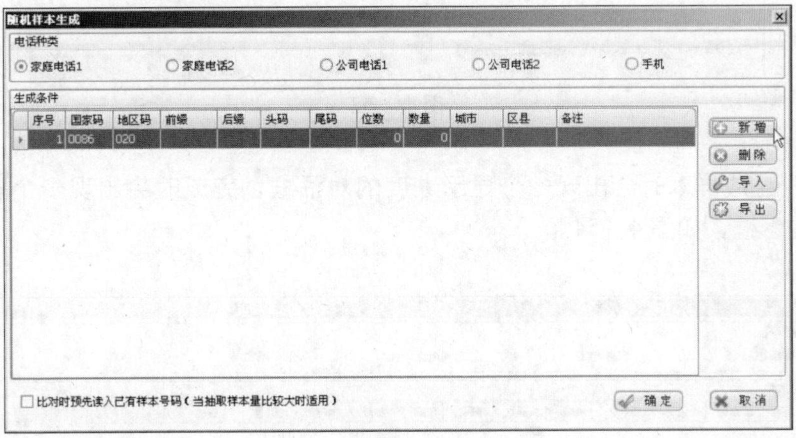

图4－51

生成条件中的序号、国家码、地区码系统会默认填出，如果不对可以修改。前缀和后缀不用填，头码和尾码就是电话号码中排在开头和结尾部分的一位或几位数字，如果对尾码没有限制，只输入头码即可。位数就是电话号码的位数，数量是要抽取的样本 数量，城市、区县、备注根据实际情况填写。下图4－52是已经填写好的三个生成条件。

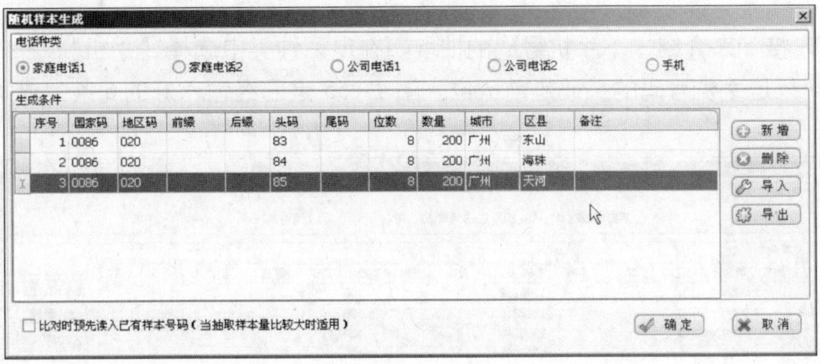

图4－52

▼ 生成条件填写完成后单击“确定”，系统会自动生成样本，如图4－53。

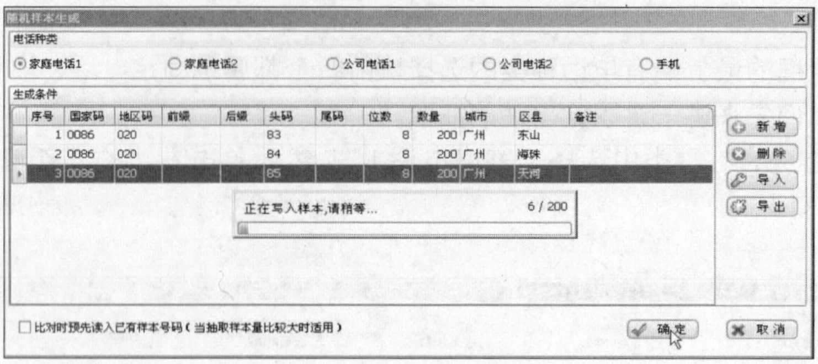

图 4 - 53

▼ 生成样本时会出现一个显示进度的对话框，完成时会出现一个提示完成的提示框，如图 4 -54。

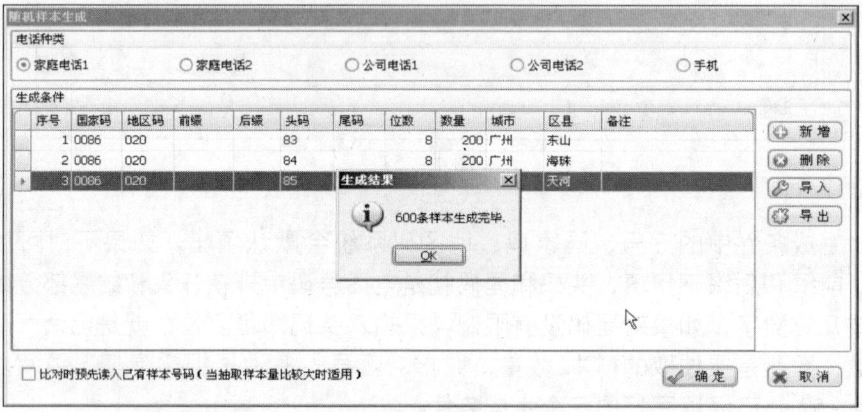

图 4 - 54

▼ 接下来介绍一下手机号码的抽取。在电话种类中选择“手机”，操作几乎相同，只是手机号码的头码是前 7 位。图 4 -55 是已经输入好的 6 条生成条件。

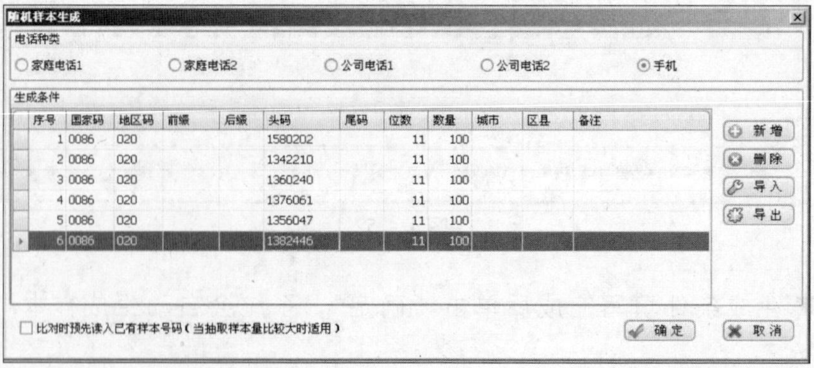

图 4 - 55

生成条件输入完成后，单击“确定”生成样本。

4. 样本维护（可选操作）

样本维护是指对已有样本的进一步调整。

▼ 在管理台界面右键单击新建的项目，出现如图 4－56 所示的右键列表。

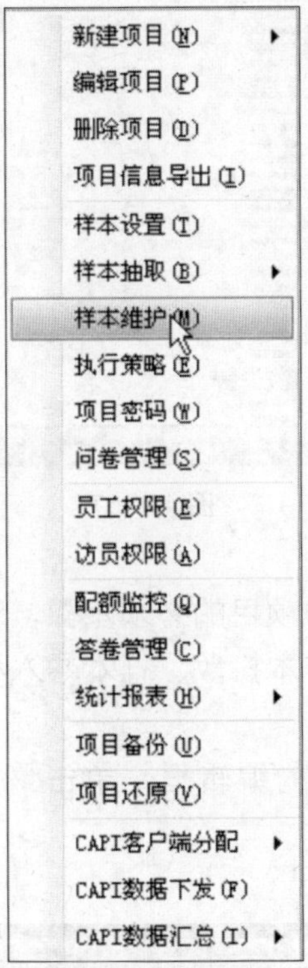

图 4－56

▼ 在出现的列表中单击“样本维护”，进入样本维护对话框，如图 4－57。

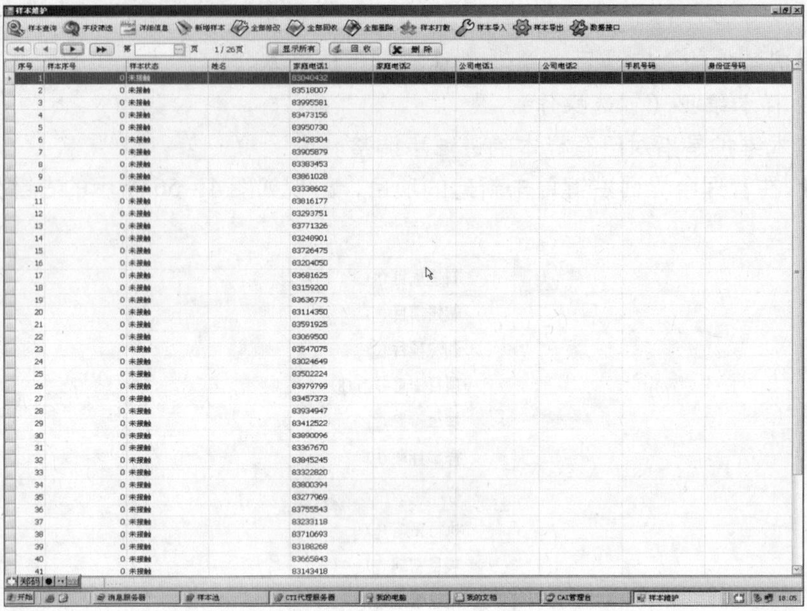

图 4－57

由于样本维护并不是建立项目的必须步骤，对于其中的各种操作，本书将只简单介绍一下样本查询、样本打散、样本导入和样本导出四种操作。

（1）样本查询。

▼ 首先，进入样本查询的编辑框，单击最上端一行最前端的“样本查询”，如图 4－58。

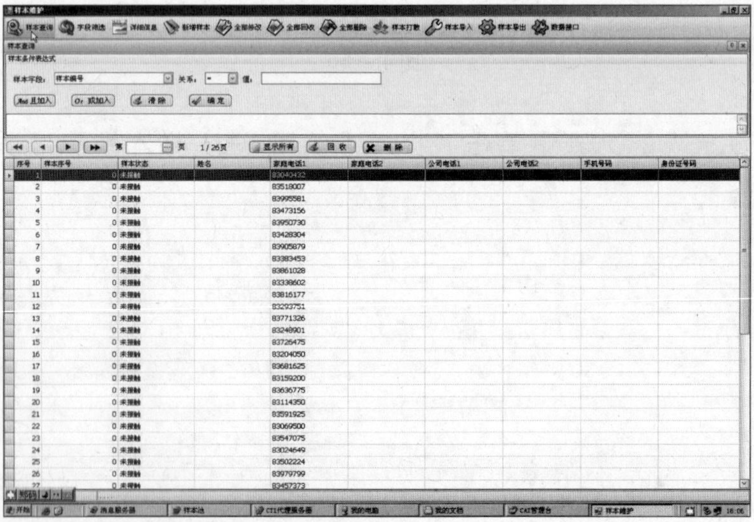

图 4－58

按照前文所讲的操作完成样本条件表达式，单击“确定”即可查询符合条件的样本。

（2）样本打散。

因为样本抽取的种类不同或者先后顺序不同，会导致样本分布不均，样本打散的操作可以使所抽取的样本重新排列，均匀分布。

▼ 单击“样本维护”对话框最上端一行中位于右起第四的“样本打散”，如图4－59。

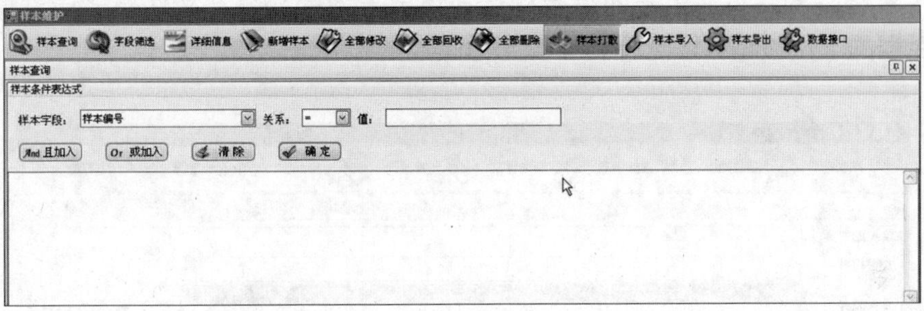

图4－ 59

▼ 单击是否确认打散的提示框中的“OK”，就可以将全部样本重新排列，如图4－60。

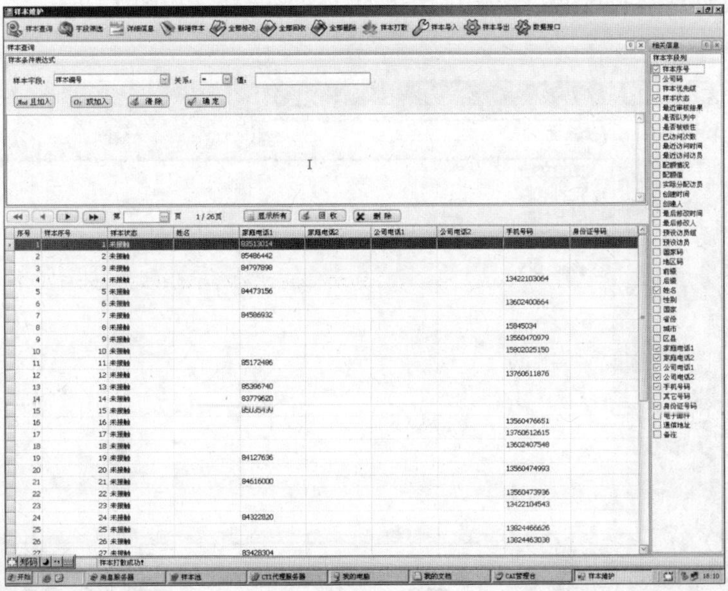

图4－ 60

通过对话框下方的样本显示情况，可以明显看到样本打散前后的变化。

（3）样本导入。

▼ 单击样本维护对话框最上端一行中右起第三的“样本导入”，如图 4－61。

图 4－61

▼ 首先对话框左上端的编辑框选择所要导入的文件，文件格式通过编辑框后端的下拉按钮可以选择，如图 4－62。

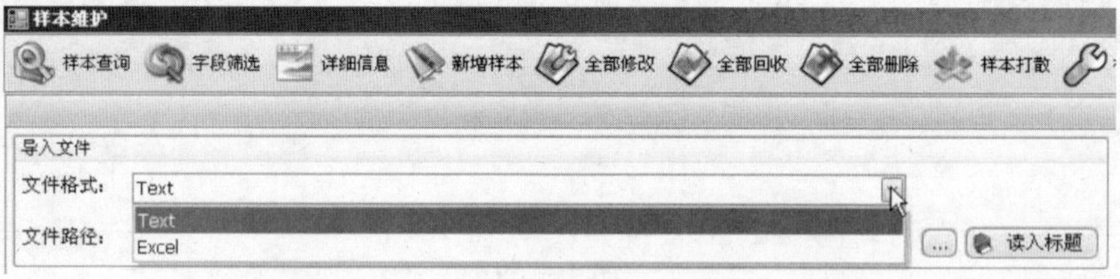

图 4－62

这里只有 Text 和 Excel 两种格式可以选择，创建者可以根据导入文件的类型选择。

▼ 文件路径也可通过编辑框后边的按钮来选择，如图 4－63。

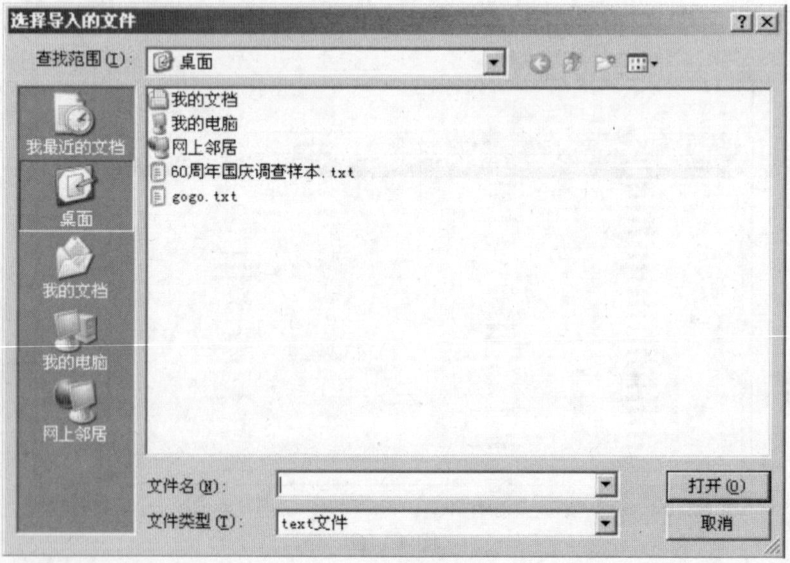

图 4－63

▼ 选择好文件后单击“打开”，文件路径的编辑框就会写入文件的路径，如图4－64。

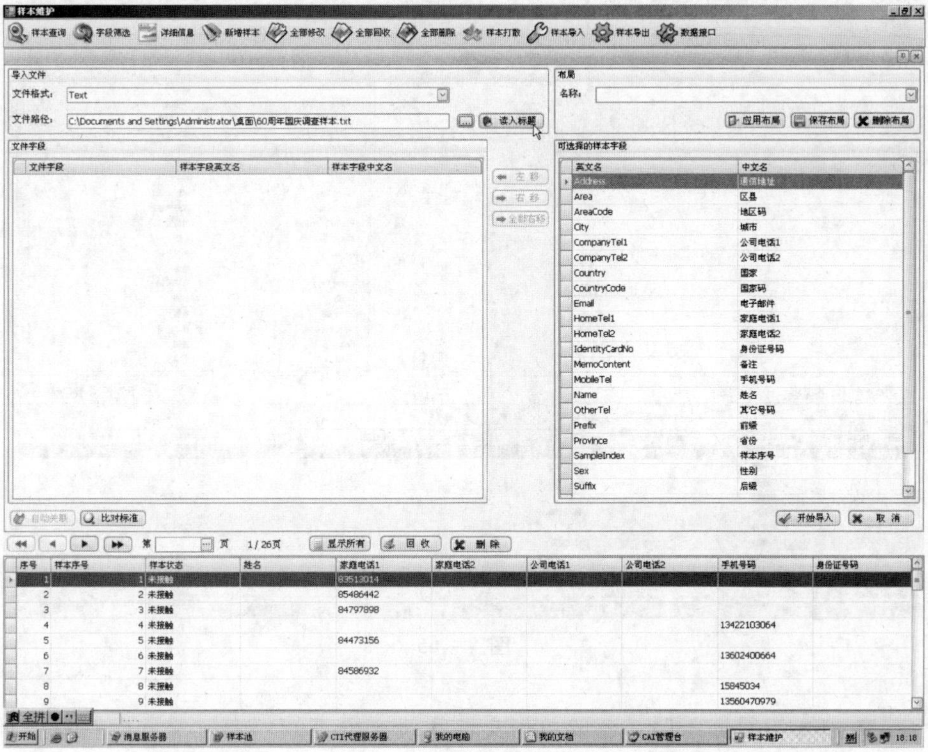

图4－ 64

▼ 单击文件路径后边的“读入标题”按钮，样本文件中包含的字段就会显示在文件字段的方框中，如图4－65。

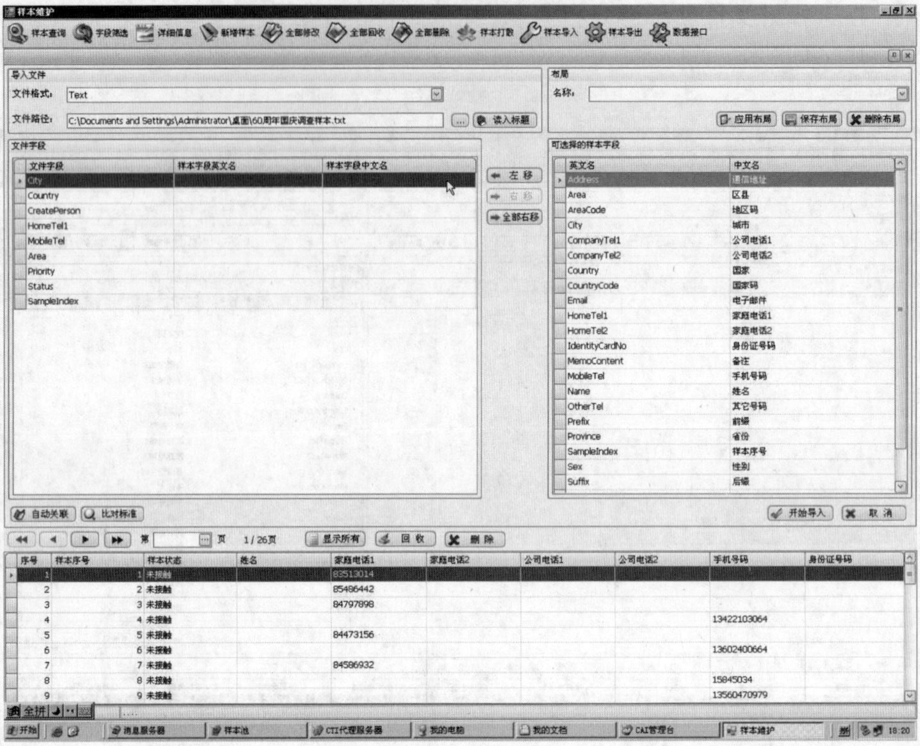

图 4 - 65

▼ 样本字段读入后，还要单击文件字段方框下的“自动关联”按钮，如图 4－66。

图4－66

关联后，样本字段的中文名和英文名都会显示出来。

▼ 完成上述步骤之后，就可以单击“开始导入”按钮开始导入样本文件了，如图4－67。

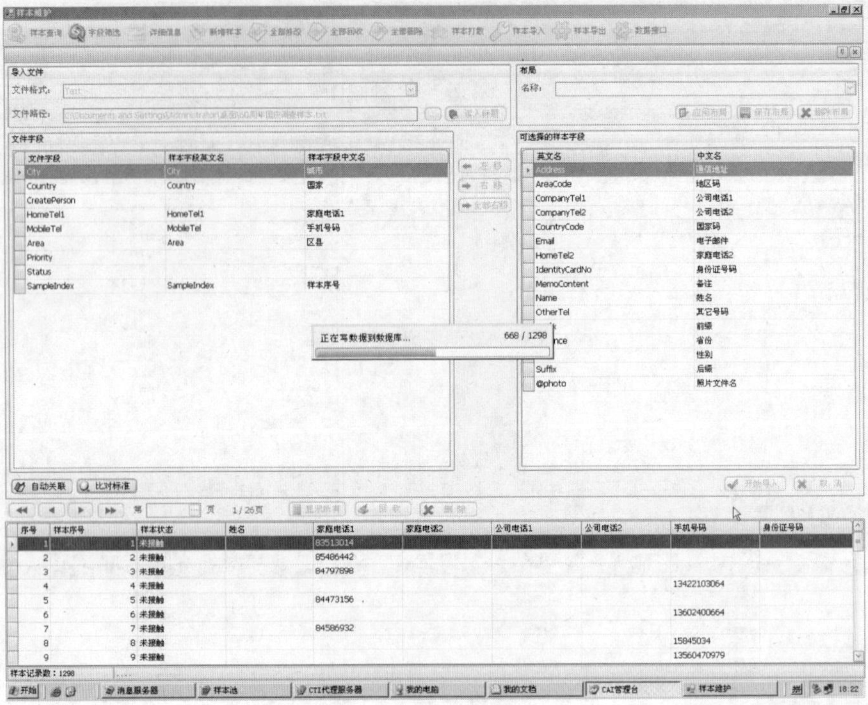

图 4 - 67

导入完成后，会跳出一个提示框，单击“OK”，样本导入步骤就完成了，如图 4 - 68。

图 4 - 68

（4）样本导出。

▼ 单击“样本维护”对话框最上端一行中位于倒数第二位置的“样本导出”，进入编辑框，如图 4 - 69。

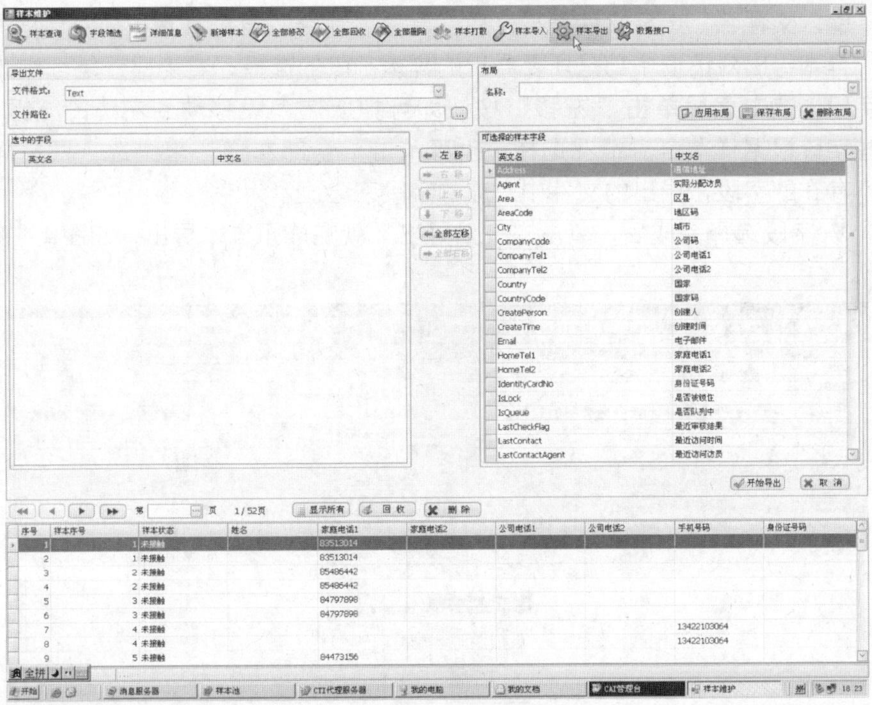

图 4 － 69

▼ 首先，按照样本导入的操作选择所要导出的格式类型，然后单击文件路径后端的按钮选择所要储存的文件位置，如图 4 －70。

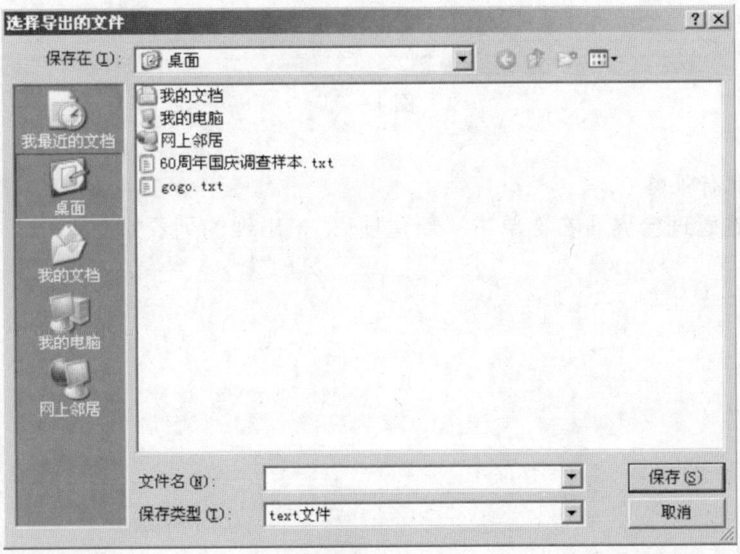

图 4 － 70

输入文件名，选择文件类型之后，单击“保存”返回样本导出对话框。

样本导出对话框中部是所要导出的样本字段的选择，右半部分是可供选择的字段，选中之后单击“左移”按钮即可把所选字段移动到左边的方框中。这些字段根据样本自身情况选择，也可单击“全部左移”来全选，只是样本中不存在的字段，导出的文件中对应的字段下会显示为空。

▼ 字段选择完成后，单击“开始导出”就完成了样本导出，如图4－71。

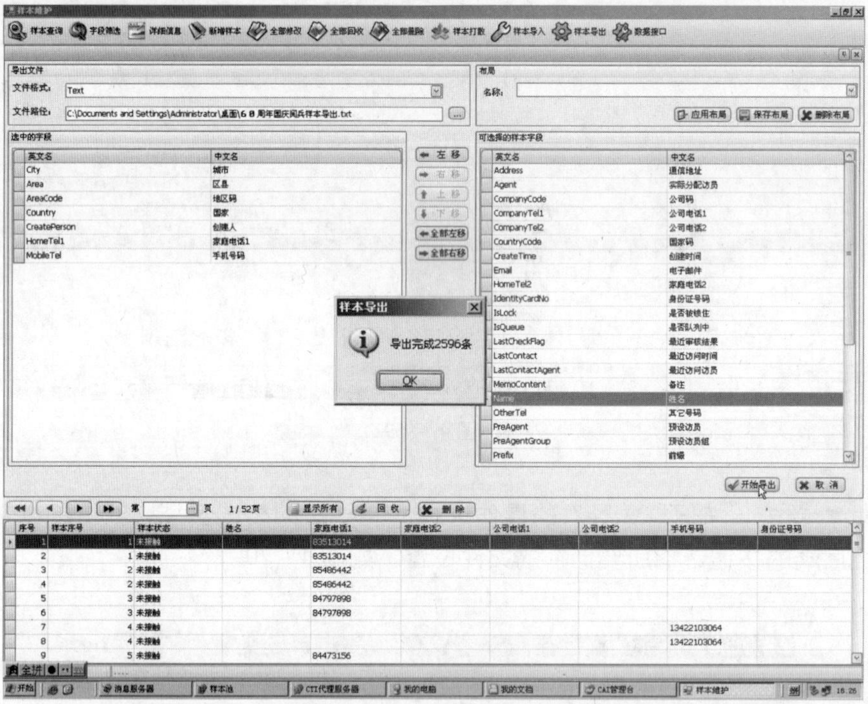

图4－71

5. 执行策略

▼ 在管理台界面右键单击“新建项目”，出现的列表如图4－72所示。

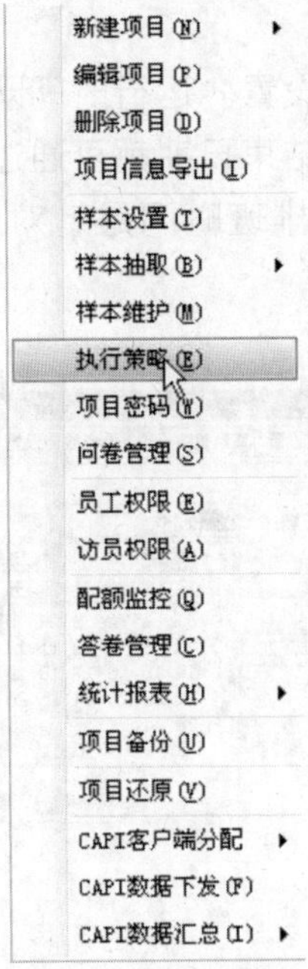

图4－72

▼单击“执行策略”，进入对话框，根据需要设定相应选项，单击“确定”后退出，如图4－73。

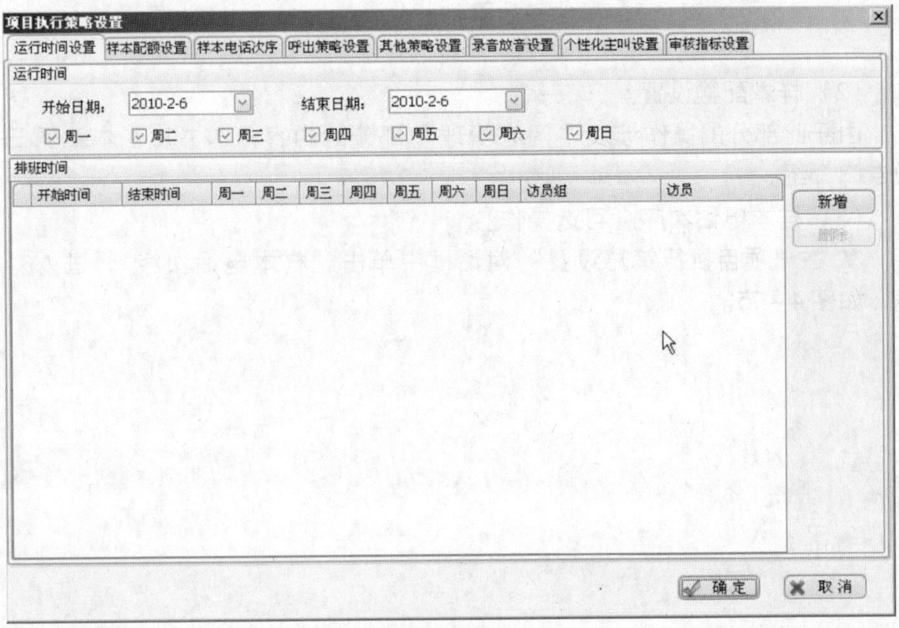

图4－73

（1）运行时间设置。

首先进入的是运行时间的设置。运行时间既有起止日期的设置，也有工作日期的具体设置。开始日期和结束日期都可通过下拉按钮来选择，具体工作日则是通过勾选的方式来设置。排班时间是针对访员的工作安排，这里不再介绍。时间设置操作展示如下图：

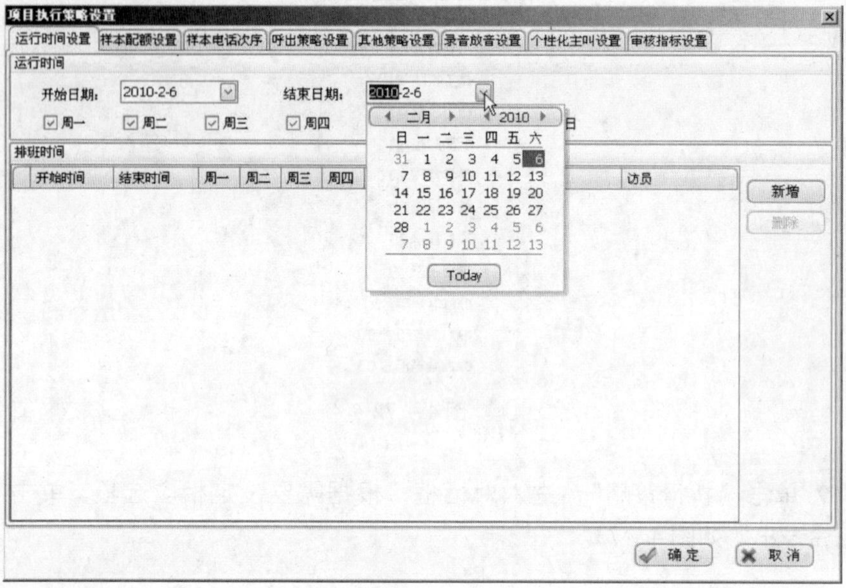

图4－74

（2）样本配额设置。

由于此部分的操作涉及“问卷管理”部分的内容，本书将在本章第三节做专门介绍。

（3）样本电话次序（可选操作）。

▼在“项目执行策略设置”对话框中单击“样本电话次序”，进入对话框，如图4－75。

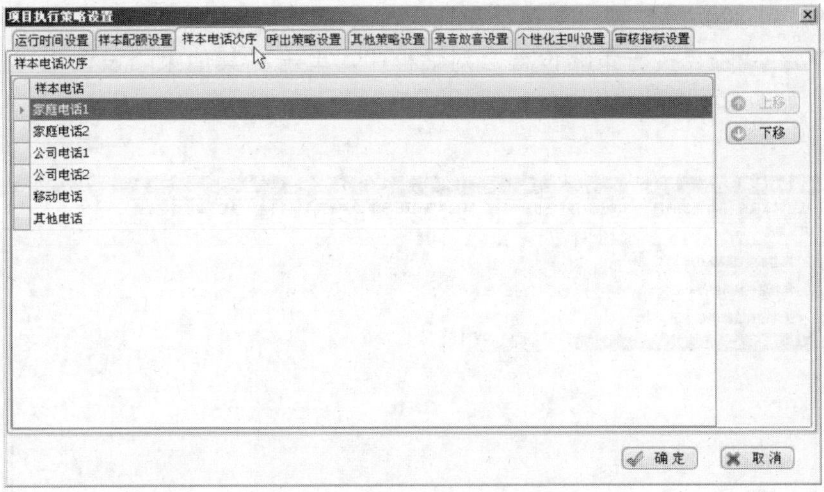

图 4－75

单击选中某一类型的“样本电话”，可通过右边的“上移”和“下移”按钮，调整访员访问界面首先显示的电话类型。

(4) 呼出策略设置（可选操作）。

▼ 在“项目执行策略设置”对话框中，单击“呼出策略设置”，进入对话框，如图 4－76。

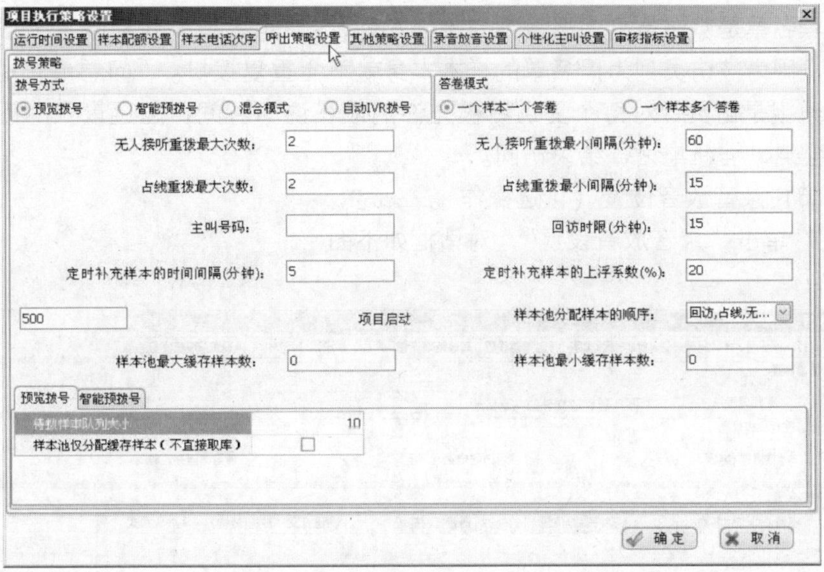

图 4－76

“呼出策略设置”对话框内有很多设置选项，立项人员可以根据实际情况编辑。如果没有特殊需求，一般默认设置即可。

(5) 其他策略设置（可选操作）。

▼ 在“项目执行策略设置”对话框中，单击“其他策略设置”，进入对话框，如图4-77。

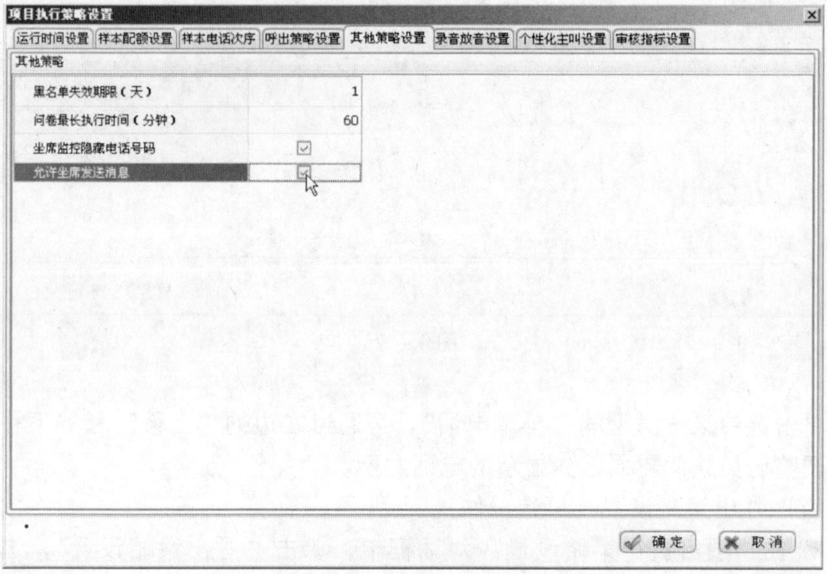

图4-77

黑名单是被访员列为恶意客户的样本列表，“黑名单失效期限”一般不用设置，因为被访员列为黑名单的样本本身就不会重复拨打。“问卷最长执行时间”也就是访员针对每个受访者被允许的最长访问时间，超过最长时间样本系统会自动挂断电话，结束访问。

(6) 录音放音位置（可选操作）。

▼ 单击“录音放音设置”，对话框如下图：

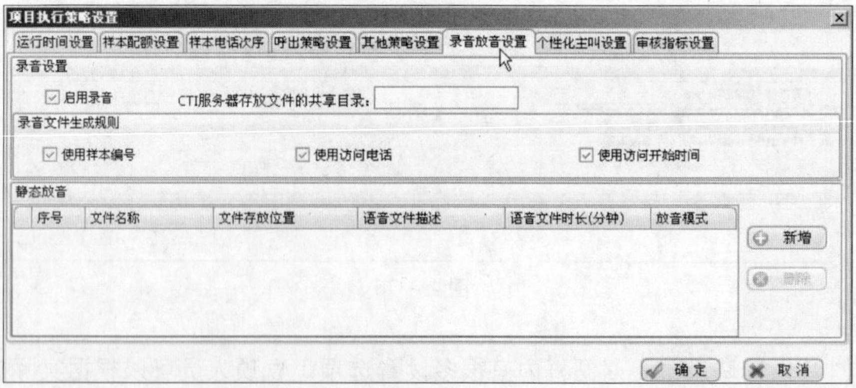

图4-78

这里只需要输入"CTI服务器存放文件的共享目录"，也就是输入录音文件的保存路径，其他一般采取默认。

6. 问卷管理

由于此部分内容较多，相对独立，将在本章第三节中做单独讲述。

7. 访员权限

▼ 在管理台界面中右键单击"新建项目"，右键列表如下图：

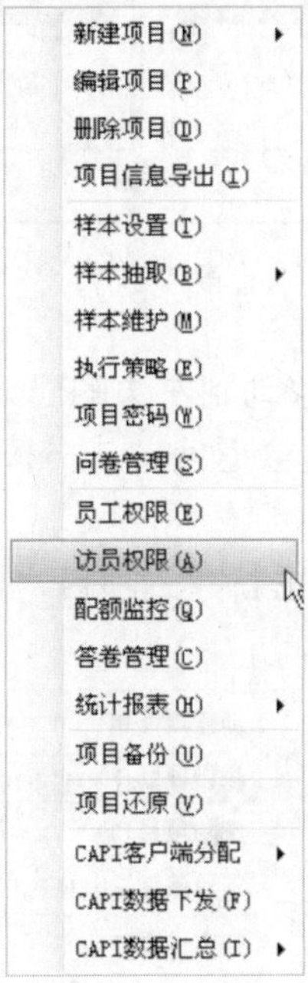

图4－79

▼ 在右键列表中单击"访员权限"，对话框如图4－80。

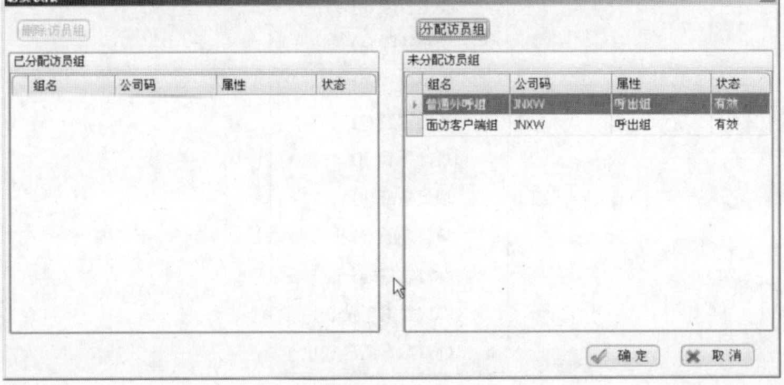

图4－80

分配访员组就是决定哪个访员组可以执行建立的项目。电话访问项目由普通外呼组执行，面访项目则由面访客户端组执行。

▼ 在右边未分配访员组中单击“普通外呼组”，然后单击“分配访员组”按钮，如图 4－81。

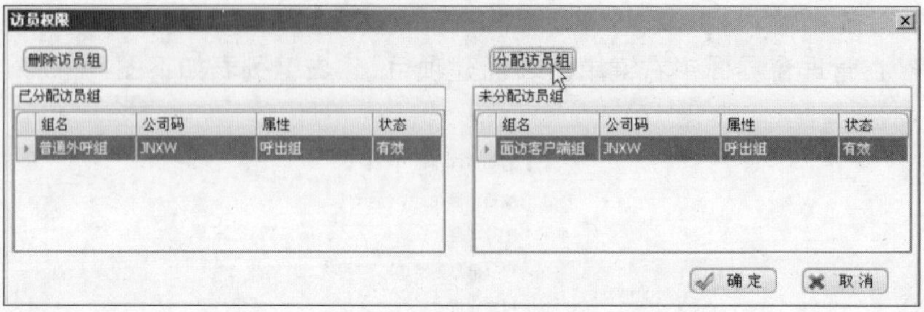

图 4－81

右边被选中的访员组就被移动到左边的已分配访员组中，如果选错，单击“删除访员组”按钮，访员组就会返回“未分配访员组”中。

8. 编辑项目

▼ 在管理台界面中右键单击新建的项目，右键列表如图 4－82。

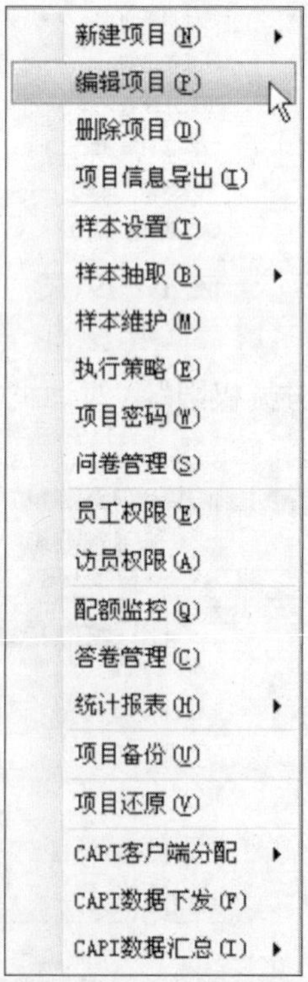

图 4－82

▼ 在右键列表中单击“编辑项目”，对话框如图4－83。

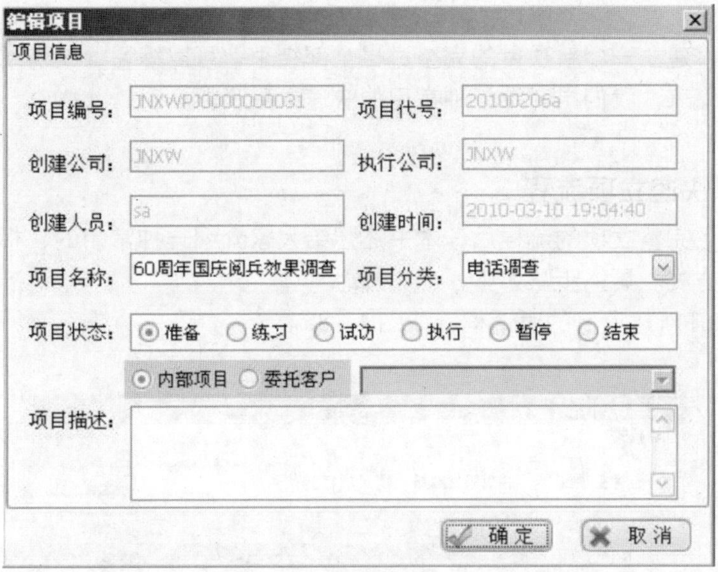

图4－83

因为“项目名称”、“项目分类”、“项目描述”在新建项目时都已经编辑完成，这里只需要修改一下“项目状态”即可。我们知道，在项目正式调查之前，为了检验项目，以发现问题并作进一步完善，都会先进行试调查。试调查一般是在“练习”或“试访”状态下进行。“项目状态”默认的是“准备”，可以根据实际情况选择。

编辑完成后，单击“确定”关闭对话框。

小贴士

以上几个项目状态除了“暂停”状态，其他都是递进关系，只能从前往后点击，不能从后往前点击，例如，已经处在试访状态的项目，不能回到练习状态。另外，当项目正在处于运行状态时不能修改执行策略，要想修改，必须先暂停项目。点击暂停的时候，系统会出现如图4－84所示的提示框：

图4－84

当重新选择暂停前的状态时，系统也会出现提示框，提示创建者项目将重新回到某某状态。

至此，建立一个新项目的完整过程全部结束，可以练习、试访或者正式执行了。接下来，我们再介绍一种常用的快速立项步骤。

二、快速立项流程

介绍了完整立项的流程后，本书还想给大家介绍一种常用的、相对简单的快速立项方式。具体步骤如下：

▼ 打开新建项目的对话框，如图 4－85。

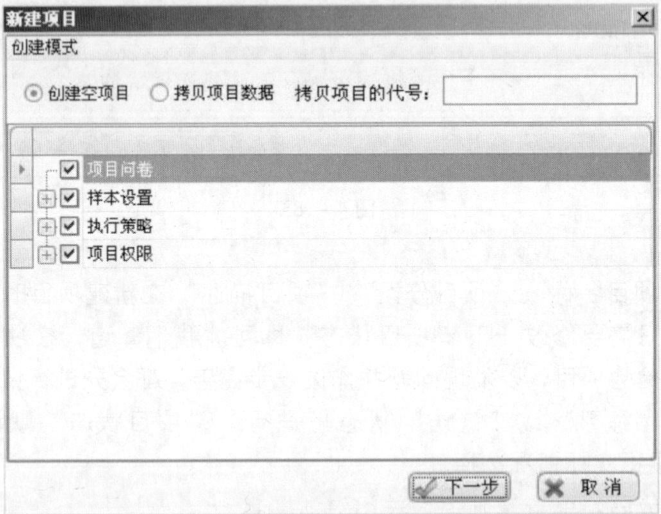

图 4－85

在创建模式下选择“拷贝项目数据”，然后在“拷贝项目代号”后的编辑框中输入所要拷贝项目的代号。例如输入上文新创建的项目代号“20100206”。对话框下部显示项目的各个部分，创建者可以根据实际需要有选择地拷贝。这些部分前面的方框被系统默认全部勾选，再次单击即可取消。除了“项目问卷”外，另外三部分还可通过单击前面的“＋”号进一步展开，这样就可以对内部更小的部分进行选择。

▼ 例如，点击样本设置前面的“＋”图标，如图 4－86。

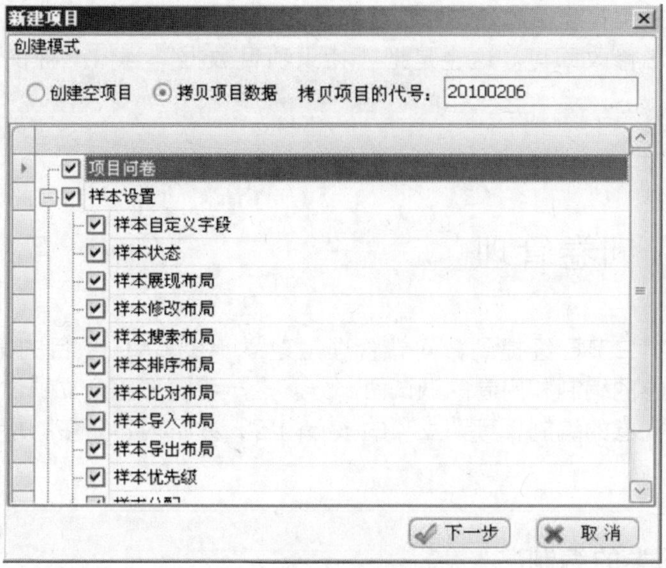

图4－86

这里边包括样本设置的每一个细节，根据实际需要，创建者可以对此做出取舍。

▼ 选择完之后单击“下一步”，出现对话框如图4－87。

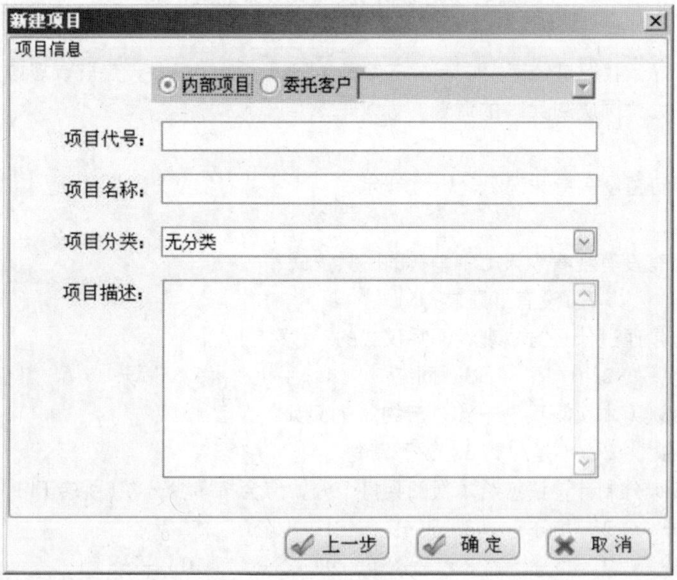

图4－87

这样就进入新建项目的“项目信息”编辑框，这与创建空项目是一样的。编辑完成之后单击“确定”，在管理台的界面就会新建一个项目。

接下来按照创建空项目的操作，根据新项目的需要，对样本设置、执行策略等部分做出修改即可。这也是把“拷贝项目数据”当做一种快速立项方式的原因。

第三节 问卷管理

在本章第二节已经提到，问卷管理是建立一个 CATI 项目的第六个步骤，主要包括问卷的编制和问卷的调试两部分。这一步骤在整个立项过程中非常重要，尤其是问卷的编制，可谓立项的核心内容，并且内容繁多，所以单独列出进行介绍。

一、问卷的编制

如第三章第三节所述，CATI 项目的问卷与普通的调查问卷有些不同，它主要由标题、欢迎语、问题、结束语四个部分组成。欢迎语是电话接通后的简单介绍，结束语主要是电话调查结束后的致谢，这两项主要为访员与被调查对象的语言沟通而设。下面是一个 CATI 项目的纸质版问卷，读者由此可以有一个直观的认识。

标题：60 周年国庆阅兵效果调查问卷

欢迎语：您好，我们是暨南大学新闻与传播学院舆论研究中心，想耽误您两三分钟的时间做一个有关“国庆阅兵”的调查，可以吗？

提示：以下问题没有特殊说明，均为单选。

Q1. 请问您有没有观看今天上午举行的阅兵仪式？
1. 有　　2. 没有（跳转 Q5）

Q2. 请问您是通过什么方式观看阅兵仪式的？（多选）
1. 电视　2. 广播　3. 网络　4. 手机　5. 现场　6. 其他

Q3. 您是否认为本次阅兵是一次“节约”的阅兵？
1. 是的　2. 不是　3. 说不清楚

Q4. 如果按十分制计，请您给本次阅兵打个分，您会打多少分？（跳转 F1）
1. 十分　2. 九分　3. 八分　4. 七分　5. 六分
6. 五分　7. 四分　8. 三分　9. 二分　10. 一分

Q5. 请问您不看阅兵式的原因是什么？
1. 在工作　2. 没有设备条件　3. 不感兴趣　4. 其他__________

F1. 被访者性别__________<请访员直接记录，无需询问>
1. 男　2. 女

F2. 请问您的年龄是__________

1. 16－19岁　2. 20－29岁　3. 30－39岁

4. 40－49岁　5. 50－59岁　6. 60岁及以上

F3. 请问您的学历是__________

1. 初中及以下　2. 高中（含中专、技校）

3. 大专、高职高专 4. 大学本科及以上

F4. 请问您现在从事的职业是__________

1. 公务员　2. 事业单位　3. 国企成员　4. 私企/外企成员

5. 个体经营者　6. 学生　7. 农民/农民工　8. 自由职业

9. 无业/离退休　10. 其他________

结束语：我们的调查到此结束，感谢您的配合！祝您假期愉快！再见！

资料来源：暨南大学新闻与传播学院舆情研究中心

接下来，我们就介绍一下怎样把这种纸质版的问卷编制成CATI系统可以识别的问卷。

1. 问卷属性

主要操作导航：

问卷管理→问卷名称→属性→常规→欢迎语→结束语→确定

▼ 在管理台界面右键单击新建的项目，右键列表如图4－88。

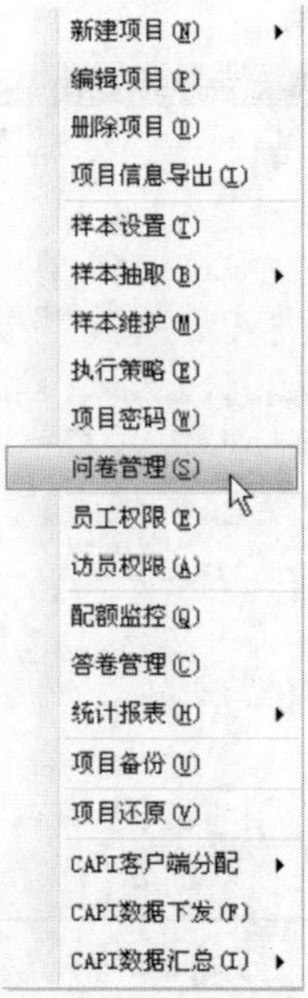

图4－88

▼ 在右键列表中单击“问卷管理”，进入问卷设计器对话框，如图4－89。

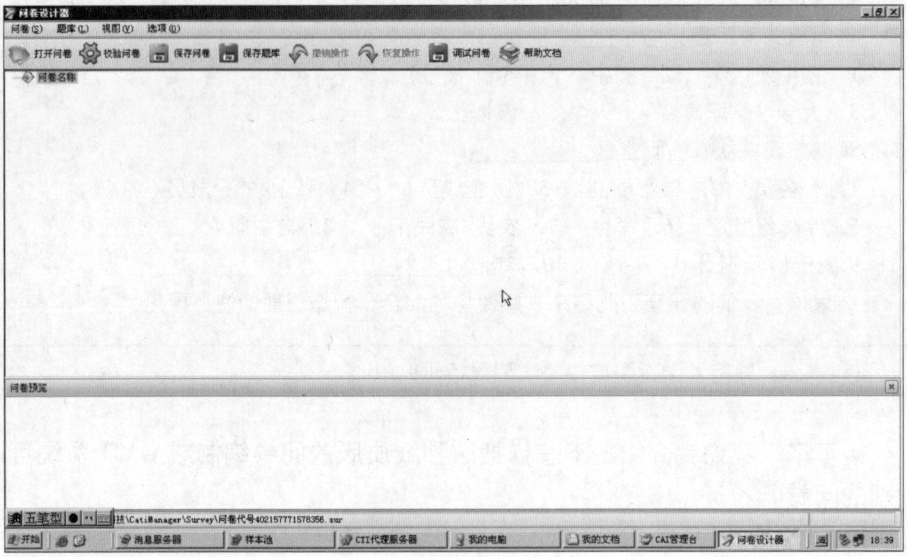

图4－89

▼ 用右键单击编辑区里的“问卷名称”，在出现的列表中单击“属性”就可以看到对话框，如图4－90。这个属性的对话框也可以直接通过左键双击“问卷名称”的方法进入。后文类似操作也采用双击的方法。

图4－90

我们看到在“常规”里边可以输入问卷的名称和问卷代号，其他的则是在建立项目时由系统默认形成，无法修改。例如，我们可以把问卷名称改为“国庆60周年阅兵效果调查问卷”，“问卷代码”可以随意设置，如填入创建时间，例如“20100203”，当然也可以不填，直接采用系统编号。

▼ 接下来单击“描述”（可选操作），如图4－91。

图4－91

“描述”的界面简单，一目了然，一般是对本问卷所作的说明或注解，相当于备注，可以不填。

▼ 单击“欢迎语”，如图4－92。

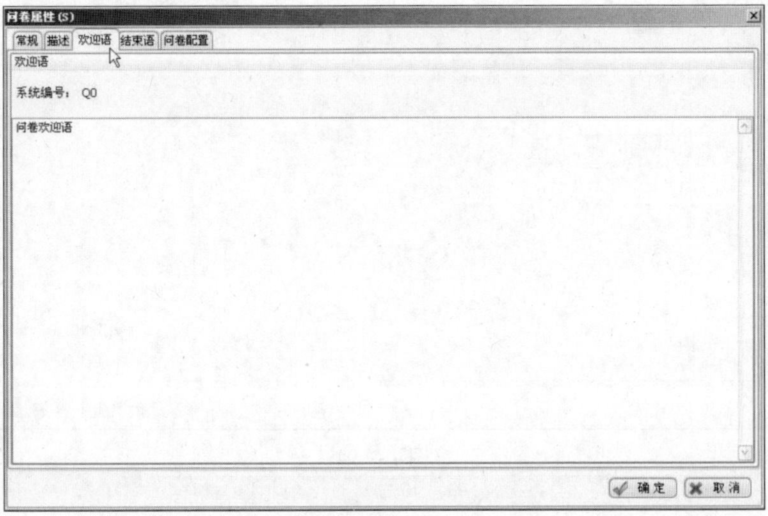

图4－92

“欢迎语”的界面也很简单，直接输入即可。

▼ 单击“结束语”，如图 4－93。

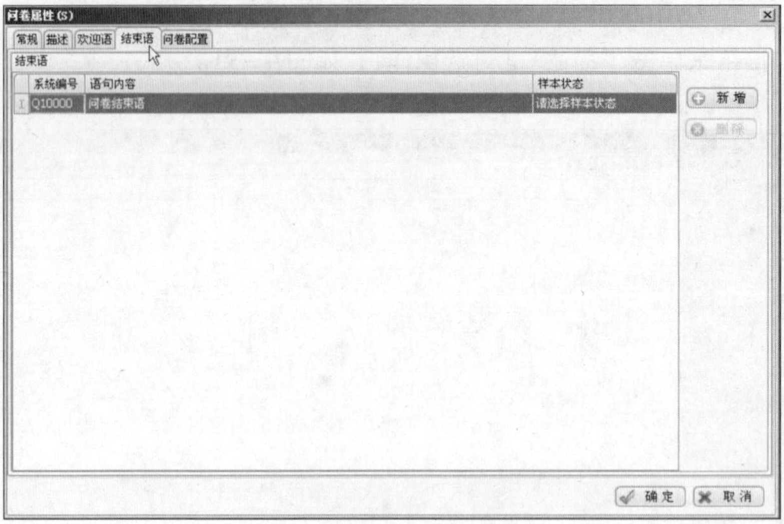

图 4－93

该界面中的“系统编号”是系统设置，无需修改。

▼ 在“问卷结束语”的位置双击会出现结束语的编辑框，如图 4－94。

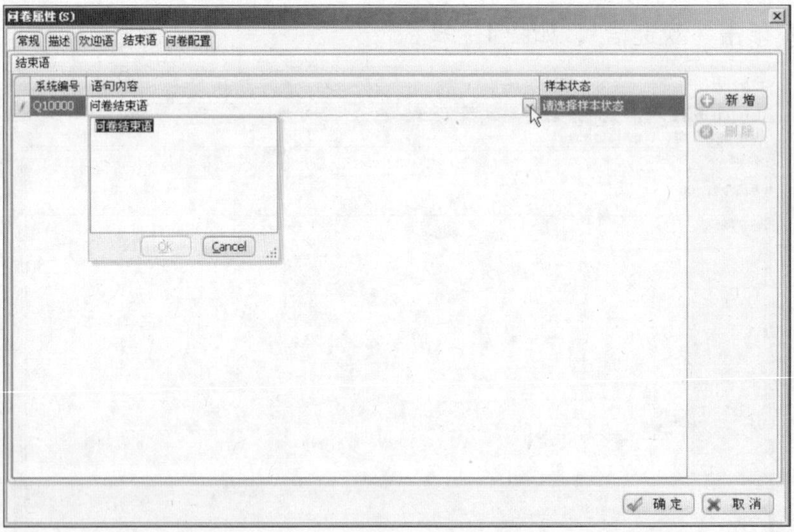

图 4－94

输入结束语后，点击“OK”按钮。“样本状态”是结束语出现时的状态，即访问结束的状态。

▼ 双击“请选择样本状态”，在下拉框中选择样本状态，如图4-95。

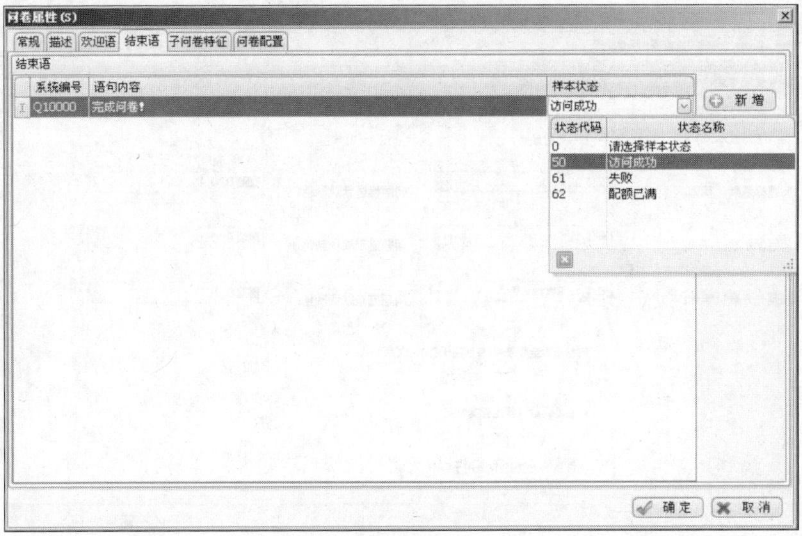

图4-95

例如，“国庆60周年阅兵效果调查问卷”的结束语出现在访问成功结束之后，这里就选择“访问成功”。如果想要在其他的结束状态中也出现结束语，可以点击“新增”按钮，按照同样方法设置。例如为“配额已满”设置一个结束语。图4-96是一个已经编辑完成的问卷结束语，可供参考。

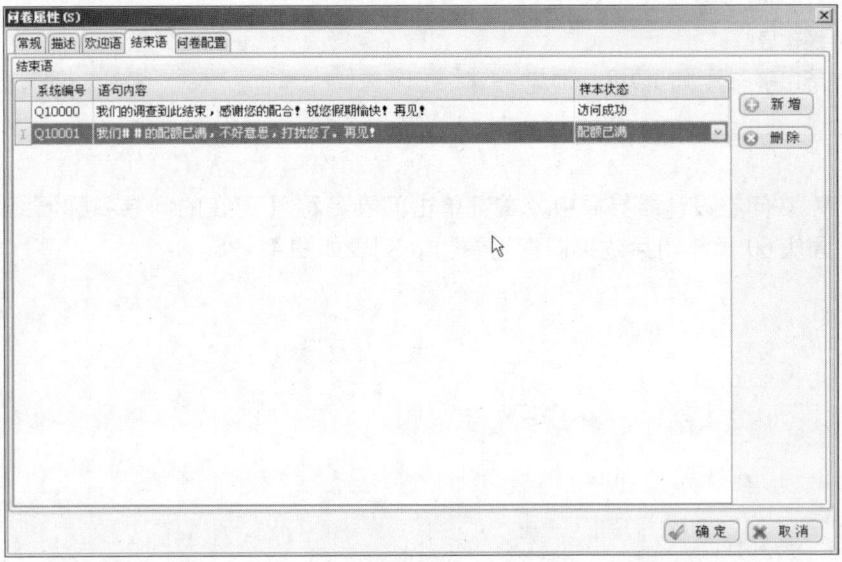

图4-96

▼ 单击“问卷配置”（可选操作），如图4－97。

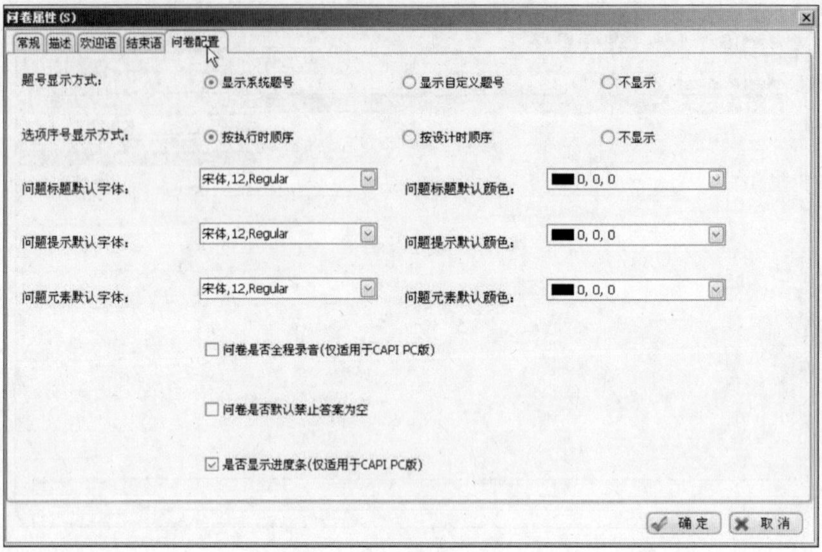

图4－97

“问卷配置”是对显示方式、字体、颜色等的设置，不是基本的操作，这里不再讲述，有兴趣的读者可以自己研究。

完成“问卷属性”的所有操作后，单击对话框下边的“确定”按钮返回问卷设计器界面。

2. 添加问卷

主要操作导航： 添加子问卷→添加问题组→添加单选题等问题类型→属性→常规→特征→控制→确定

▼ 在问卷设计器界面中，右键单击问卷名称（现在的问卷名称已经修改为“国庆60周年阅兵效果调查问卷”），列表如图4－98。

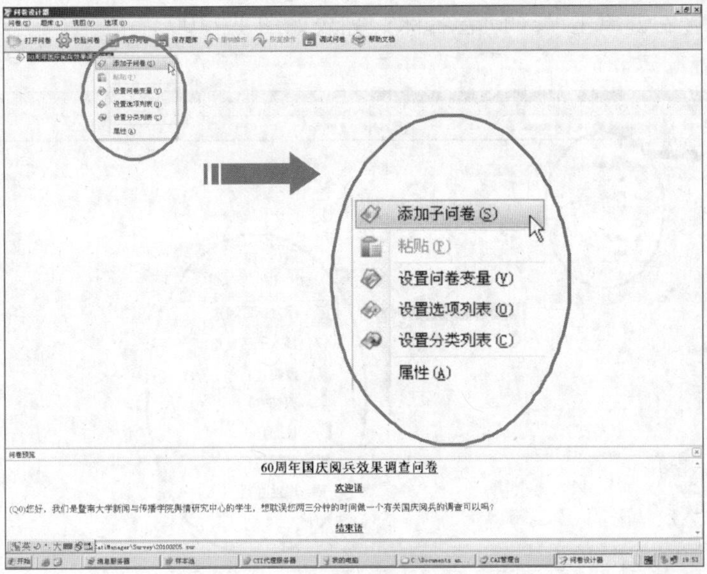

图4－98

▼ 在右键列表中单击“添加子问卷”，如图4－99。

图4－99

在原来的问卷名称下边会出现一个“子问卷名称”。如果要修改，与前文“问卷名称”的修改是一样的。因为“国庆60周年阅兵效果调查问卷”没有子问卷，所以这里的“子问卷名称”不必修改属性。

▼ 直接右键单击“子问卷名称”列表如图4－100。

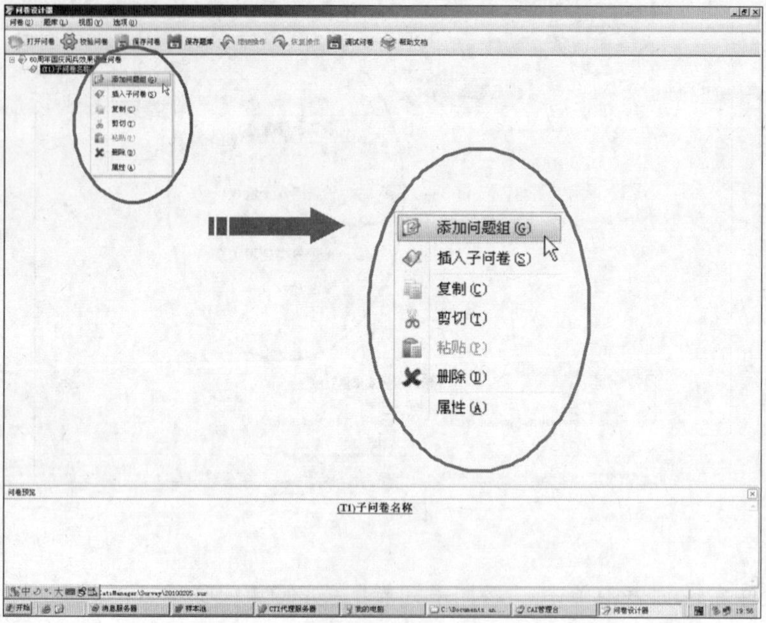

图4－100

▼ 在右键列表中单击“添加问题组”，如图4－101。

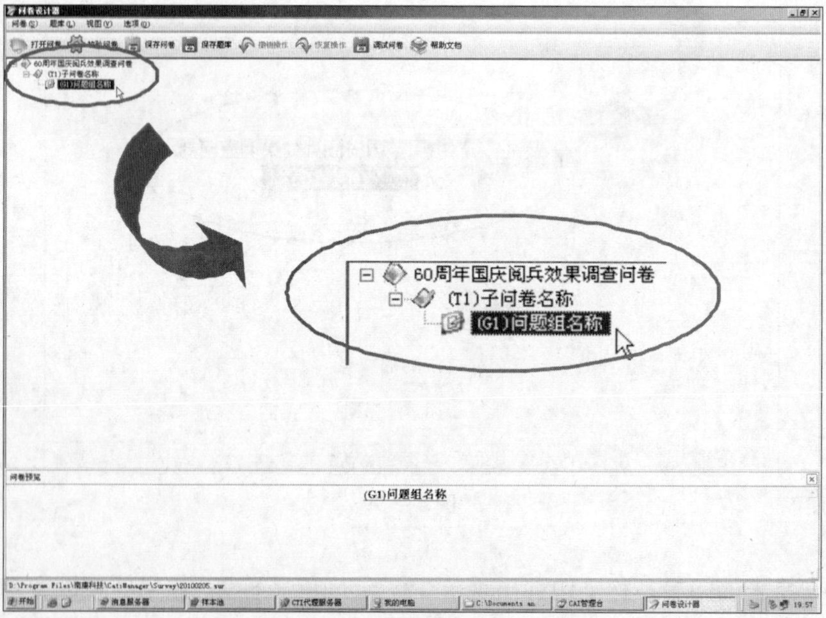

图4－101

这样，在问卷设计器界面中的子问卷名称下面就会出现一个“问题组名称”。问题组是问卷问题的一部分。例如“国庆 60 周年阅兵效果调查问卷”就可以分为两个问题组，Q1 至 Q5 为第一个问题组，可以命名为“主体问卷”。F1 至 F4 为第二个问题组，可以命名为“个人资料”。同样，可以在“问题组名称”的“属性”中修改这个名称。当然也可以不分开，共同作为一个问题组。接下来我们进行添加具体问题的操作。

▼ 右键单击“问题组名称”，右键列表如图 4－102。

图 4－ 102

右键列表中有“添加一问一答题”、“添加多问多答题”等各种问题类型。以“60 周年国庆阅兵效果调查问卷”的 Q1 为例，我们这里要选择“添加单选题”这一项。

▼ 单击此项，在问题组名称下面就会出现一个“标题内容”，如图 4－103。

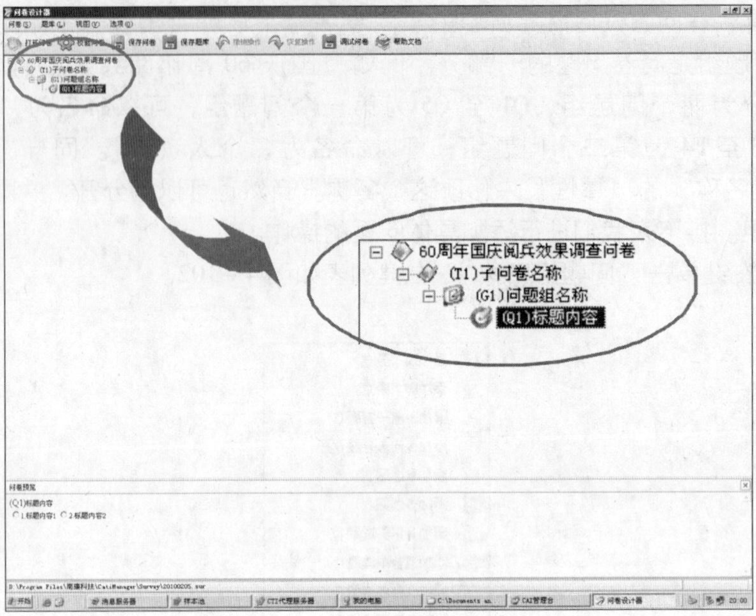

图 4－103

▼ 双击“标题内容”进入属性编辑框，如图 4－104。

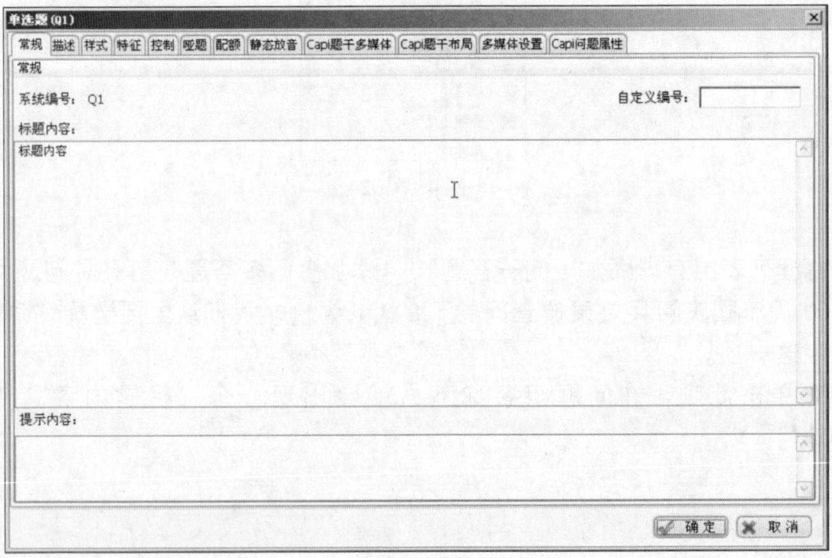

图 4－104

在开始演示具体操作之前，我们需要事先说明以下问题：实际操作中，问题属性的各个选项只有“常规”、“特征”、“控制”三个是必需的，也是最常用的。我们会详细介绍这三个部分的操作，其余的几项只作简单介绍。

如上图所示，属性中首先打开的是“常规”的编辑框，在“常规”编辑框中的“标题内容”框中可以直接输入问题的题干部分。例如，输入“请问您有没有观看今天上午举行的阅兵仪式?”“提示内容”是访问过程中给访员的提示，在访员界面中会出现在问题题干的下方，可根据需要填写。对话框右上角位置有一个自定义编号的编辑框，这里可以填写问卷设计者自己编辑的问题编号，例如“F1”。在访问过程中，系统编号和自定义编号都会显示出来，通常采用系统编号即可。

▼ 接下来，点击“常规”后边的“描述”(可选操作)，如图4－105。

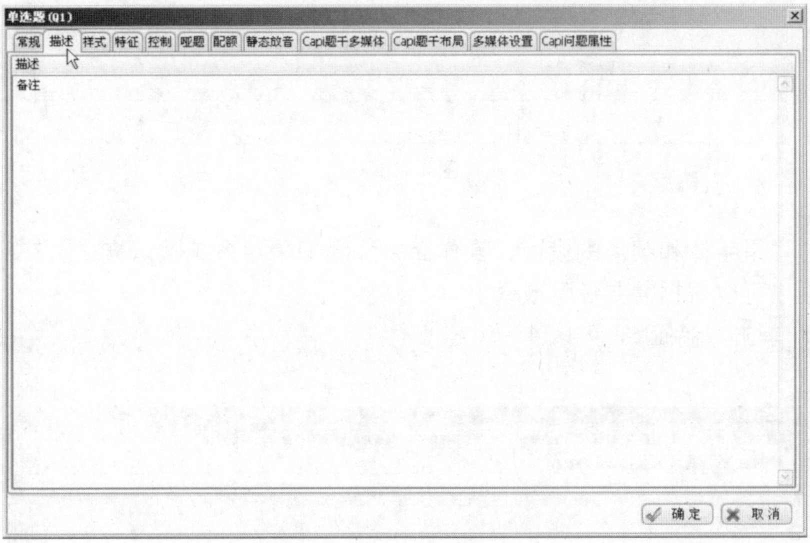

图4－105

这里只有一个备注的编辑框，可根据实际情况填写，无则不填。

▼ 单击“样式”(可选操作)，如图4－106。

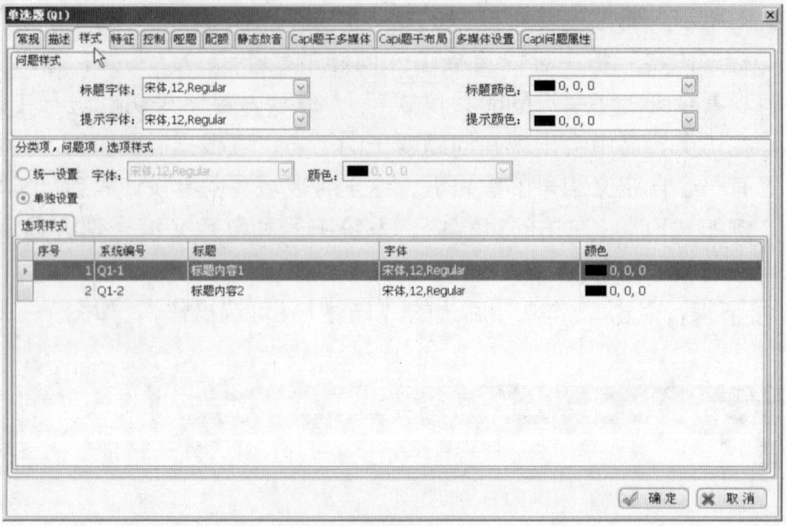

图 4 - 106

这里是字体和颜色的设计，操作简单，我们采用系统默认样式。在实际操作过程中可以根据需要任意改动。

▼ 单击“特征”，如图 4 - 107。

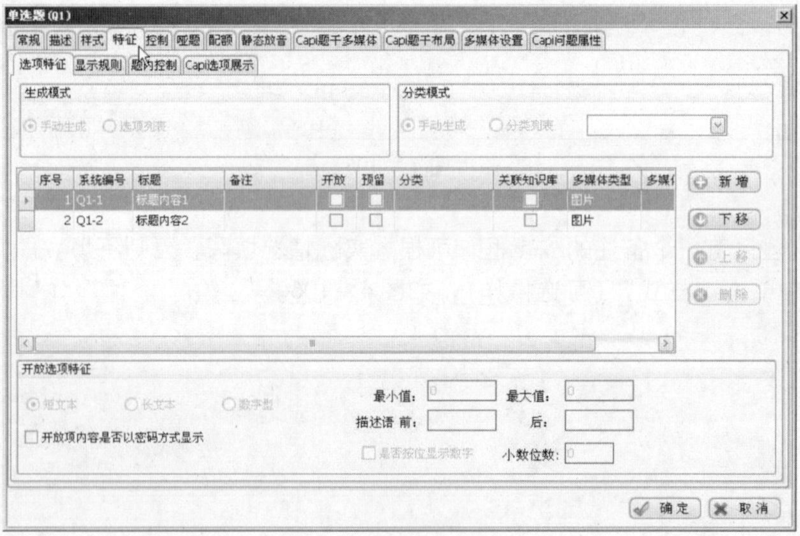

图 4 - 107

“特征”里面包括“选项特征”、“显示规则”、“题内控制”、“Capi 选项展示”四项内容，都是针对问题选项的操作。

“选项特征”编辑框里主要用来输入问题选项。编辑框上部的“生成模式”和“分类模式”不用修改，中部的编辑框就是用来输入选项的。“序号”

和“系统编号”自动生成无法修改。“标题”就是选项内容。

▼ 双击“标题内容1”，输入第一个选项，如图4－108。

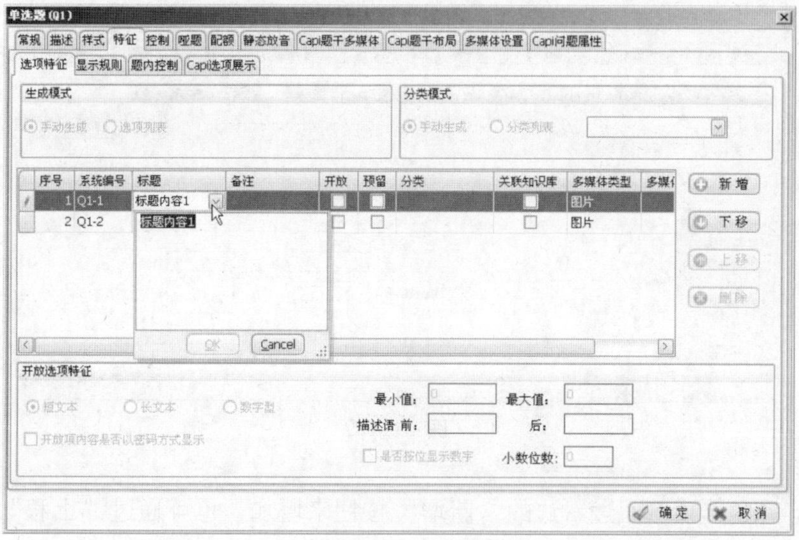

图4－108

在出现的编辑框中直接输入即可，输入完成后单击“OK”按钮。

“备注”根据实际情况填写，无则不填。“开放”是说该选项是否可以填写内容。例如“国庆60周年阅兵效果调查问卷”中“Q5”的第四个选项就是开放选项，因为选项的后边还需要补充填写内容。如果是开放的，直接在方框中单击勾选即可。“预留”也是通过单击勾选的方式来操作。如果被设置成预留，该选项在访问过程中将不会显示。如果需要显示，取消预留设置即可。操作方法是在已经勾选的方框中再次单击。

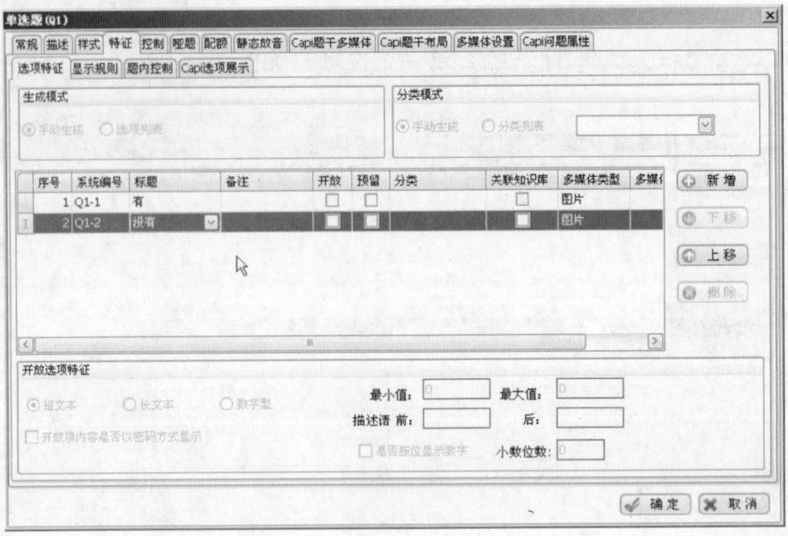

图 4 - 109

问题的选项可通过右边的“新增”按钮来增加，也可通过“上移”、“下移”和“删除”按钮来进一步编辑。

如图 4 - 109，编辑框下部的“开放选项特征”部分现在是不能编辑的灰色，因为上面没有被设为开放的选项。如果有开放选项，可以根据所要填写的内容选择文本型或数字型。文本型的选项还可以根据内容的长短选择“长文本”或“短文本”。数字型的选项要在后边输入最小值和最大值。如果选择“按位显示数字”的话，还要输入小数位数和描述语，不过一般不选择按位显示。在答卷中，开放选项下面会出现一个编辑框，以供填写内容。值得注意的是，在正式访问中，如果选择开放选项，就一定要在编辑框中输入内容，否则单击“下一步”系统会提示答案不合法，从而不能进入下一道题。如果被访者选了开放选项，但又真的不能给出内容的话，访员可以随便填写一些内容继续，但是搜集答卷的时候要删除这些随意填入的信息。

小贴士

开放性问题的特征编辑和选择题开放选项的编辑操作是一样的。一问一答题的答案编辑框就相当于开放选项的编辑框。

▼ 完成“选项特征”的操作，单击“显示规则” （可选操作），如图4－110。

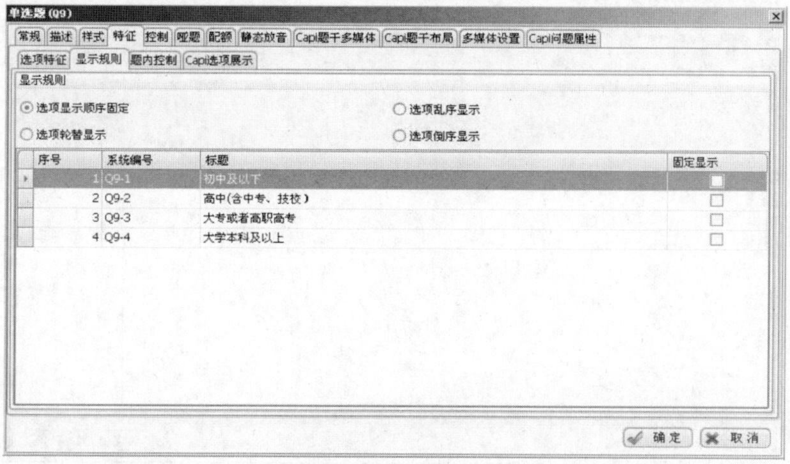

图4－110

这里主要是选项显示规则的调整，一般选择“选项显示顺序固定”。因为不是必需的操作，有兴趣的读者可以自己试着调整，感受一下调整后的效果。

另外，由于“题内控制”不常用，“Capi选项展示”是针对计算机辅助面访系统的，这里都不再介绍。

▼ 单击最上面一行“特征”后边的“控制”，如图4－111。

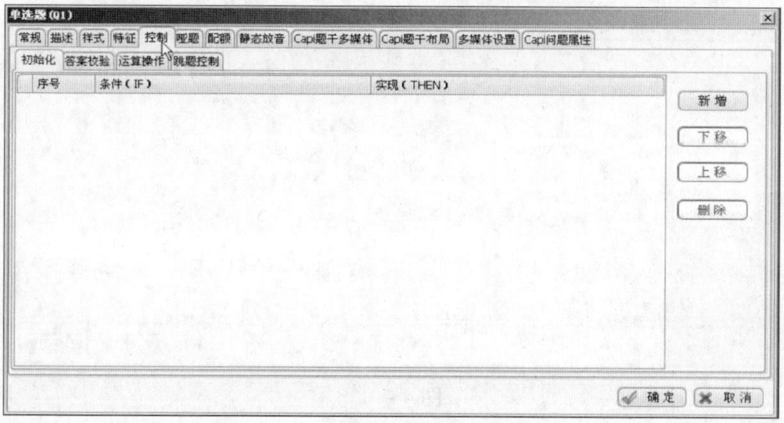

图4－111

“控制”包含“初始化”、“答案校验”、“运算操作”、“跳题控制”四个部分。因为前三个不常用，我们这里只介绍一下常用的跳题控制，如图4－112。

▼ 单击“跳题控制”如图4－112。

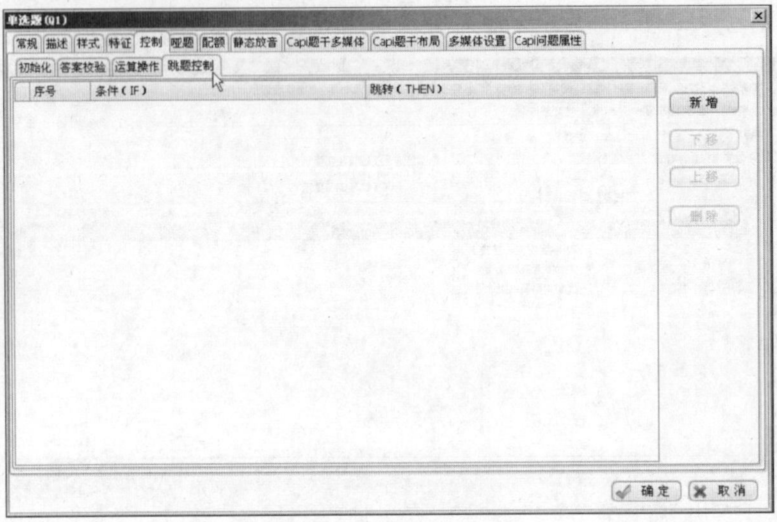

图4－112

▼ 单击“新增”，会出现一个蓝色的编辑条，如图4－113。

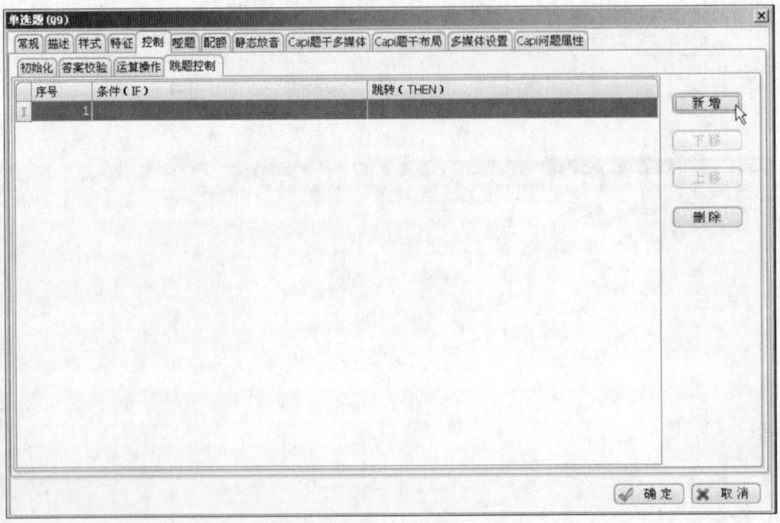

图4－113

如果以“国庆60周年阅兵效果调查问卷”的Q1为例，即如果第二个选项“没有”被选中，就要跳转到Q5。那么在“条件”下边的编辑框中就要输入口令“#Q1－2－S# ＝TRUE”（不区分大小写），在“跳转”下面的编辑框中输入“Q5”。接下来演示一下具体操作。

▼ 双击“条件”下边的蓝色编辑条，如图4－114。

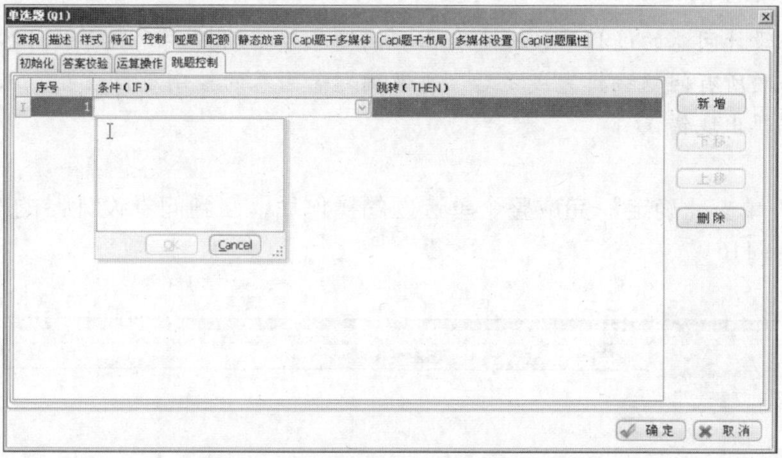

图4－114

在出现的编辑框中输入口令“#Q1－2－S# ＝TRUE”。这个口令就代表Q1的第二个选项被选中，这种口令除了选项的部分可以任意替换，其他符号不能改动。尤其要注意的是“#”要用英文模式的，中文模式状态下输入会导致口令错误。输入完成后，单击“OK”。如果想取消该条件，请单击“Cancel”。

▼ 以同样方法在跳转下的编辑条内输入“Q5”，如图4－115。

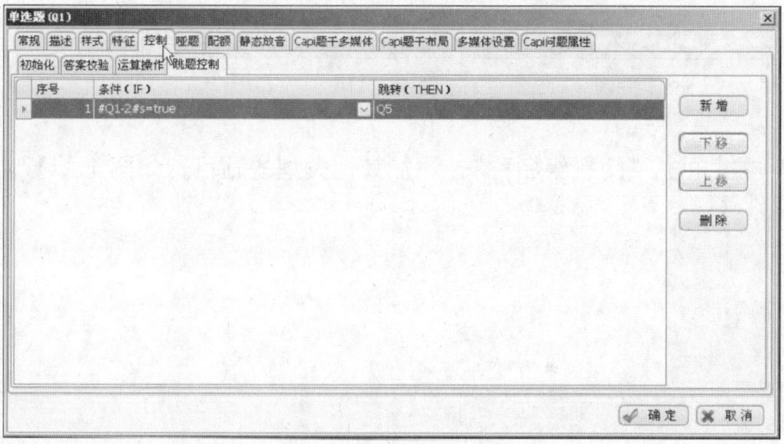

图4－115

到现在为止，单个问题的常用操作基本介绍完毕。紧挨着“控制”的“哑题”不常用到，“配额”由于涉及其他操作，我们本节稍后将单独介绍。“静态放音”等其他几个部分是针对计算机辅助面访问卷的操作。

小贴士

在设计问卷的过程中，经常会出现问题序号的调整，所以建议问卷设计者在问卷的所有问题编辑完成之后，再做跳题等问卷的控制属性设置，以免控制指令编辑出现错误。

▼ 单击“确定”完成整个单选题的操作后，回到问卷设计器的对话框，如图4－116。

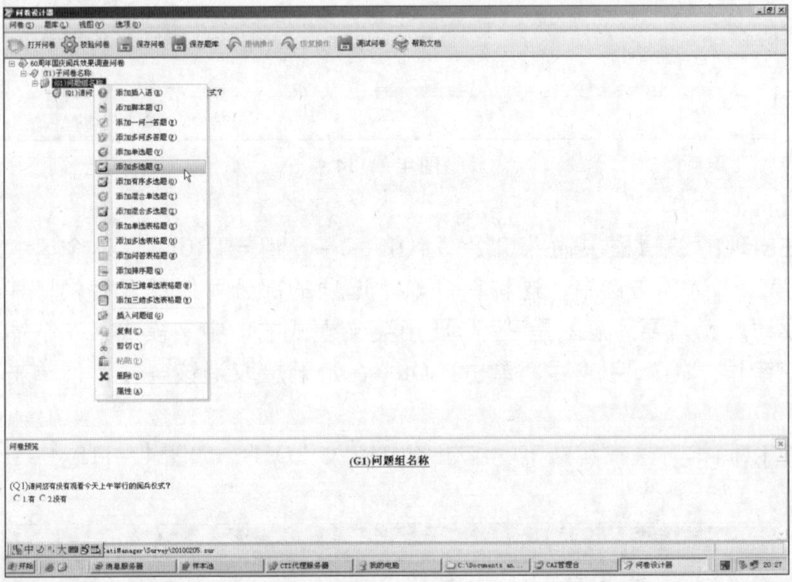

图4－116

▼ 右键单击“问题组名称”，添加其他类型的题目，如图4－117。

图 4－117

其他类型问题的操作与前文介绍的单选题的操作大同小异，基本操作都是双击打开“属性”，然后在“常规”中编辑问题的题干，“特征”中编辑问题的选项，“控制”中编辑跳题。这里就不再一一介绍了。本节中“（三）常见题型呈现与设置”详述了各种类型问题的形式和特征设置，读者可以进一步直观地了解。

3. 配额的设置

在电话调查中，为了保证样本分配的合理性或者为了满足调查实施者的特殊样本需求，会对样本在年龄、性别等方面做出数量上的限制。例如，男性样本和女性样本的数量要相等或相似，60 岁以上的样本要控制在样本总量的十分之一以内等。这种样本数量上的控制就是样本配额。在计算机辅助电话调查系统中，可以对样本配额进行设置。当样本配额条件满足时，系统会提示访员配额已满，并自动结束访问。

假如我们在“60 周年国庆阅兵调查问卷”的男女性别上各限制 300 份的配额。接下来我们演示一下具体的操作。

▼ 首先按照前文所讲操作，在管理台界面中右键单击“新建项目”，在右键列表中打开“执行策略”，选择“样本配额设置”，进入对话框，如图 4－118。

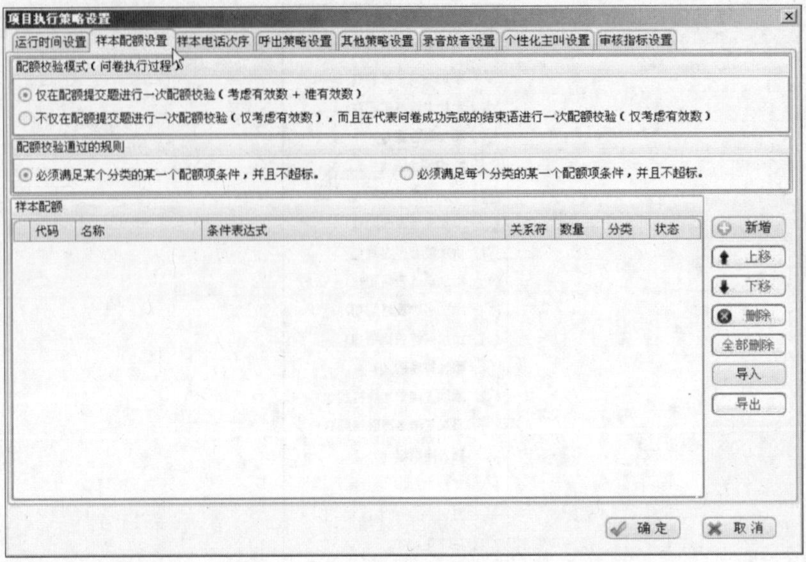

图 4 － 118

“配额校验模式”一般选择第一个，是指仅在具有配额设置的问题回答完之后进行校验。例如，性别配额仅在询问被访者性别的问题回答完之后进行检验是否达到配额。第二种校验模式是指不仅在具有配额设置的问题处进行验证，在整份问卷结束时还要再进行一次验证。

“配额校验通过的规则”可能不好理解。我们不妨先举个例子。例如一份问卷中有两类配额限制，一类是性别配额，这类配额里边有两个条件，即男性300 份，女性300 份；另一类是年龄配额，里边有两个条件，即19 岁及以下不能超过20 个，60 岁及以上不能超过20 个。在实际操作中，如果我们要求两类配额只要其中之一能够满足，例如满足男性300 份的条件，就通过验证，系统会提示配额已满，那么“配额校验通过的规则”就要选择第一种。如果要求同时满足两类配额，才视作通过验证，那么“配额校验通过的规则”就要选择第二种。也就是说既要满足年龄配额的一个条件，也要满足性别配额的一个条件才能通过配额验证。这里，我们暂且选择第一种验证规则。

接下来就是样本配额的具体编辑了，不妨就以男女各为300 份的性别配额为例来实际编辑一下。

▼ 单击样本配额编辑框右部的“新增”按钮，样本配额下方就会出现一个蓝色编辑条，如图4－119。代码由系统自动生成，不用操作。

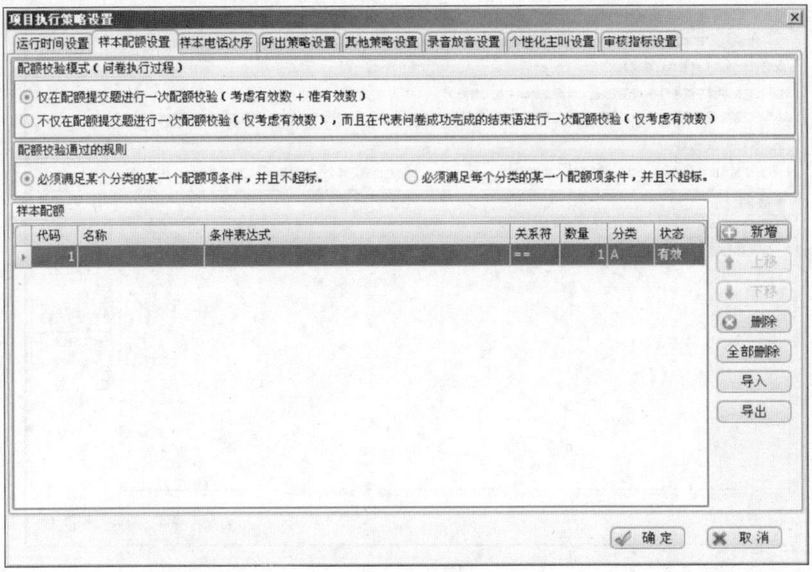

图 4－119

▼ 双击“名称”下方的蓝色编辑条，如图 4－120，在编辑框中输入配额名称——“性别配额”。

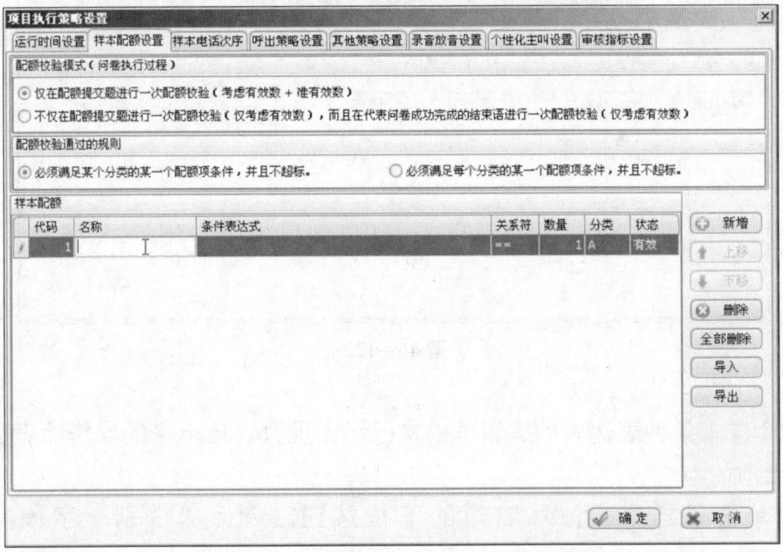

图 4－120

▼ 单击“条件表达式”下方的蓝色编辑条，如图 4－121。

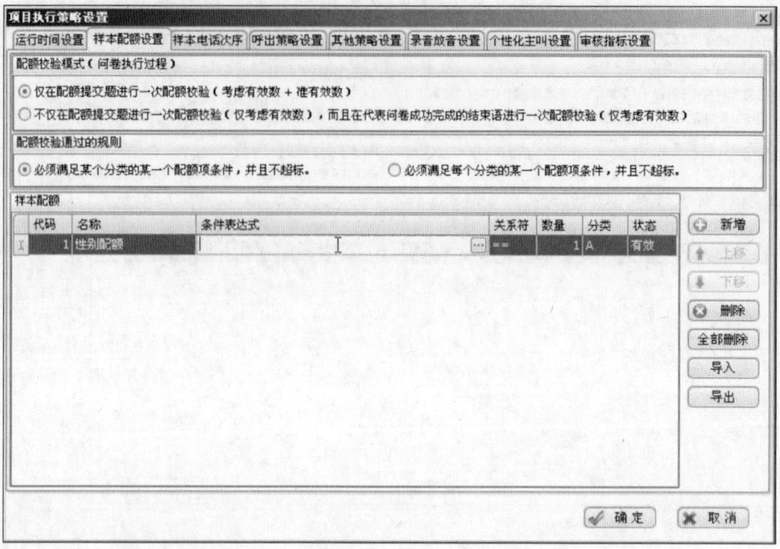
图 4－121

▼ 然后再单击编辑框后端的按钮，就会出现一个“样本条件表达式”的编辑框，如图 4－122。

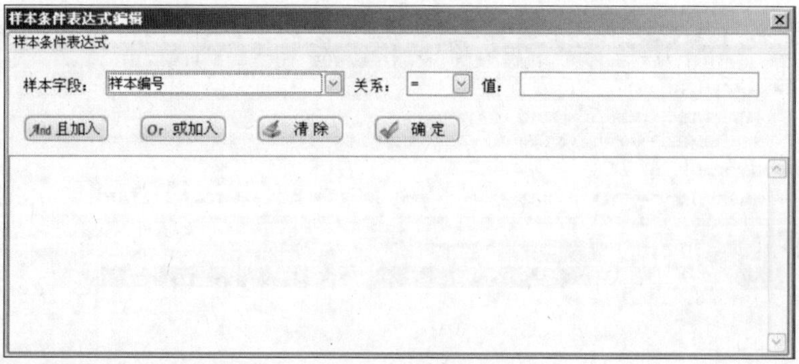
图 4－122

这个样本条件表达式的编辑框前文已经出现过，接下来的操作读者应该不会再感到陌生。

▼ 单击“样本字段”右边的下拉按钮，选择“性别”字段，如图 4－123。

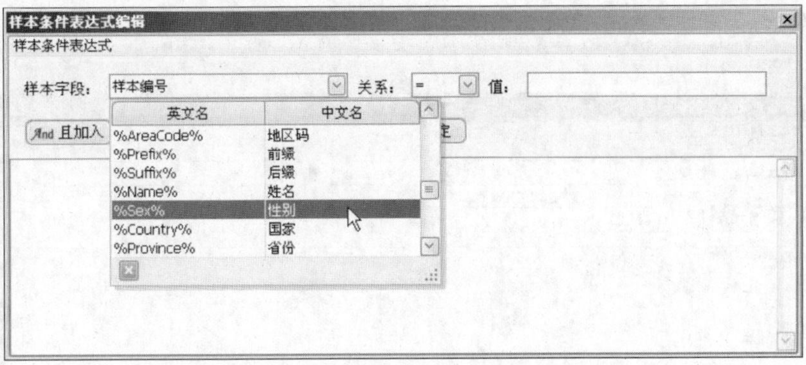

图4－123

▼ 在“关系”中选择“=”（系统已经默认等于关系），如图4－124。

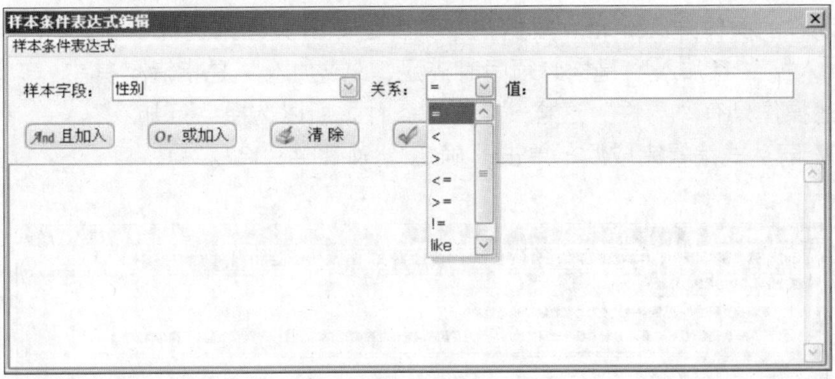

图4－124

“关系”下拉框内的符号从上到下依次表示“等于”、“小于”、“大于”、“小于等于”、“大于等于”、“不等于”、“近似”，这里选择“=”。

▼ 在“值”的编辑框中直接输入“男”，如图4－125。

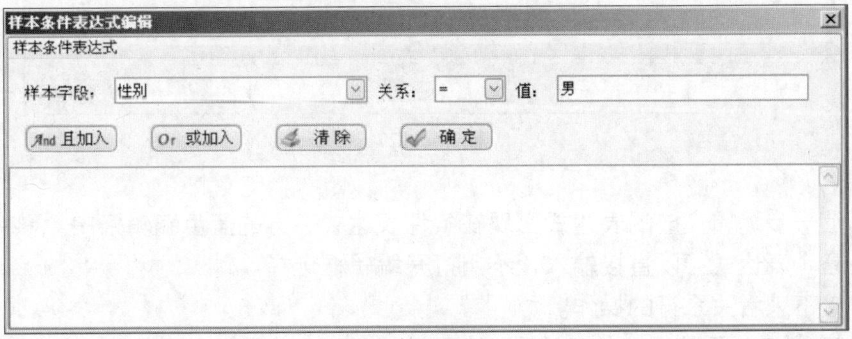

图4－125

▼ 然后单击“And且加入”按钮，如图4－126。

图4－126

这样，一个“性别等于男”的条件就生成了。如果还有其他条件，可以采用同样的操作继续编辑。根据几个条件之间的关系来选择“且加入”还是“或加入”。“且加入”是指必须同时满足，“或加入”是指满足其中一个。因为上述操作只有“男性”这样一个样本条件，所以选择“且加入”。

▼ 表达式编辑完成后，单击“确定”，如图4－127。

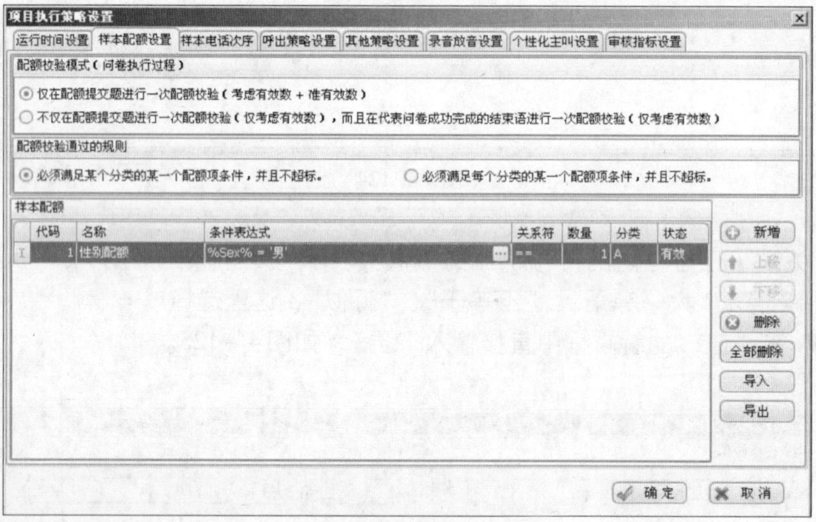

图4－127

上一步编辑完成的表达式出现在条件表达式下方的蓝色编辑条中。熟练之后，这个表达式可以直接输入，不用打开编辑框选择。

接下来看关系符的操作。

▼ 点开关系符里边的备选项，如图4－128。

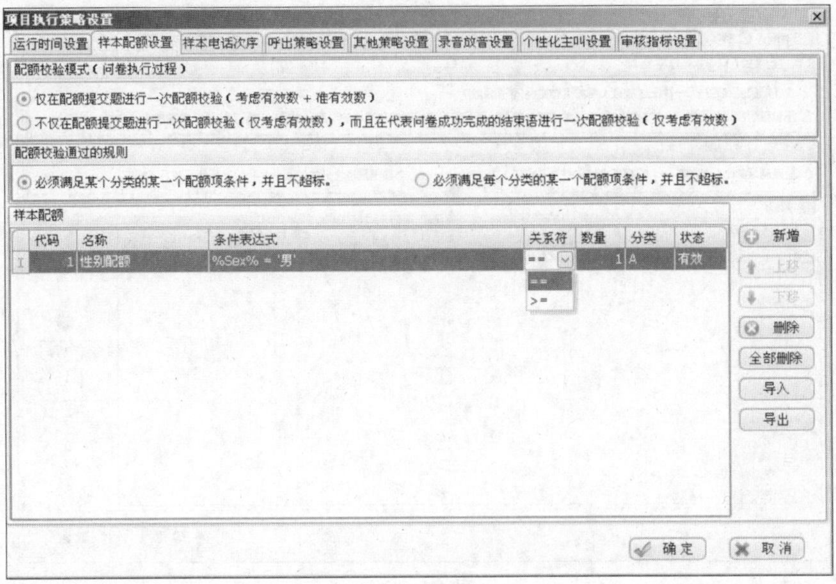

图 4 - 128

这里只有“=”和“>=”两种关系符，根据例子，需要选择“=”。

▼ 单击“数量”下方的蓝色编辑条，直接输入数量，如图 4-129。

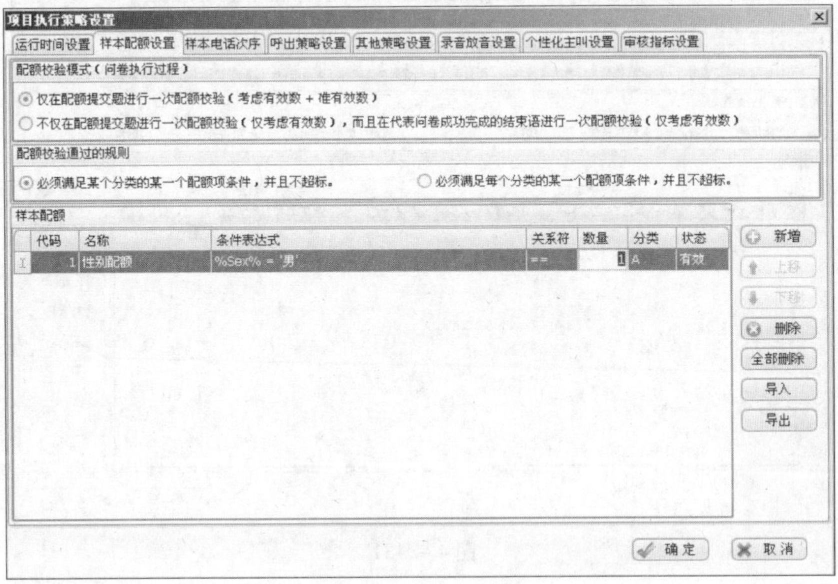

图 4 - 129

按照所举的例子，输入 300。

▼ 然后单击“分类”下方的蓝色编辑条，如图 4-130。

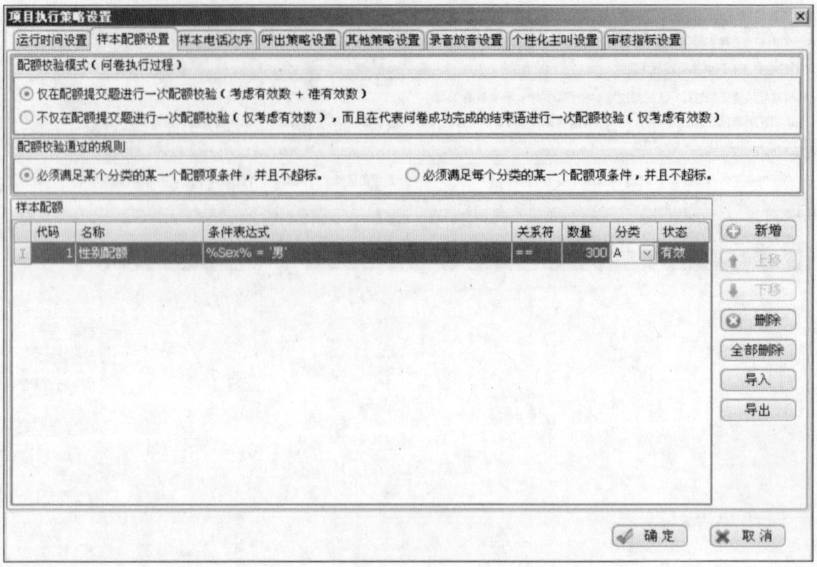

图 4 － 130

▼ 单击出现的下拉按钮，如图 4 －131。

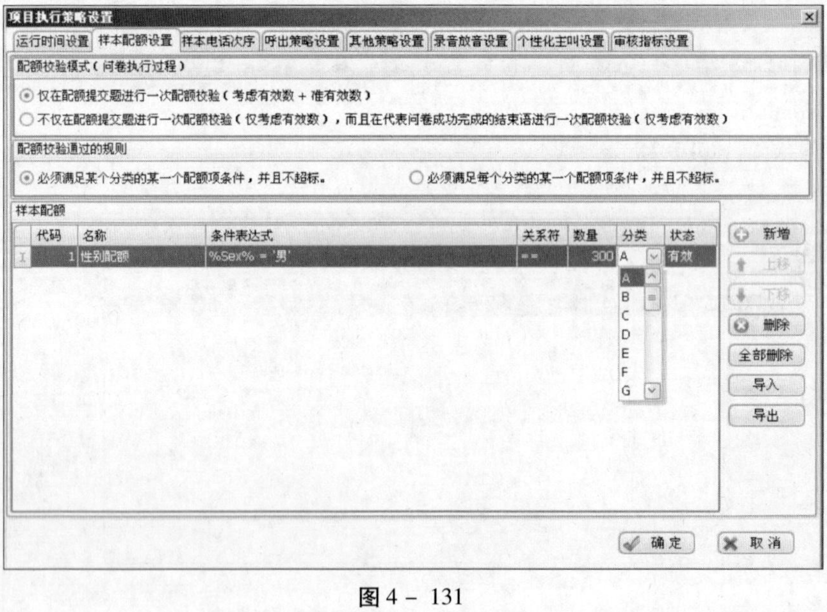

图 4 － 131

分类包括“A、B、C、D、E、F、G”七种。因为这是第一个配额，可以选择“A”。

▼ 单击“状态”下方的蓝色编辑条，然后单击出现的下拉按钮，如图 4 －132。

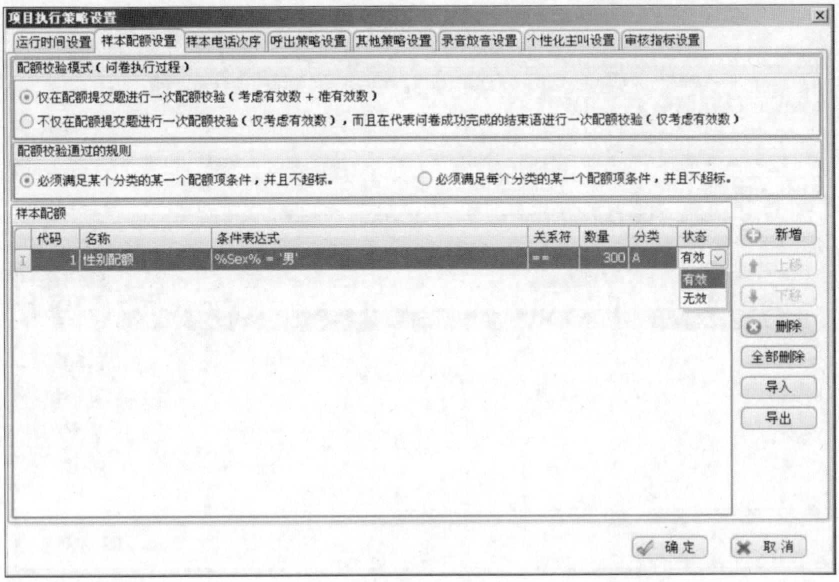

图 4 - 132

只有“有效”和“无效”两种状态，这里应该选择“有效”。

至此，一个完整的样本配额设置完成。如果还有其他配额，可以继续新增。按照所举例子，我们应该再新增一个性别为女的样本配额。

▼ 单击“新增”按钮，如图 4 - 133。

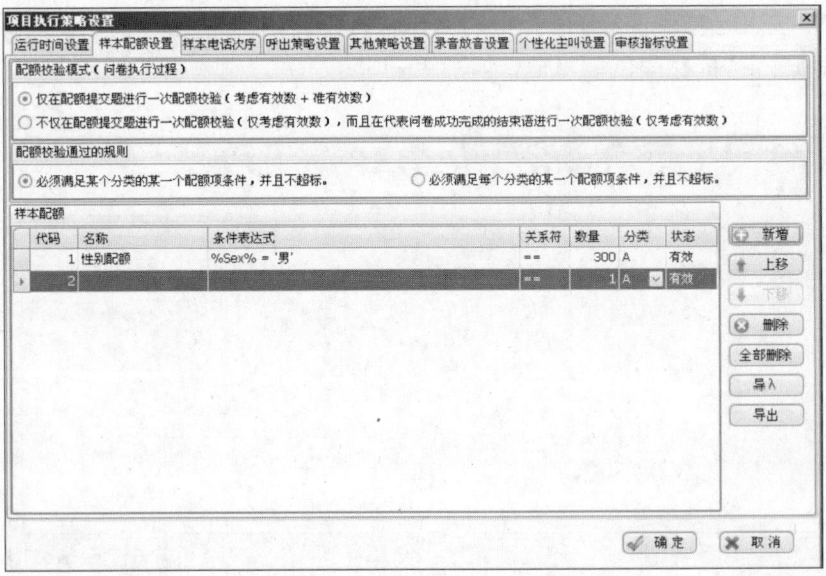

图 4 - 133

▼ 按照同样操作完成新增配额的设置，如图 4 - 134。

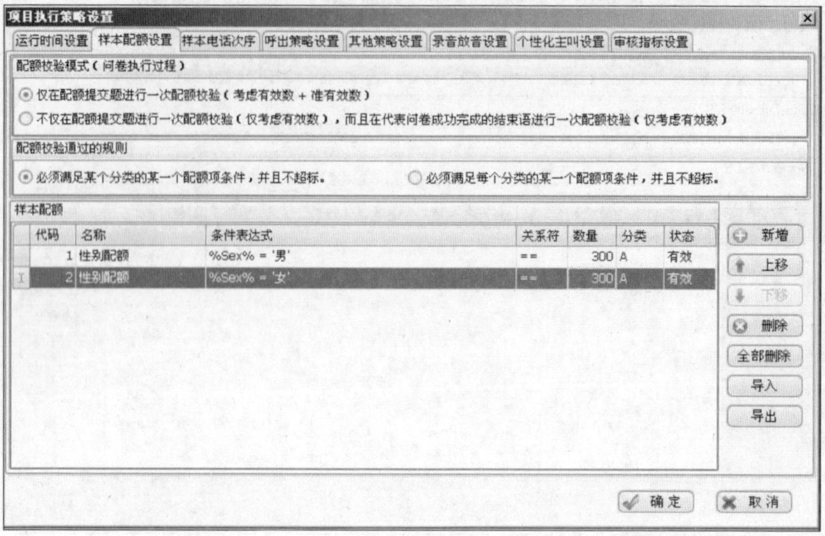

图4－134

因为新增配额同样是性别配额，所以在选择分类的时候，还是要选择“A”。

样本配额设置完成后，单击“确定”关闭对话框，完成执行策略中的配额设置。至此，配额设置的整个步骤还没有完成，还需要在具体的问题中提交配额。

▼ 按照问卷管理部分所介绍的操作，打开询问性别的那个问题的属性对话框，进入“配额”的编辑框，如图4－135。

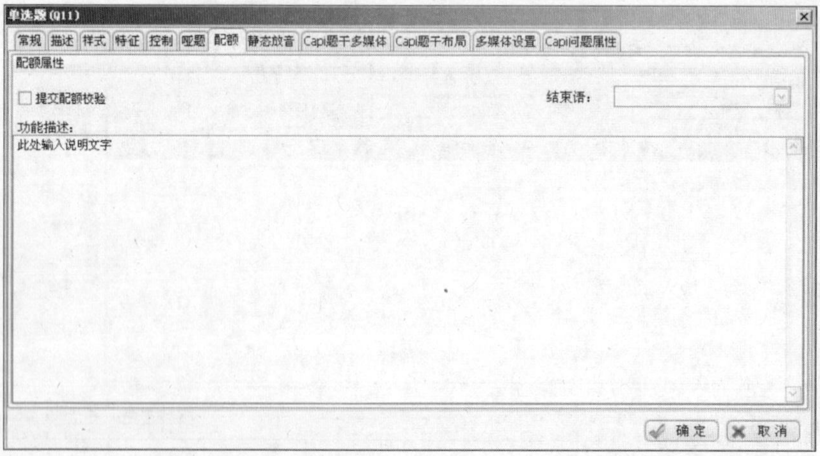

图4－135

这个编辑框很简洁，操作也相当简单。

▼ 勾选“提交配额校验”，如图 4-136。

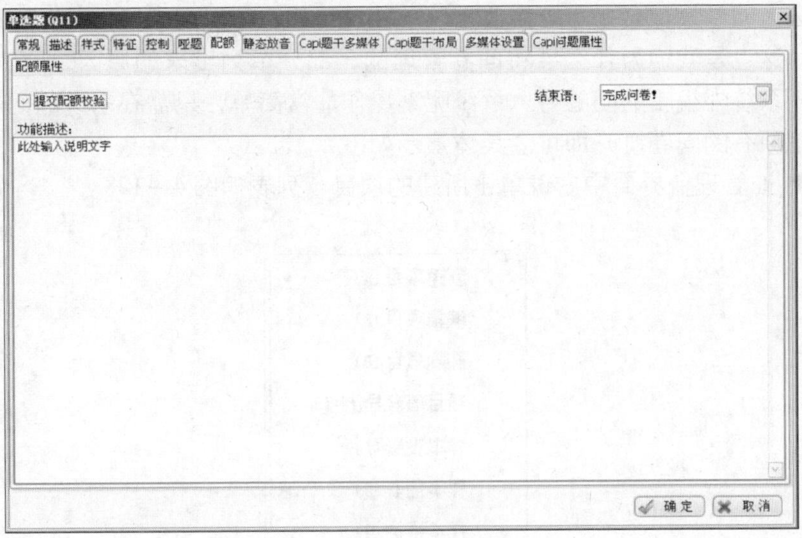

图 4－ 136

▼ 单击“结束语”后端的下拉按钮，如图 4-137。

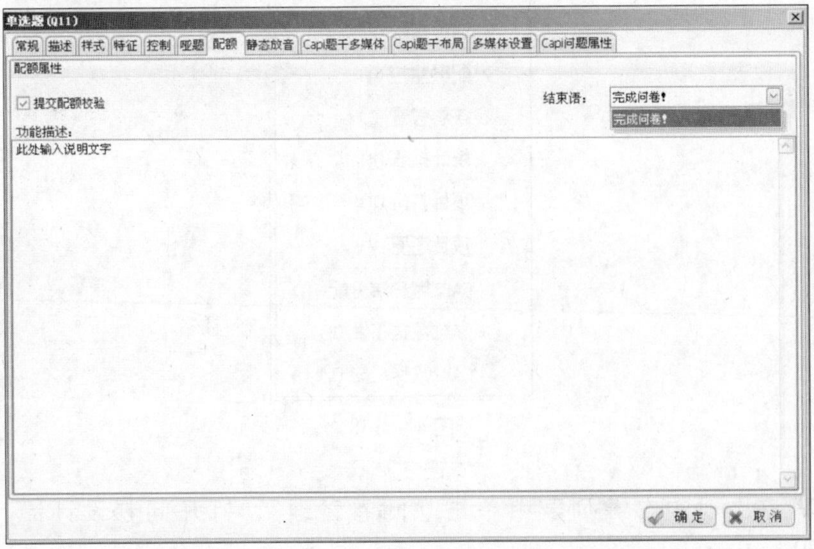

图 4－ 137

这里只有“完成问卷”一种选择。如果想换成其他语言，可以在问卷属性的“结束语”中更改。“功能描述”用来输入相关的说明文字，通常不填。

▼ 编辑完成后，单击“确定”按钮，完成配额设置。

介绍到此，问卷配额设置的所有操作介绍完毕。

4. 打开已有问卷

因为问卷设计器是可以脱离系统单独使用的，所以问卷管理部分可以单独进行，这也是我们为什么会将问卷管理的一部分单列出来的原因之一。那么，如何把系统外编辑的问卷导入系统呢？操作非常简单，只需在系统的问卷设计器中把原有的问卷打开即可。具体演示如下：

▼ 在管理台界面中右键单击所建的项目，列表如图4－138。

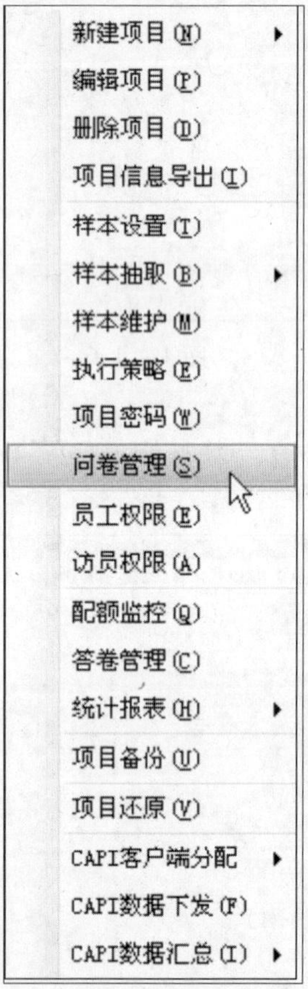

图4－138

▼ 在出现的右键列表中单击“问卷管理”，打开问卷设计器，如图4－139。

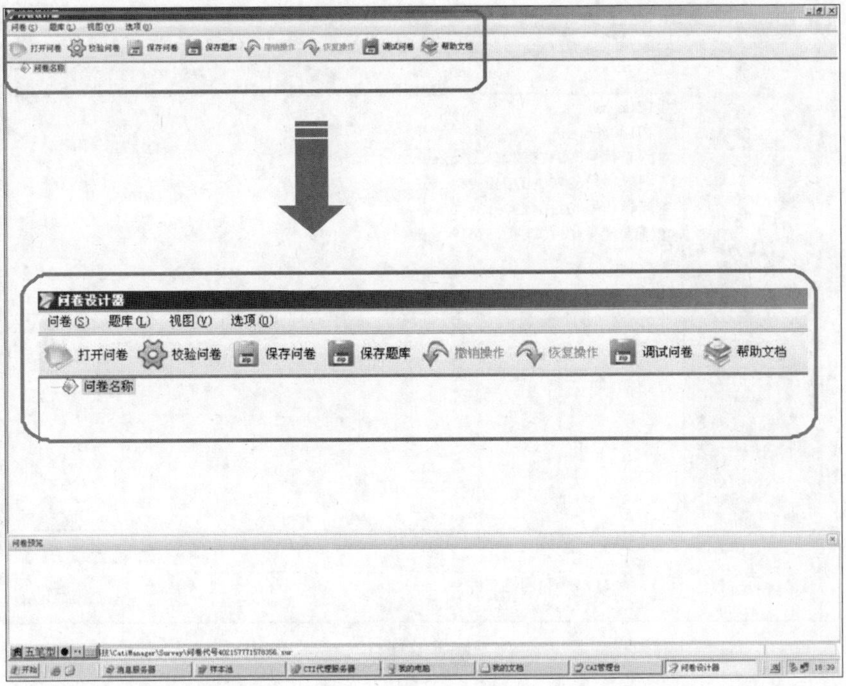

图 4 - 139

▼ 在第二行的工具栏中单击第一个按钮“打开问卷”，会出现如图 4 - 140 所示的提示框：

图 4 - 140

▼ 单击“OK”键，进入问卷选择框，如图 4 - 141。

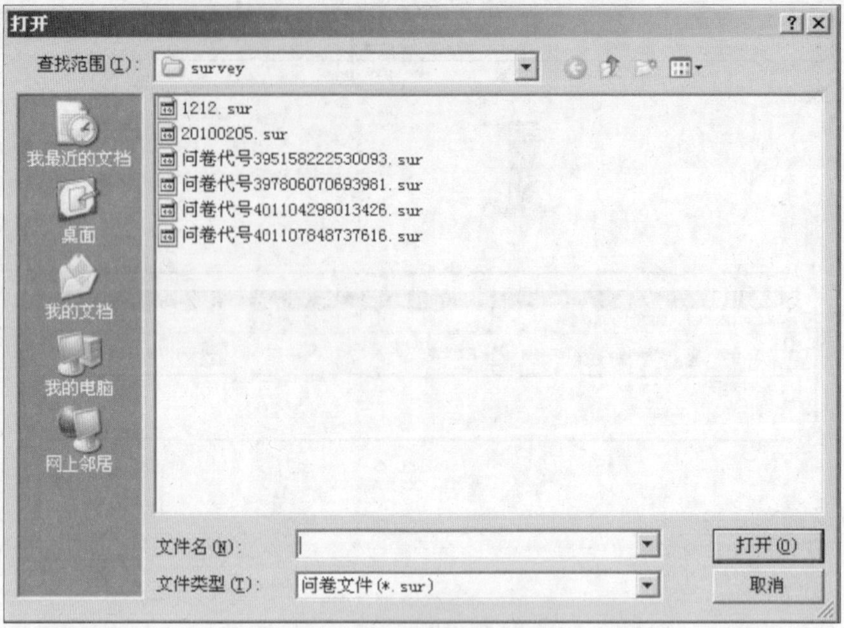

图4－141

▼在这个选择框中选择所要打开的问卷，如图4－142。

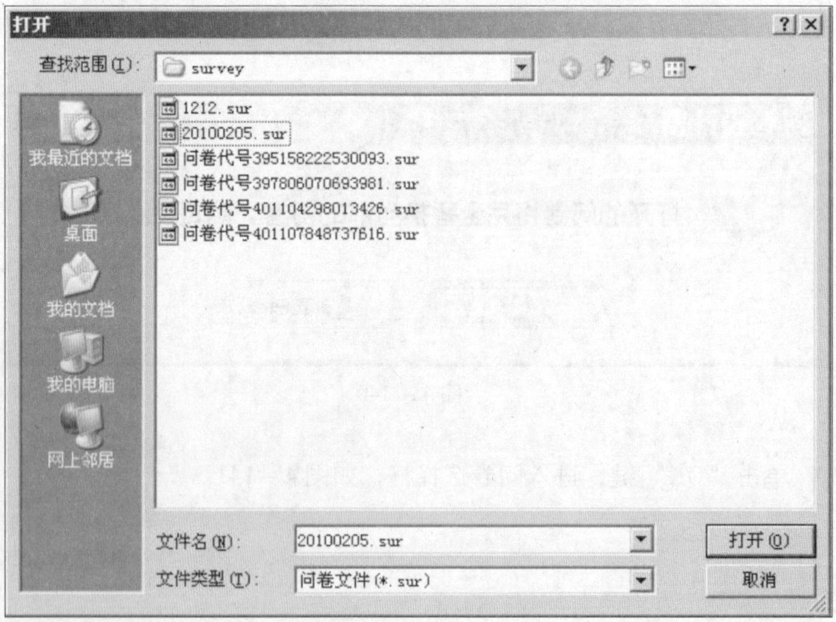

图4－142

文件类型就选择当前类型，然后单击“确定”，问卷就会出现在问卷设计器的界面中。

问卷导入以后，如果需要修改或调试，跟前文所讲操作是一样的。如果不需要，保存问卷之后，关闭问卷设计器的对话框即可。在关闭对话框时，系统会给出一个“是否保存问卷”的提示，如图 4－143。单击“Yes”即可关闭问卷设计器。以上就是打开已有问卷的操作步骤。

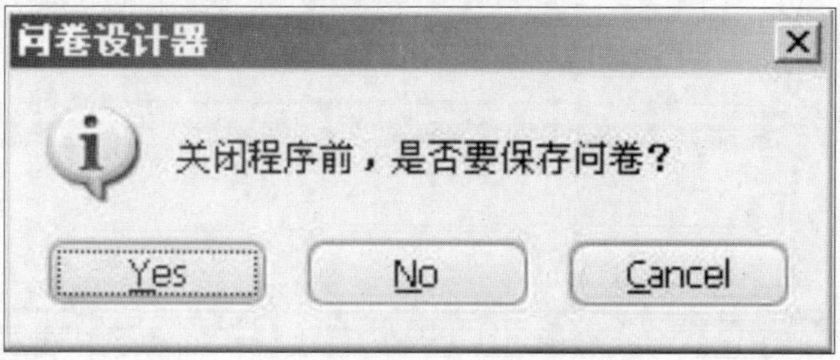

图 4－143

二、问卷的调试

问卷编辑完成后，不要忘记点击设计器界面上方的“保存问卷”按钮来保存问卷。接下来我们讲一讲问卷的调试。调试问卷的过程就是对问卷的检测过程，发现错误并及时改正。调试问卷时经常发现的问题有错别字、选项缺漏、控制条件输入错误等。

▼ 问卷编辑完成后，返回问卷设计器界面（如果问卷设计器已经关闭，还要通过在管理台界面右键单击该项目，然后单击右键列表中的“问卷管理”进入），如图 4－144。

图 4－144

▼ 单击界面上端的“调试问卷”按钮，进入问卷调试器界面，如图 4－145。

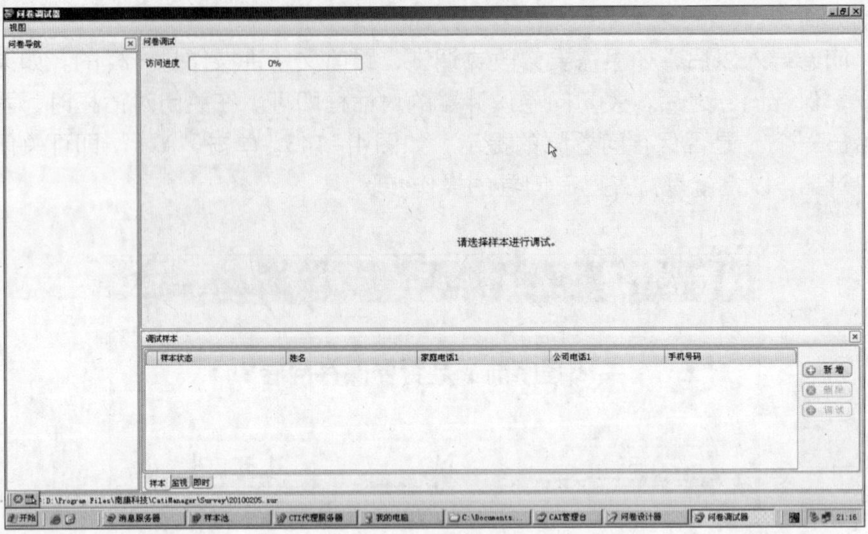

图 4 – 145

在问卷调试界面的左边是“问卷导航”框，会随着调试过程显示问卷问题。要返回某一道题时可以直接单击“问卷导航”中对应的问题。界面左边的上方大部分是“问卷调试”框，调试过程中会显示问卷问题和调试进度。现在界面中没有显示问题是因为还没有开始调试，由调试框中间的提示语可以知道，我们要先选择样本才能调试。问卷调试器右边的下半部分是调试样本，这是调试器自动生成的虚拟样本，点击右边的“新增”按钮就会出现调试样本。下面开始调试操作。

▼ 单击调试样本框右边的“新增”按钮，添加调试样本，如图 4 – 146。

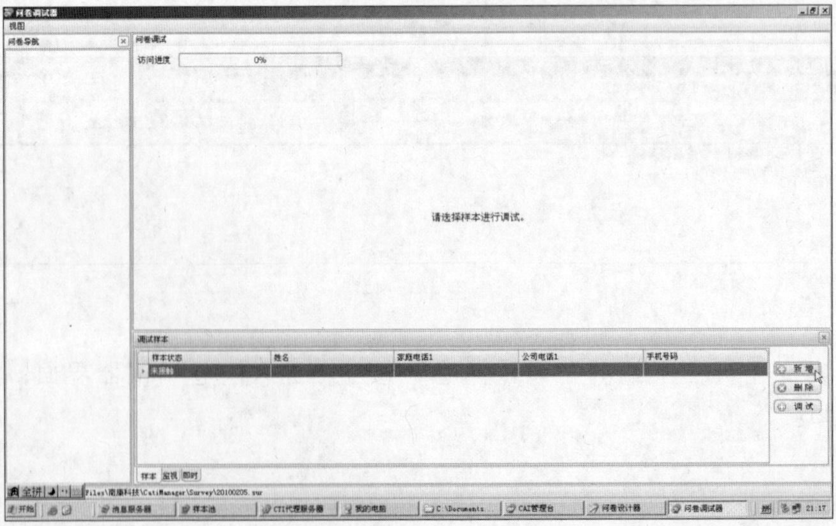

图 4 – 146

这个新增样本是不用编辑的。有了这个样本后，就可以开始调试问卷。

▼ 单击“调试”按钮，出现界面如图 4－147。

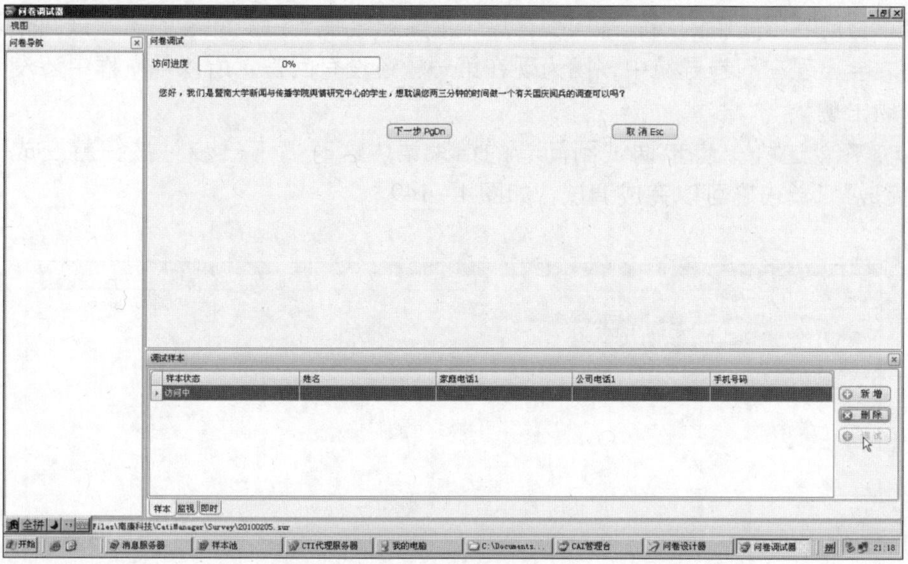

图 4－ 147

这时候，在问卷调试框中已经出现了问卷的欢迎语。

▼ 单击“下一步”继续，出现页面如图 4－148。

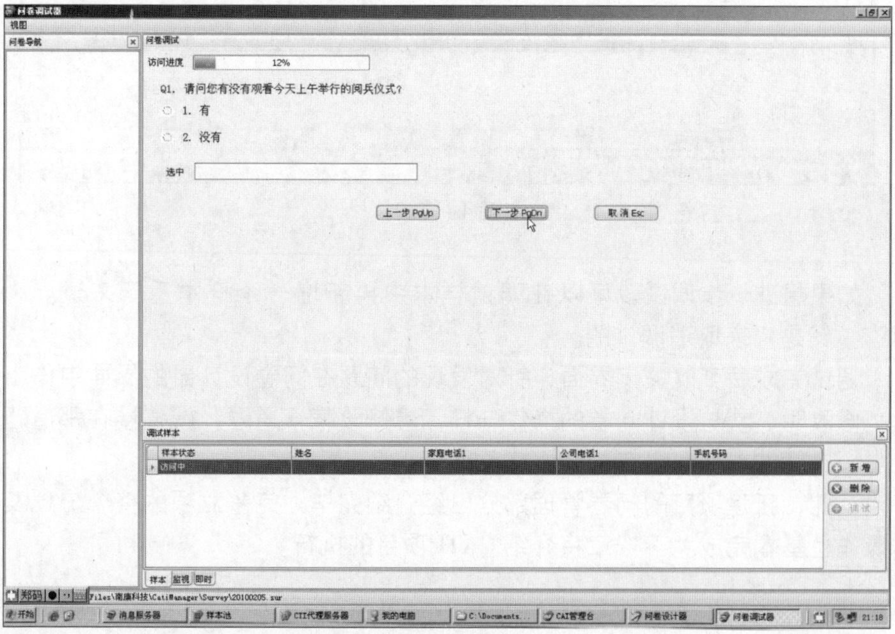

图 4－ 148

选择选项时，单击选项前面的圆圈即可，选中之后，选项下边的“选中”中会有显示。因为调试问卷是对访问过程的简单模拟，问题必须被回答之后才能进行下一步。如果想返回上一步，可通过“上一步”按钮来实现，也可通过单击问卷导航中的问题来实现，这个前文已经提到过。问卷的问题被回答之后才会出现在问卷导航中，因为现在第一题还没有回答，所以导航框中还没有问题出现。

▼就这样一步步调试到问卷的结束语。这时“下一步”按钮就变成了“完成”，单击它可以完成调试，如图4－149。

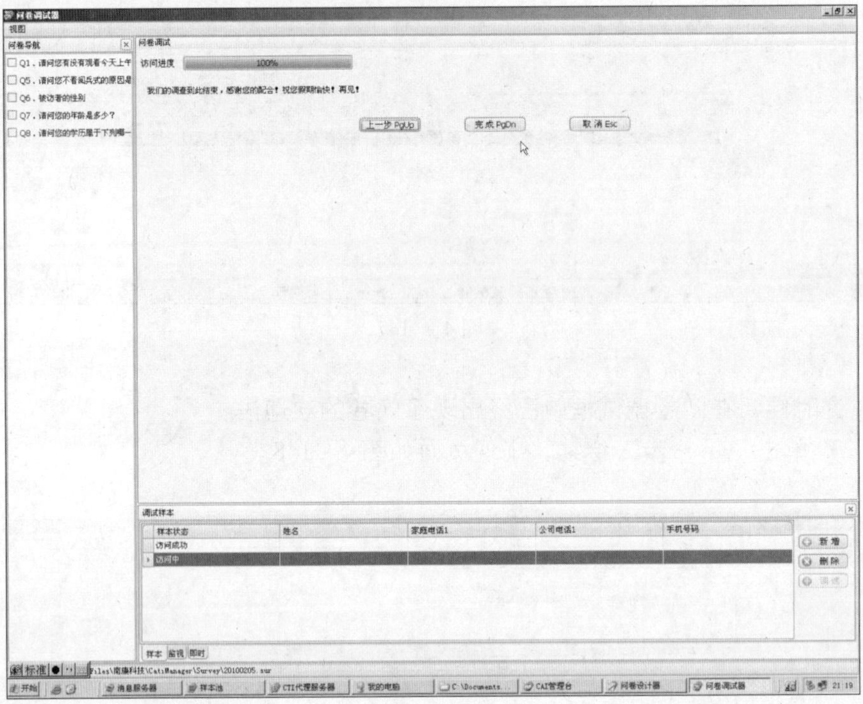

图4－149

如果想进一步调试，可以在调试样本中再新增一个样本重新来过。“取消”按钮是用来取消调试的。

调试完成后可以关闭界面，针对发现的问题在问卷设计器的界面中作出修改。修改时，就与设计问卷的操作一样，想修改某一道题，就直接在那道题上双击，在属性中找到出错的地方修改即可。

至此，新建项目的问卷管理部分已经介绍完毕。完整立项的整个流程及具体操作也基本完成。下一章将介绍CATI项目的执行。

三、常见题型呈现与设置

CATI 系统的问卷编制中总共可以插入一问一答题、单选题等 13 种问题，在编辑问题的时候，无论什么题型，除了在“特征”中编辑问题选项的时候会有较大差异外，其他操作都大同小异。为了让读者对各种类型有一个比较直观的了解，在这里，本书对各种问题在答卷中的呈现以及设置进行图解，以便读者查阅。

1. 一问一答题

答卷呈现，如图 4 – 150。

图 4 – 150

特征设置，如图 4 – 151。

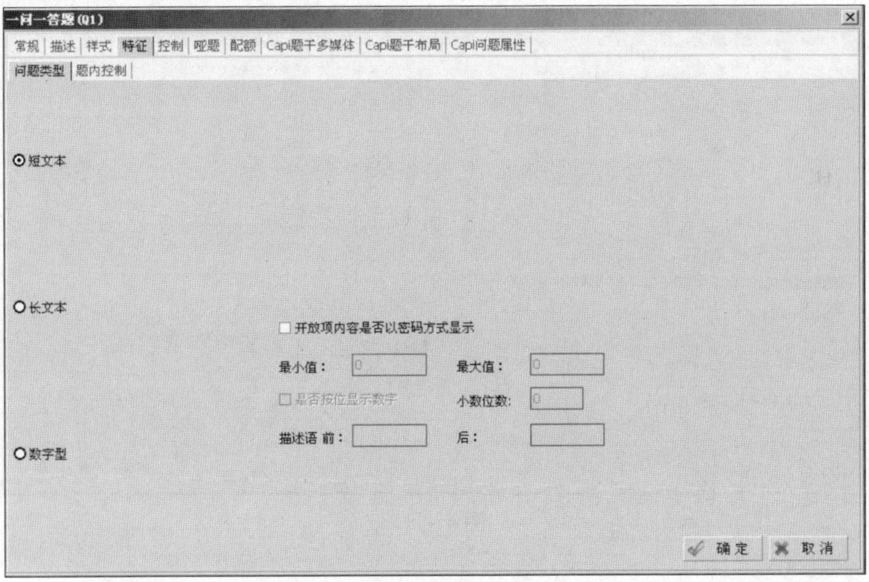

图 4 – 151

一问一答题的特征设置和前文所讲选择题的开放选项设置相同。

2. 多问多答题

答卷呈现，如图 4－152。

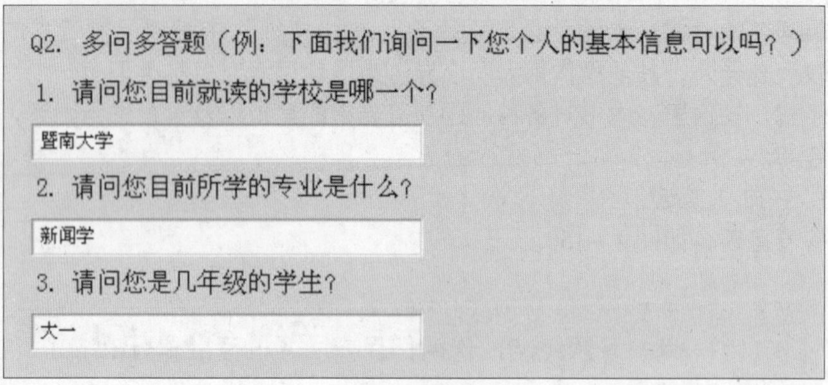

图 4－152

特征设置，如图 4－153。

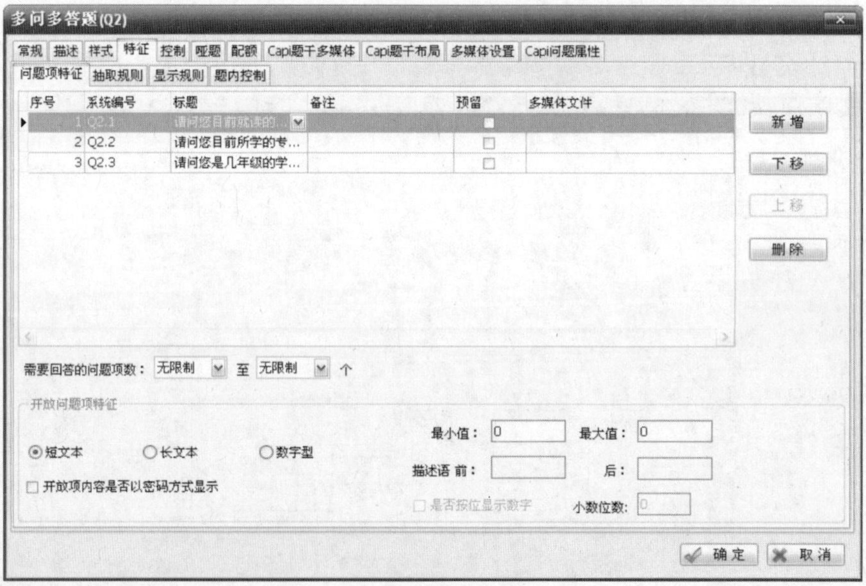

图 4－153

多问多答题就是将多个一问一答题设置在一起。需要回答的问题项数可以根据实际情况做出限制。这里的"'无限制'至'无限制'"表示回答几道题都可以，也可以不回答。

3. 单选题

答卷呈现，如图 4－154。

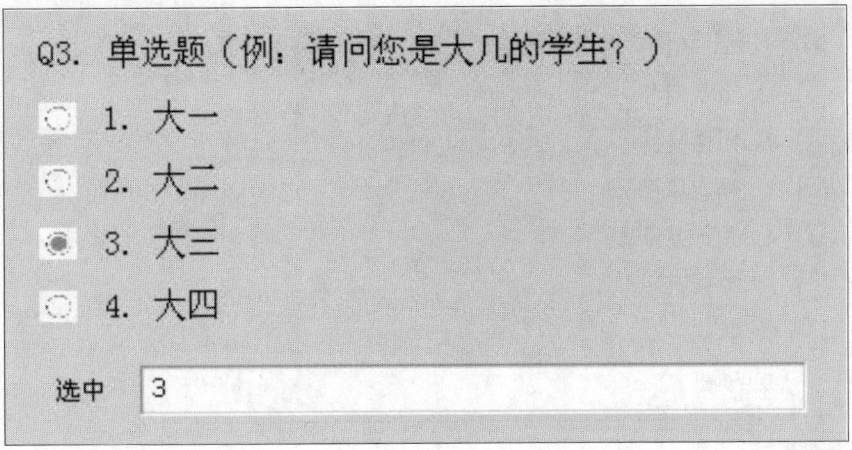

图 4－ 154

选项设置，如图 4－155。

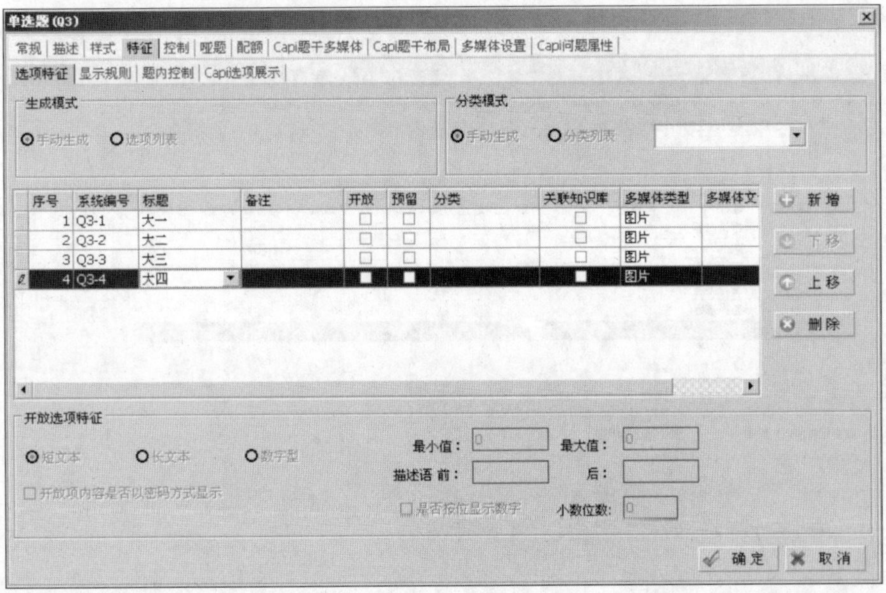

图 4－ 155

4. 多选题

答卷呈现，如图 4－156。

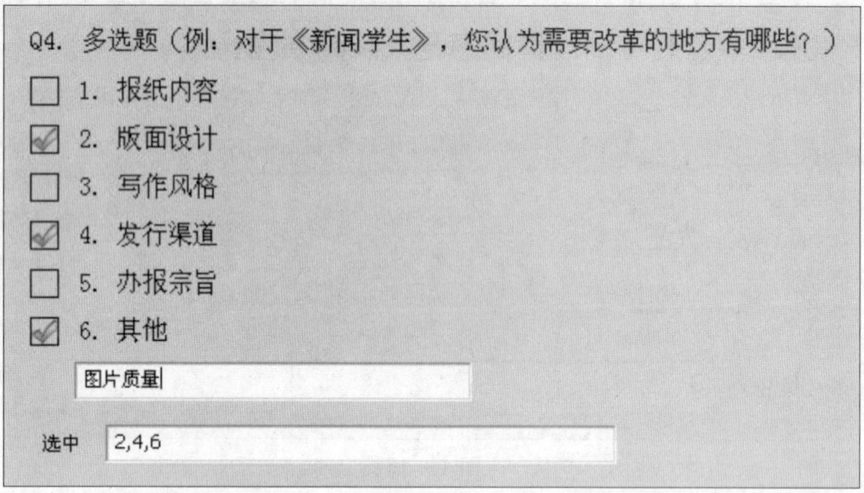

图 4－ 156

特征设置，如图 4－157。

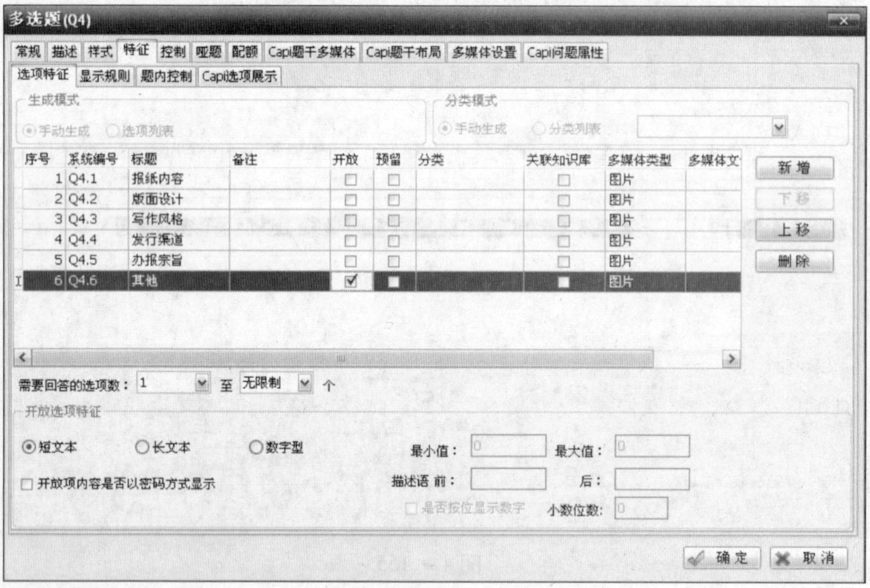

图 4－ 157

5. 有序多选题

答卷展示，如图 4 - 158。

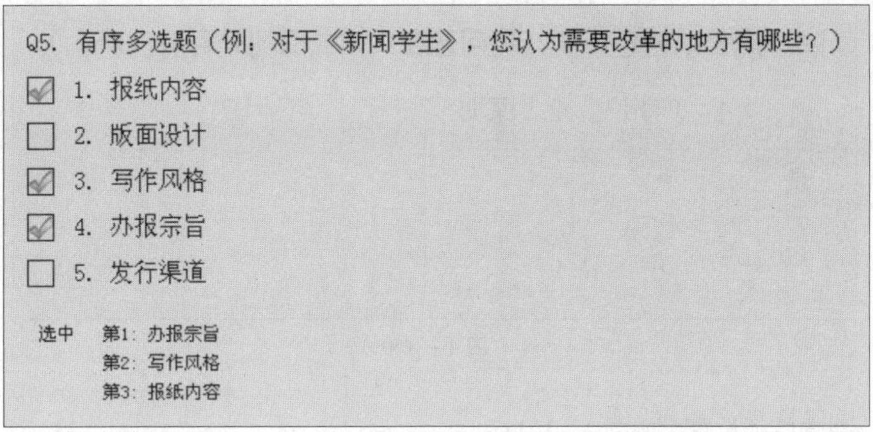

图 4 - 158

有序多选题和多选题几乎差不多，只是在回答的时候，系统会记录选项被选中的顺序。

特征设置，如图 4 - 159。

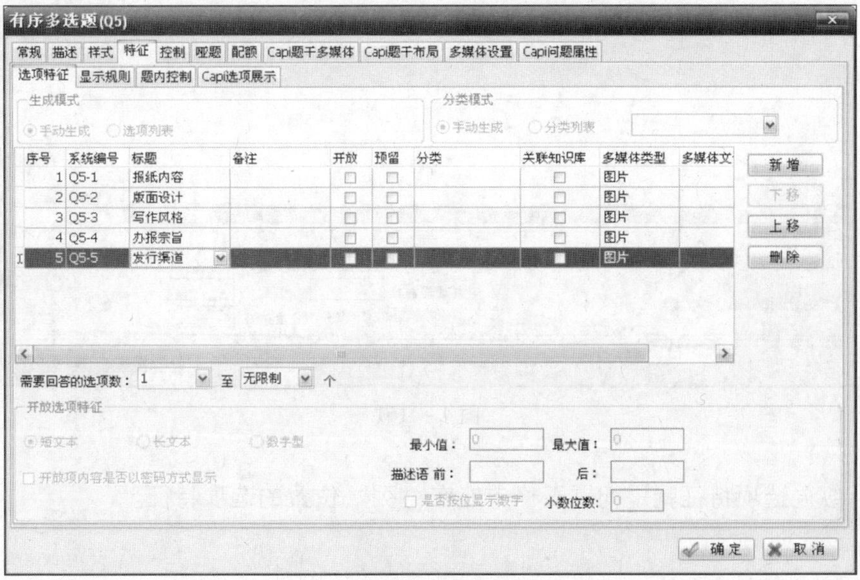

图 4 - 159

6. 混合单选题

答卷呈现，如图 4－160。

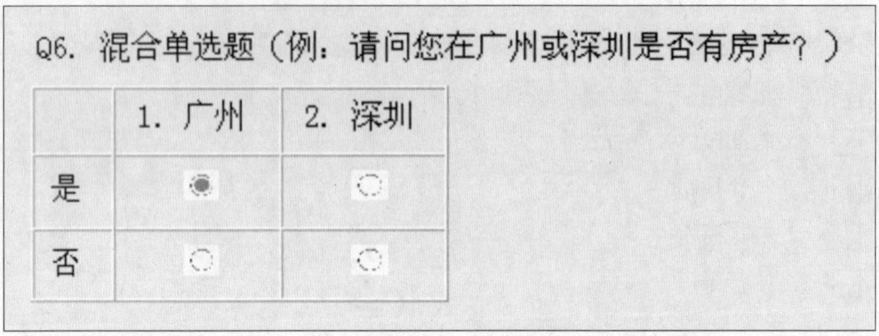

图 4－160

纵向特征设置，如图 4－161。

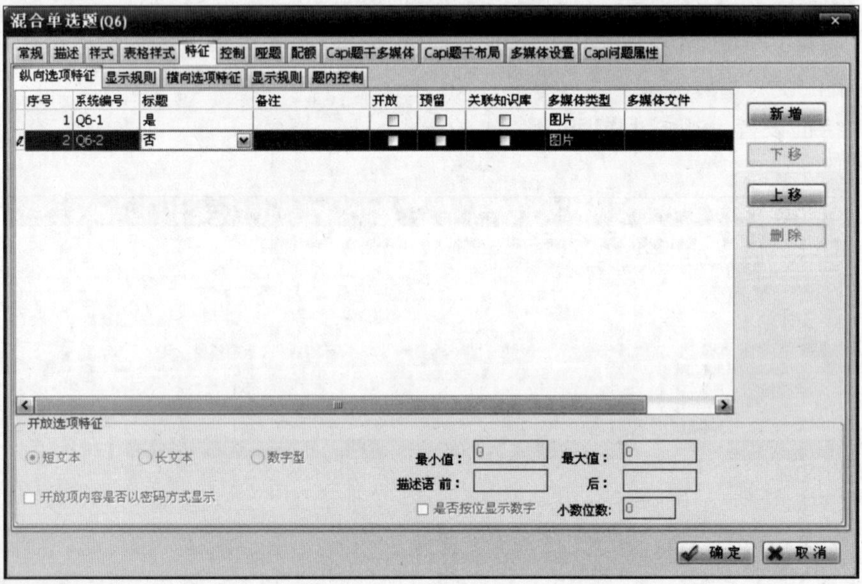

图 4－161

纵向选项特征就是问题表格中处在“列”位置的选项特征。

横向特征设置，如图 4－162。

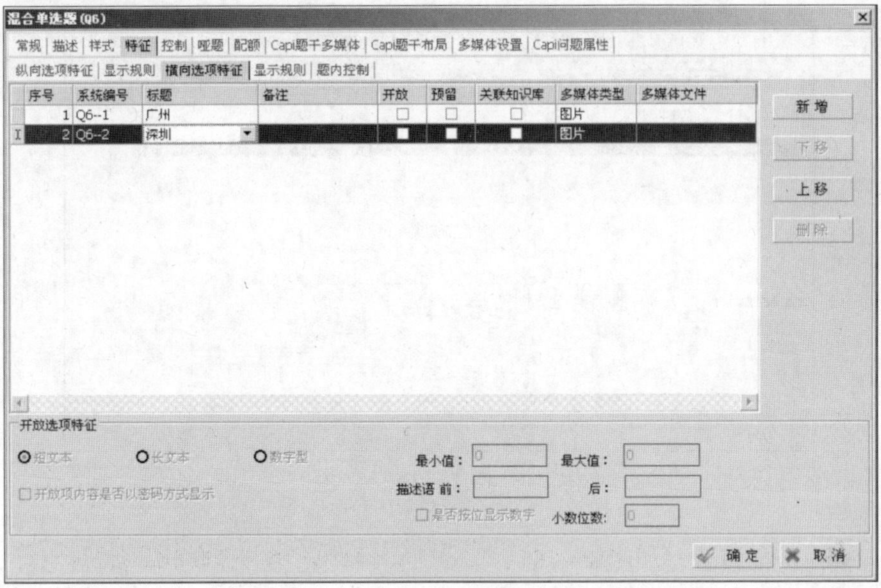

图 4－ 162

横向选项特征就是问题表格中处在“行”位置的选项特征。

7. 混合多选题

答卷呈现，如图 4－163。

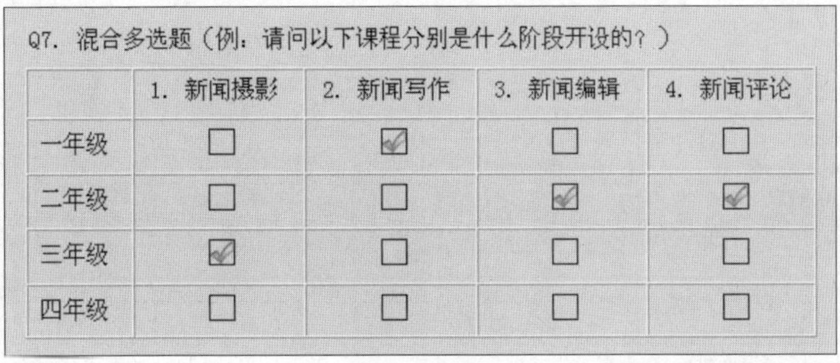

图 4－ 163

纵向特征设置，如图 4－164。

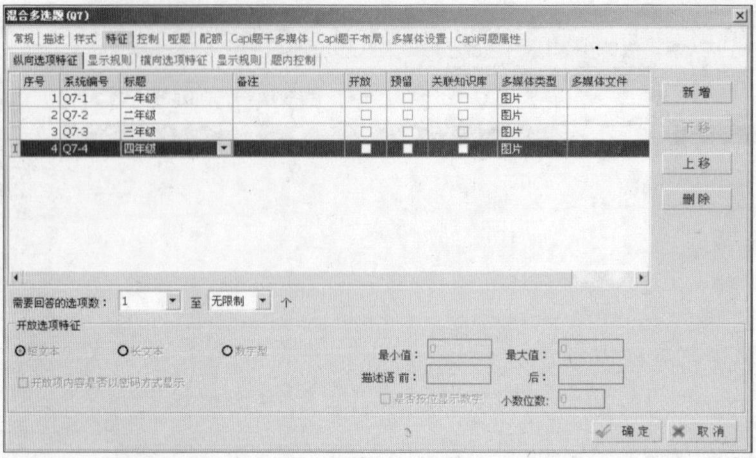

图 4－164

横向特征设置，如图 4－165。

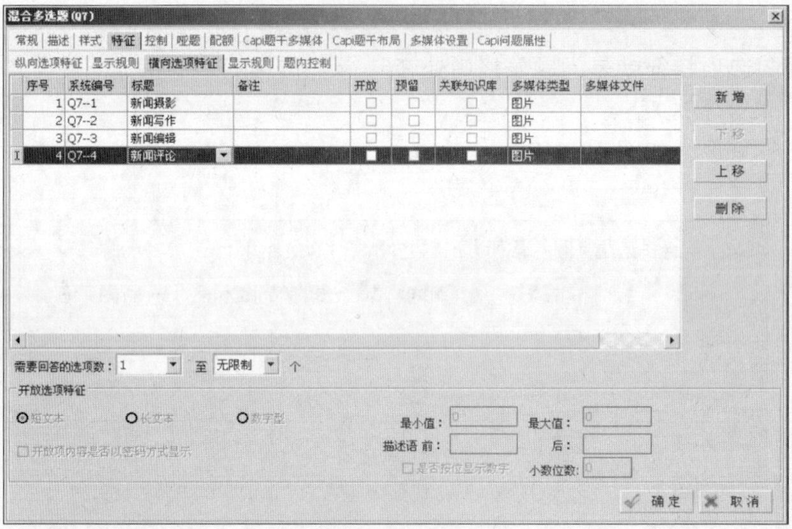

图 4－165

8. 单选表格题

答卷呈现，如图4－166。

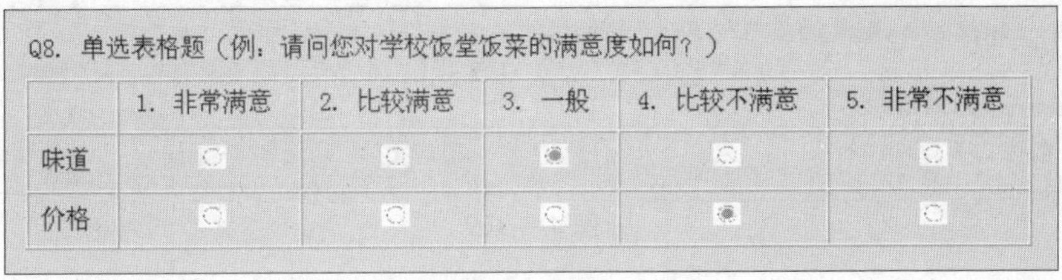

图4－ 166

问题特征设置，如图4－167。

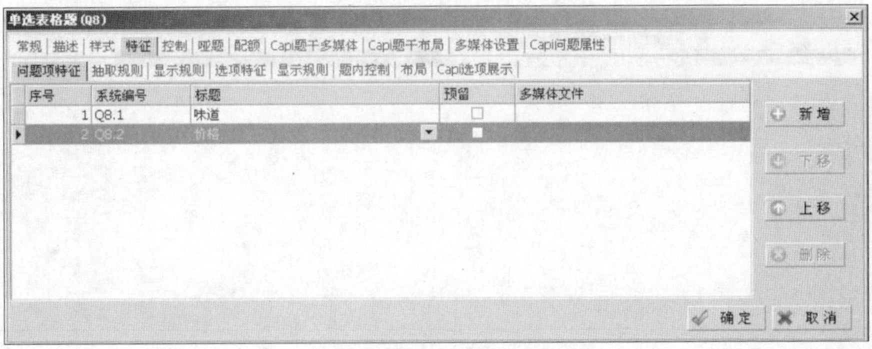

图4－ 167

选项特征设置，如图4－168。

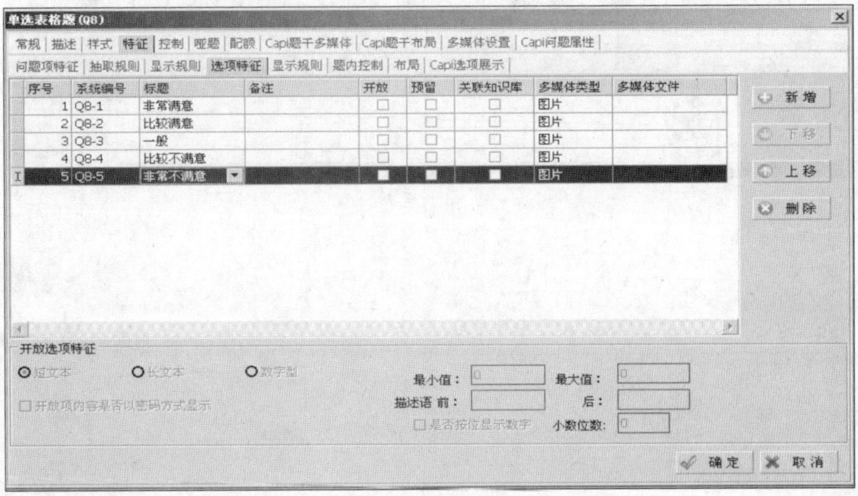

图4－ 168

9. 多选表格题

答卷呈现，如图 4－169。

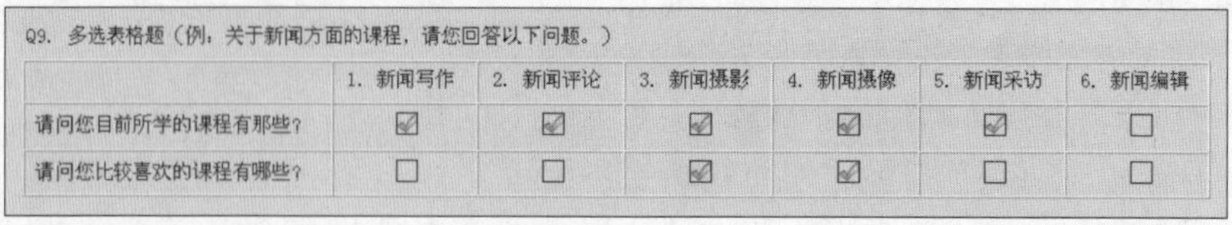

图 4－169

问题项特征设置，如图 4－170。

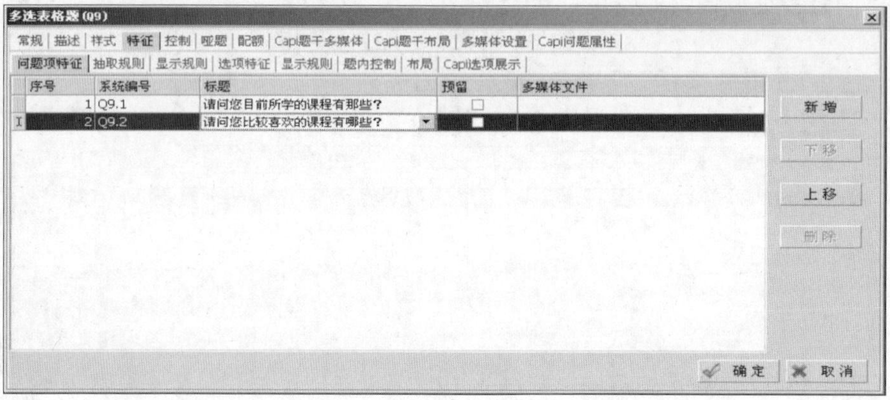

图 4－170

选项特征设置，如图 4－171。

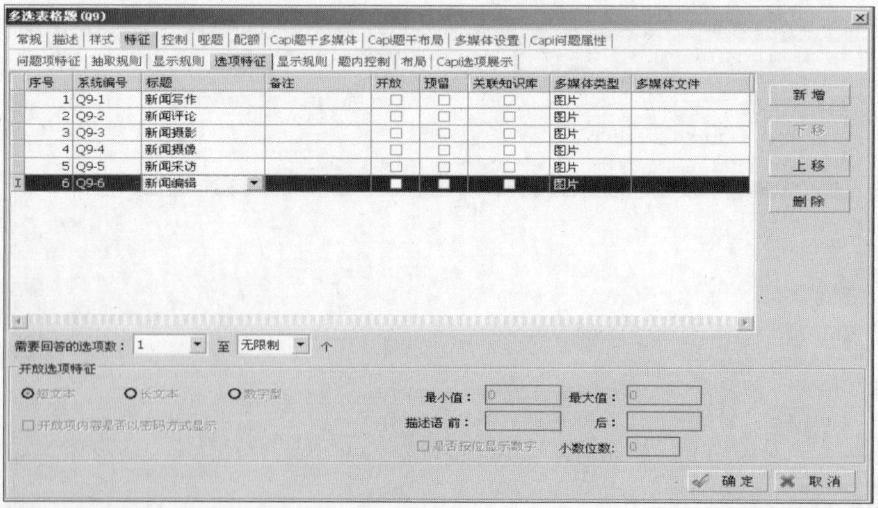

图 4－171

10. 问答表格题

答卷呈现，如图 4－172。

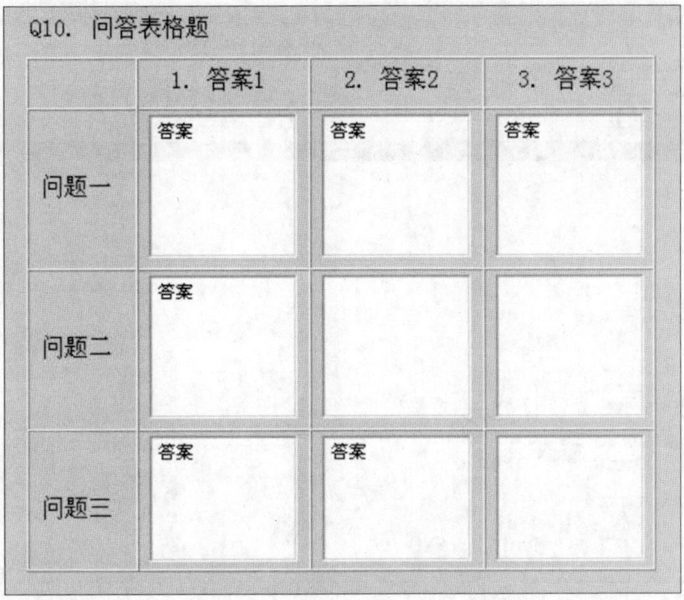

图 4－ 172

问答表格题就好像是把多个问答题放在了一个表格中，只是这些问答题的答案至少要有两个。上图中的空白方框就是填写答案之处。

问题项特征设置，如图 4－173。

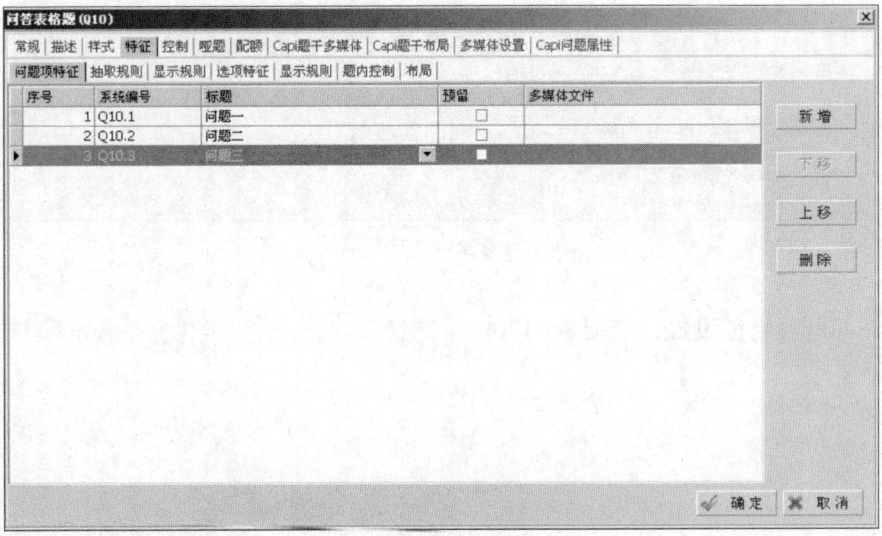

图 4－ 173

选项特征设置，如图4－174。

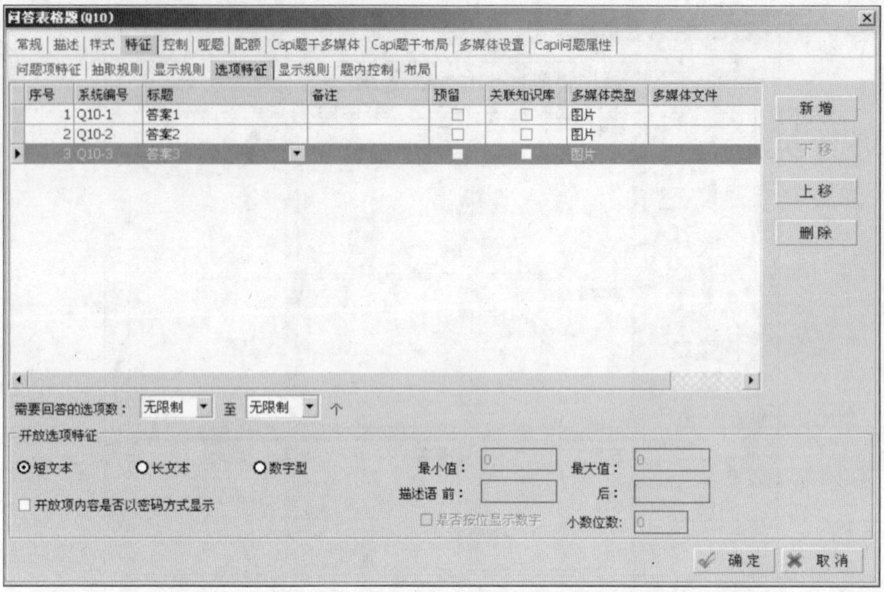

图4－174

11．排序题

答卷呈现，如图4－175。

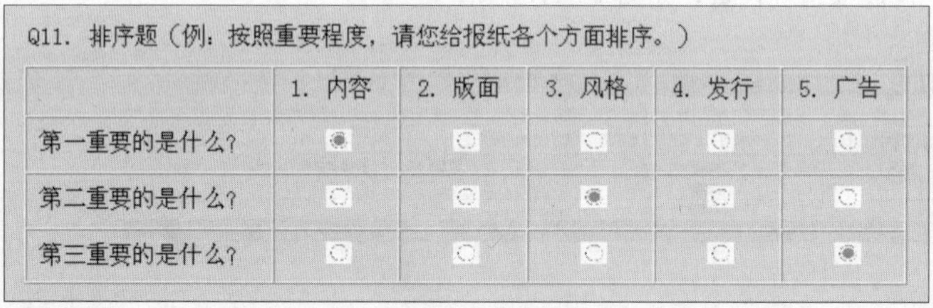

图4－175

问题项特征设置，如图4－176。

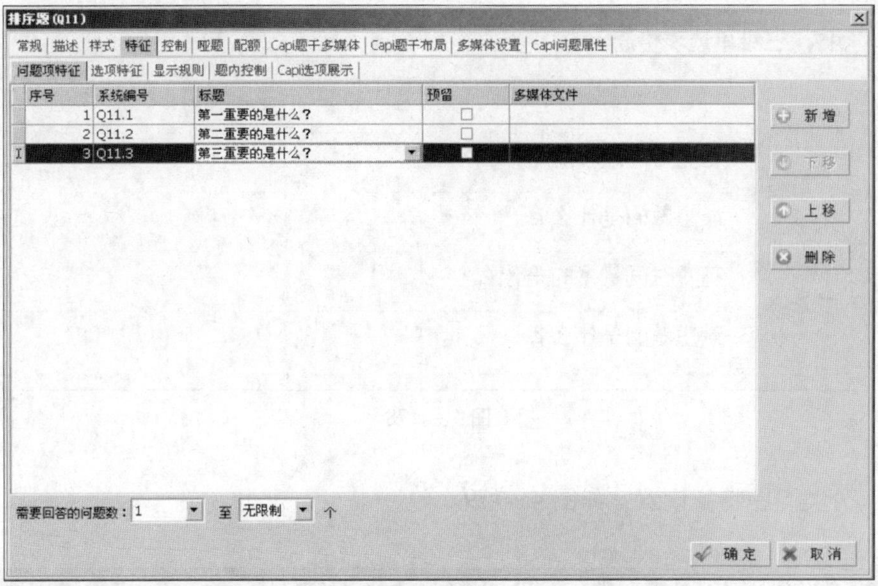

图4－176

选项特征设置，如图4－177。

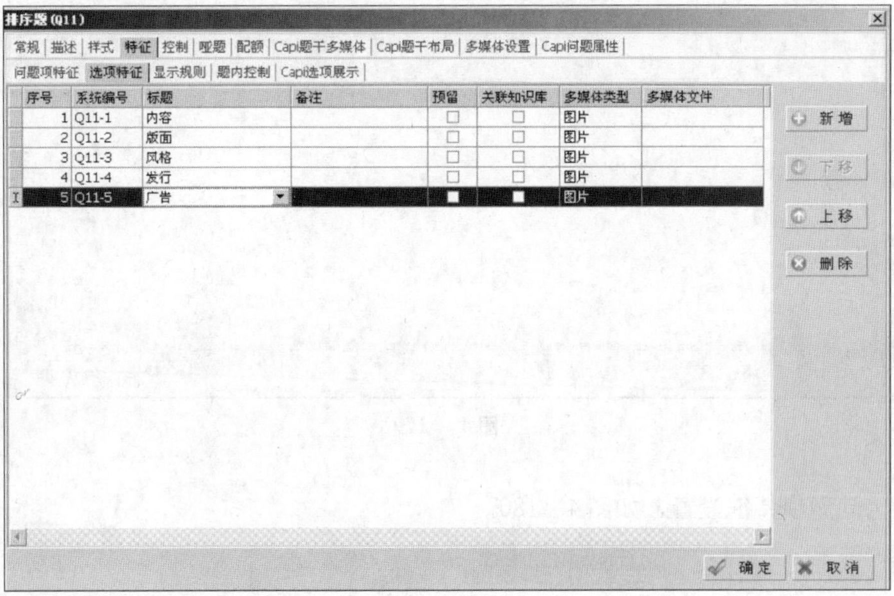

图4－177

12. 三维单选表格题

答卷呈现，如图4－178。

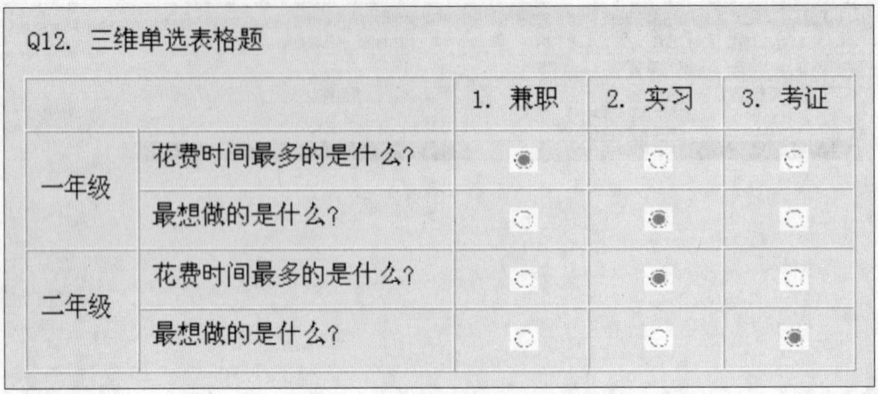

图 4 - 178

分类问题特征设置，如图 4 - 179。

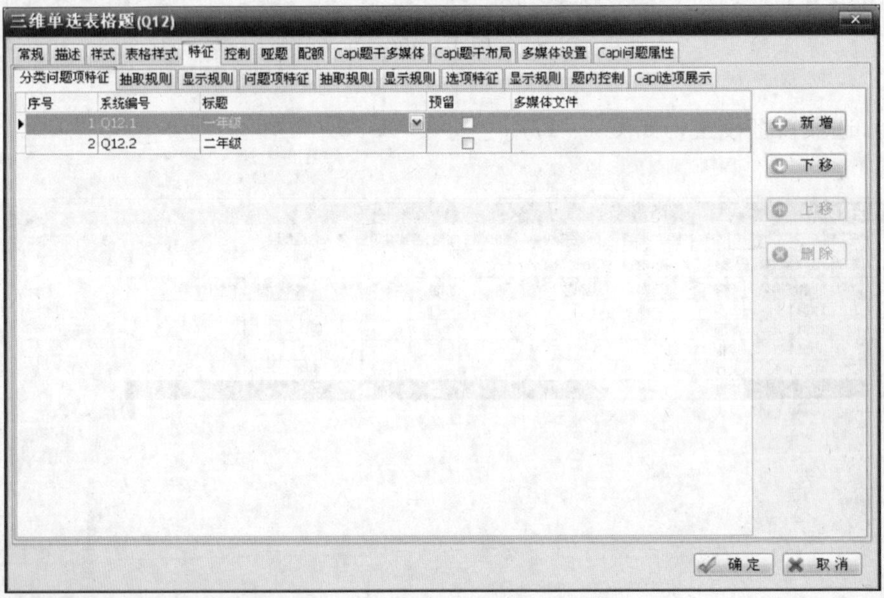

图 4 - 179

问题项特征设置，如图 4 - 180。

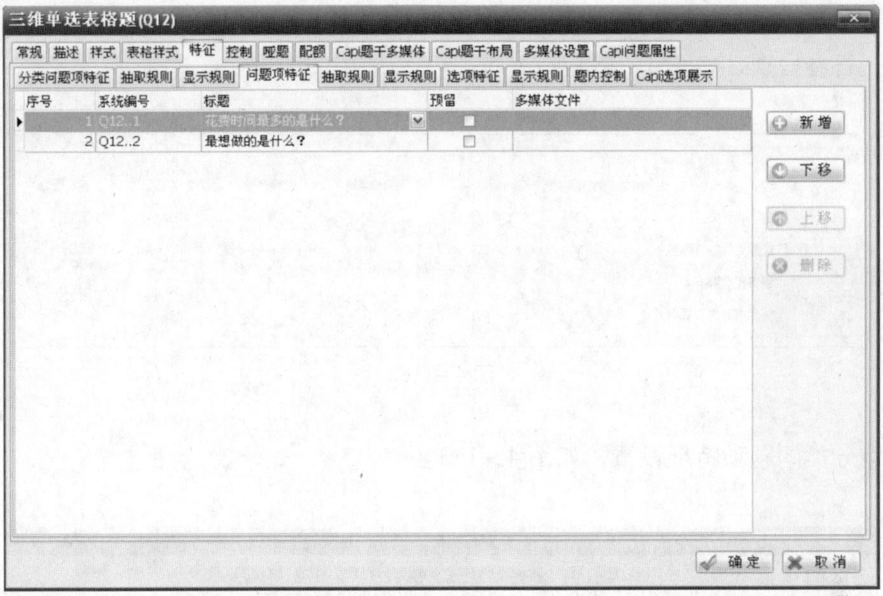

图 4 - 180

选项特征设置，如图 4 - 181。

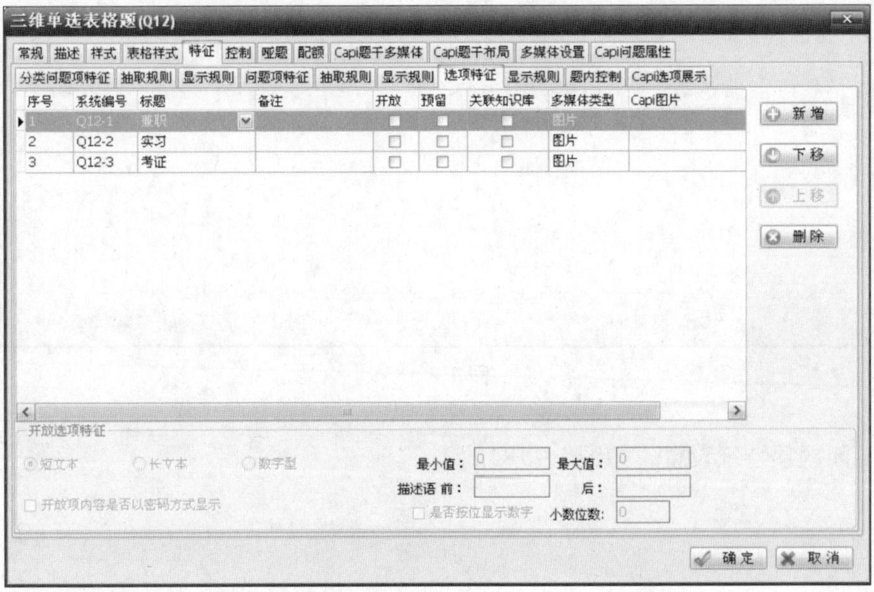

图 4 - 181

三维单选表格题中每个分类里的问题都是一样的，每个问题中设置的选项又是一样的。

13. 三维多选表格题

答卷呈现，如图 4－182。

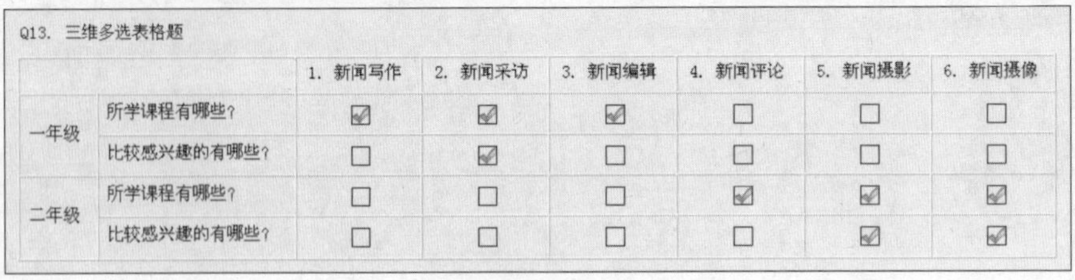
Q13. 三维多选表格题

		1. 新闻写作	2. 新闻采访	3. 新闻编辑	4. 新闻评论	5. 新闻摄影	6. 新闻摄像
一年级	所学课程有哪些?	☑	☑	☑	☐	☐	☐
	比较感兴趣的有哪些?	☐	☑	☐	☐	☐	☐
二年级	所学课程有哪些?	☐	☐	☐	☑	☑	☑
	比较感兴趣的有哪些?	☐	☐	☐	☐	☑	☑

图 4－182

分类问题项特征设置，如图 4－183。

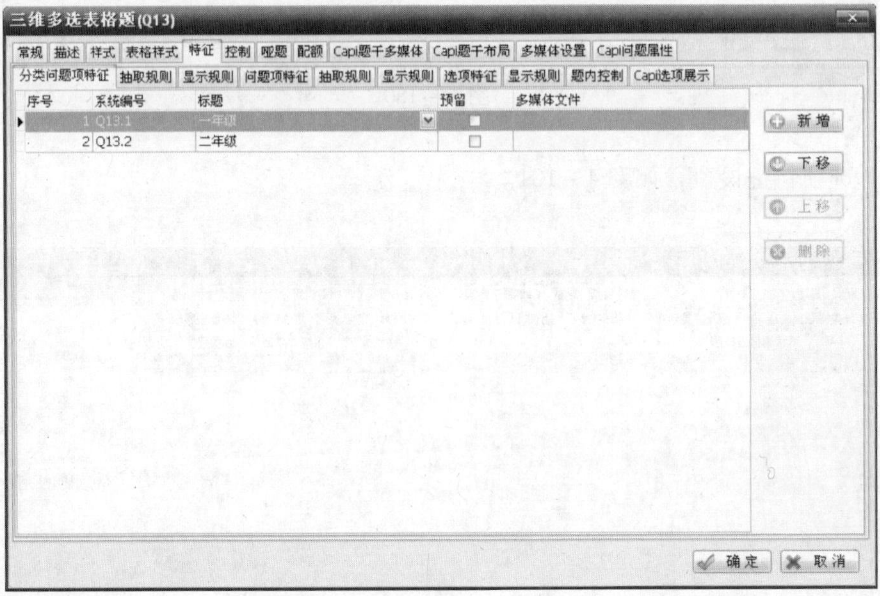

图 4－183

问题项特征设置，如图 4－184。

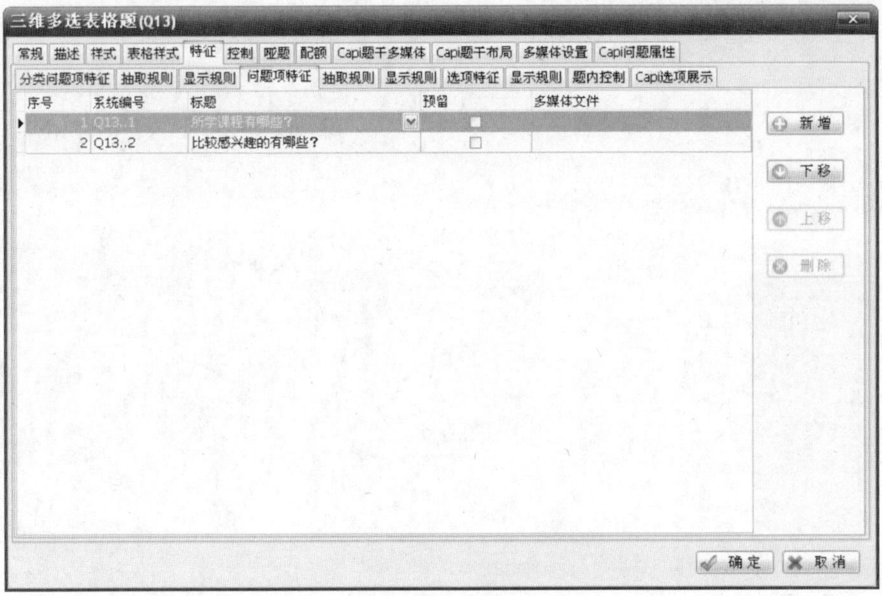

图 4 - 184

选项特征设置，如图 4－185。

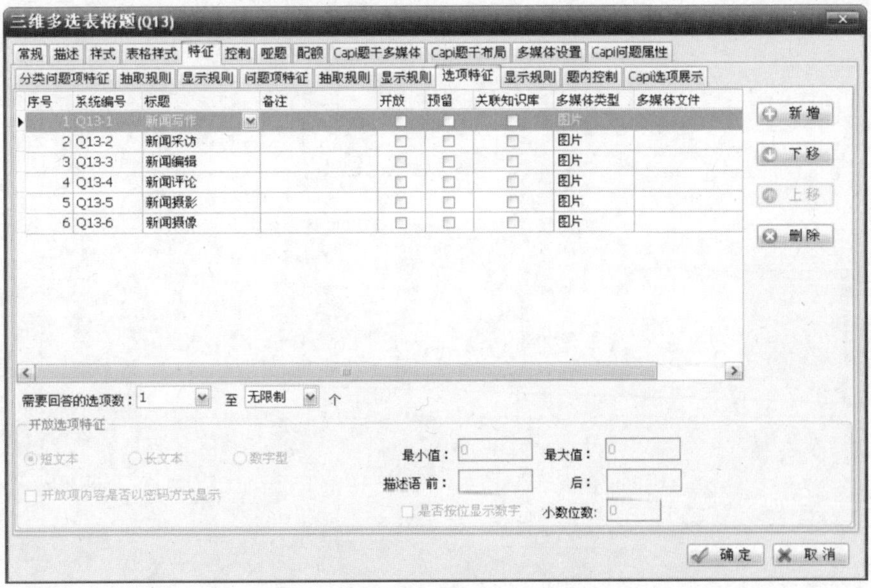

图 4 - 185

三维多选表格题与三维单选表格题的区别就如同多选题和单选题的区别。

第五章　CATI 项目的执行

第一节　访员管理

访员是整个项目中执行的一环，他们的主要工作流程如下：“参加培训”→“模拟、上机试访及小结”→“正式调查”。把抽取的电话样本一个个拨打出去，直接跟被访者沟通，提出问卷中的问题。所以，在项目执行阶段，访员的管理工作需要重视。这部分工作主要包括调查指导的撰写、访员的培训、访员的工作安排三个方面。

一、撰写调查指导

撰写调查指导是为了给调查实施者一个参考说明，以便实施者更好地理解问卷，及时处理好调查中出现的问题。撰写者通常是问卷的设计者，其内容一般包括问卷说明、调查提示、应急策略、提问技巧等。当然，也并不局限于这些，撰写者认为有必要说明的内容都可以写进去。调查指导的撰写格式并不固定，撰写者只要把想要说明的内容交代清楚即可。下面简单介绍一下通常会涉及的内容。

1. 问卷说明

为了让访员对问卷有更加深入的了解，问卷设计者会在调查指导中对问卷进行更进一步的说明。例如某些问题的设置目的、一些问题的正确选项、开放题可能会收到的回答等。有时候策划者想对比较感兴趣的被访者增加问题，也可在调查指导中写明。

2. 调查提示

有经验的设计者对调查过程中可能出现的问题也有一个预估。例如对有些问题，被访者可能会含糊其辞或提出其他问题；有些被访者不愿意提供个人资料；还有的被访者会过分热心地聊个不停等等，这些可以预料到的问题及其应对方法，都有必要在调查指导中有所交代。

3. 应急策略

应急策略是对突发事件的紧急处理。这种情况一般包括问卷临时的改动、系统突发故障、样本抽取出错等。应对措施需要在实际操作中慢慢积累。

4. 提问技巧

如果是缺乏经验的访员，还有必要跟他们交代一些访问技巧。一般来讲，电话访问要完全口语化，要具有亲和性，就像平时聊天一样，语调亲切而稳重，不能太刻板。语调的恰当与否，将直接影响到调查的效果。另外，在被访者显出不耐烦的情况下要适当安抚，例如告诉他问卷即将结束。有时访问者还需要适当聊一些题外话以保持被访者的谈话兴趣。在使用方言的地区调查，还要考虑访员的方言运用能力。

二、访员培训

访员培训是在正式调查前必须进行的工作，主要是让访员熟悉问卷，学习调查指导中的相关内容，熟悉系统操作。如果没有调查指导，相关人员在培训时作出口头讲解也可以。访问终端的操作在本章第二部分将有详细介绍。

三、访员工作安排

为了保证正式调查顺利有序地进行，负责项目执行的工作人员还要在访问开始之前做好访员的工作安排，例如访员工号分配、工作时间安排、工作量计算、劳务费结算等。

小贴士

1. 业界的访员管理

为了确保访问的质量，专业的调查公司通常会制定系列的管理制度，使访员的访问调查标准化。“标准化”能有效地在工作流程中约束访员的工作行为，提高调查效率。例如下文的《CATI 室管理条例》。

CATI 室管理条例

(1) 在有 CATI 项目执行的时间里，CATI 室内至少会保证有一位专职督导进行监督、控制和指导，如果没有专职督导，也会由一名优秀的兼职督导来代替专职督导进行监控，并起到带头作用。

(2) 所有非 CATI 部门的项目督导需要使用 CATI 室内的设备和线路时，要在 CATI 部门经理那里登记使用的坐席号码和使用时间，没有经过登记的访员是不能进入 CATI 室内。

(3) 和项目无关的访员不得擅自进入 CATI 室，更不允许在无督导指导下进行 CATI 电脑操作，若需等候访员或督导，则在培训室或其他指定会议室等候。CATI 访员也不得随意进入办公区域，如果督导不在 CATI 室，有事找督导请前台转告。

(4) CATI访员进入CATI室内，需要保管好自己的财物。如果遇到出外就餐或者其他事宜需要暂时离开时，请把随身携带的物品交由督导存放，否则如发生遗失状况，公司将不予负责。

(5) 访员在CATI室内喝水时请注意不要把桌面、电脑键盘和地毯等弄湿，要保持环境卫生，不要使设备有损伤。考虑到访员饮用工具的问题，请所有的访员自备有盖子的水杯，每天自己携带或者由督导存放在CATI室内的监控室里。

(6) 在CATI室内禁止大声喧哗，禁止吃食品。午饭时间（12：00～13：00）或晚饭时间（17：30～18：00），需离开CATI室就餐。在此时间段之外用餐，需要向督导说明情况才可。

(7) 周一至周五每天中午12点～下午1点，统一由督导提醒IT人员将交换机关闭一小时，一方面可以让服务器的承载量有所调整，另一方面也可以防止兼职人员利用午休时间拨打私人电话。周六和周日的中午12点～下午1点全部访员必须离开CATI室，并由项目督导锁上CATI室的门。

(8) 中午休息时间（12～13点），在CATI室工作的访员可以在CATI室内进行休息，但不得随意摆弄房间里的设备，也不得随意进入督导工作区域。尽量不要把访问约在中午休息时间，因为电话由于交换机的关闭是拨不出去的。如果遇到特殊情况，则告知项目督导，在项目督导的安排监控下完成访问。

(9) 任何在CATI室内进行电话访问项目的访员未经督导允许，不得拨打任何与项目无关的电话，一经专职督导或兼职督导发现，第一次将警告，第二次将不允许进入CATI室，并交由访员管理部严肃处理。

(10) CATI访员必须在专职督导或兼职督导的指导下才能开机，执行CATI项目，不得擅自开关机，更不允许随意破坏正常的开关机流程，恶意损坏的将照价赔偿，并交由兼职人员管理部门做开除处理。

(11) 每次CATI访问执行前，访员都必须检查相关设备（耳麦、键盘、鼠标等等），如设备有遗漏或发生故障需要及时向项目督导提出，否则视作人为损坏处理，照价赔偿，若有遗失，同样照价赔偿。

(12) 访员在CATI室内进行访问的过程中，请尽量将随身携带的手机关闭或者放在自己携带的包中，请勿搁置电脑旁，以免造成信号干扰，影响访问质量而导致项目成功率降低。

(13) 专职督导或兼职督导在监控的时候需要注意访员在访问过程中的音量控制，以免干扰邻座的访员而无法正常操作项目。在安排坐席的时候根据项目量来安排，尽量保持座席间的间隔。

(14) 如果访问中途碰到项目问题或者设备问题需举手示意，现场的专职督导或兼职督导将及时给予帮助，切勿干扰邻座访员的访问，若由于访员操作不当而导致数据遗失，该问卷则以废卷处理。

（15）当天访问结束后，必须将全部纸板文件交由督导审卷无误后方可根据正常电脑操作方法关机，并将椅子以及相关设备（如：键盘、鼠标、耳麦等）摆放整齐，在督导许可下离开 CATI 室，不可在 CATI 室逗留，并且迅速离开公司。

资料来源：上海南康科技有限公司

表 5－1　某公司访员监听表

No	日期	项目	工号	电话号码	状态	错误记录 20	废单 20	执行效率 20	业务知识 20	业务规范 10	职业守则 10	总分数	备注
1												0	
2												0	
3												0	
4												0	
5												0	
6												0	
7												0	
8												0	
9												0	
10												0	
11												0	
12												0	
13												0	
14												0	
15												0	

错误记录录音编号
错误记录问卷打分情况

是否有不可修改的错误导致该样本作废

是否按时按量完成工作

个人原因导致录音质量
打分公正公平无偏差

有效执行业务规范

严守信用，不私自保留客户资料，不在工作期间做工作以外的事情。

资料来源：上海南康科技有限公司

2. 访问技巧与调查伦理

另一方面，某些调研公司为了访问成功，会对访员如何开展调查进行话语技巧方面的培训，如下面这份某公司提供的《访问员电话访问技巧》培训材料。从这份培训书中可以看出，目前电话调查业界存在个别为取得被访者的同意，刻意欺瞒被访者的现象。在 CATI 中，利益与诚信的矛盾如何才能更好地化解？这是一个值得深思的问题。

（某公司）访问员电话访问技巧

一、开场白

1. 您好，我是×××公司的访问员，我叫×××，请问行政部（IT部或者办公室）的负责人在吗？

2. 您好，我们受一家通信公司的委托，想知道一个企业的通信需求，请问负责人在吗？

3. 您好，请转一下行政部（IT部、办公室），我找这个部门的负责人。

4. 您好，我找×××（针对有联系人的名单）。

●（如果找到了）您好，我们受一家通信公司的委托，想知道企业的通信需求，想和您谈几分钟。

●（如果说没此人）那么请问贵公司负责通信方面的负责人是谁呢？

●（如果说没此人）我以前和他联系过有关通信方面的事情的，那么现在负责这方面的人是谁呢？

●（如果这个人暂时不在）请问他什么时候回来？

●（如果很长时间才回来）您这是哪个部门？

●（如果很长时间才回来）他介绍我来找你们通信方面的负责人谈一谈，请问谁负责呢？

5.（针对学校）您好，我是这个学校的校友或以前的学生，我们现在正在做一个项目，想了解母校在通信方面的一些发展和规划，请帮忙转负责人好吗？

二、电话预约问题的处理

1.“负责人不在”或者“休假了”或者“出差了”

●那请问他们什么时候回来呢？（如果在访问期限内）那好，我等他回来后再打电话，请问他的分机是多少，姓什么？下次我就直接找他好了，谢谢。

●（他出差了）如果他出差了，这一类的事情谁会临时负责呢？我想找他谈一下。谢谢了。

2.“没空”

●那请问您什么时候有空呢？我们可以在您下班后再进行访问的，只要您觉得方便的时间。

●那这样，我们邮寄一份问卷给您，您在晚上回家或有空的时候帮助填一下问卷，请问我邮寄到哪个地方比较方便呢？

●请问你们部门负责这方面的还有其他人吗？（如果有）您可以把电话转给他听吗？

3.“没有人负责”或者“没有这个部门”

●这个情况是不可能发生的，请访员再解释清楚：我指的对于固定电话或者上网，公司内部网的建设规划方面的负责人，请问是哪个部门负责的？

●那你们负责行政或者说是办公室方面的人员是谁呢？

4. 不参与此类活动或没有这方面的需要或这些与我们无关或无兴趣

●您放心，我们绝对不是推销产品，我们是一家跨国性的调研公司，我们的目的就是了解各种单位的需求，从而写出一个客观可靠的报告，我们的报告经常作为全球性的研究结果，这其中就会有您的贡献。

●我们是受一家通信公司的委托，收集一些企业的通信需求，您的意见对我们很重要。

5. “我们这个部门不是负责部门”

●那请问负责的是哪个部门呢？他的分机（电话）是多少？请问他姓什么？或者我们如何联系他？

6. “非典”、“不想面访”、“不准外来人进校”

●我们也知道这个“非典”对大家的生活影响很大（只针对有“非典”顾虑的人员），这样吧，我们把问卷邮寄给您，在您方便的时候填写，请问我们邮寄到哪个地址可以方便您接收呢？谢谢您的支持。

7. 传真机，家庭电话，电话不存在，此电话不对

●重新查114

8. 电话不是名单上的公司

●请问您的公司是……？（重新使用开场白找相应的人访问）

9. “不方便透露公司资料”

●您放心，作为一家专业的研究公司，我们绝对会尊重您的意见。我们的问卷完全不涉及企业机密问题，都是一些很普通的问题，譬如你们公司同事之间平时是用固定电话、手机还是电子邮件进行联络？这样简单的问题。如果您觉得有些答案需要保密，我们会尊重您的意见。

10. 前台拒转

●虚拟一个姓名：您好，请帮我转一下××部的×先生。

●我这里是长途，能不能快一点帮我转××小姐。

资料来源：上海南康科技有限公司

第二节　访员终端的操作

访员终端是访员在正式访问时所使用的计算机，访员通过这个计算机终端拨打样本电话，填写问卷，与管理台进行信息沟通等操作。

一、登录界面操作

在介绍访员界面的操作之前，我们先来演示一下访员界面的登录过程。

▼ 在终端计算机的桌面上找到“访员签入”图标，如图5－1。

图5－1

▼ 双击这个图标，进入登录框，如图5－2。

图5－2

"登录账号"就是访员的工号，每一个访员都对应一个工号，不能重复，有的电访机构访员相对稳定，访员的工号是固定的，也有的是在执行项目时临时安排访员的工号。在登录时访员要输入自己的工号，如果重复登录，已登录的工号会被强制关闭。"登录密码"是系统安装时设好的，输入账号后输入密码，"所属公司"默认是系统所属的单位。

▼ 输入完成后单击"确定"，就进入下一个登录界面，如图5－3。

图5－3

由于上一个登录框中已经输入账号，这里的工号已经默认填写。组类别和访员组一般默认就是呼出组和普通外呼组，这些在立项阶段已经作好设置，这里不用再做选择。项目是通过下拉按钮来选择的，同时间可以操作的项目都会在备选框中。

▼ 单击项目中的下拉按钮，如图5－4。

图5－4

▼ 在备选项目中选择访员所要执行的项目，如图5－5。

图5－5

分机号和访问终端的计算机是一一对应的，只能输入终端电话的分机号码。输入完成后单击“确定”，就进入了访员实施访问的界面。接下来介绍访员界面的操作。

二、访员界面操作

主要操作导航：

1. 拨出→下一步→问卷结束（成功的样本）
2. 拨出→挂断→取消→确定（不成功的样本）

▼ 访员登录后就进入访员界面，如图5－6。

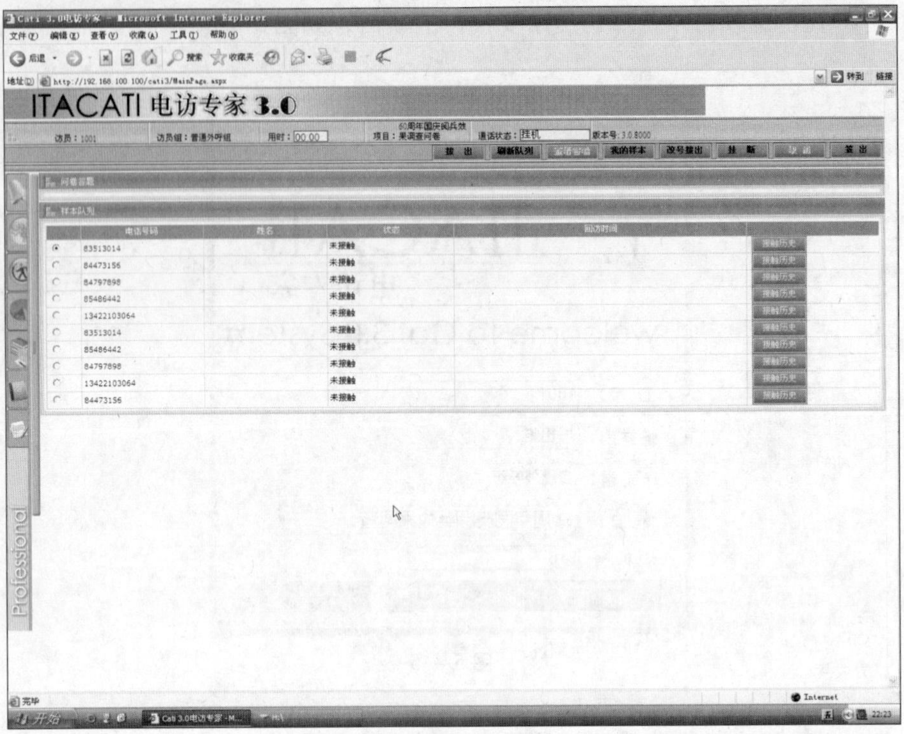

图5－6

界面的最上端是一个状态栏，里边有“访员”、“访员组”、“用时”、“项目”、“通话状态”、“样本号的展示”等选项。紧挨着的下面一栏是工具栏，有“拨出”、“刷新队列”、“查看答卷”、“改号拨出”等按钮。再往下是两个显示框，位于上面的是“问卷答题”框，下面的是“样本队列”框。现在“问卷答题”框还没有内容，是因为还没有电话拨出。样本队列中会列出一些样本电话，访员可以按顺序拨打，也可以在队列中任意选择。界面的左端还有一些工具按钮，可以进行样本展示、样本修改、查看历史消息、访问统计等。本部分将主要介绍基本的访问操作，左边这些工具不是必需的操作而且也不常用，在这里就不再介绍了。

接下来我们演示一下具体的访问操作。

▼ 单击“拨出”按钮，拨出一个样本电话，如图5－7。

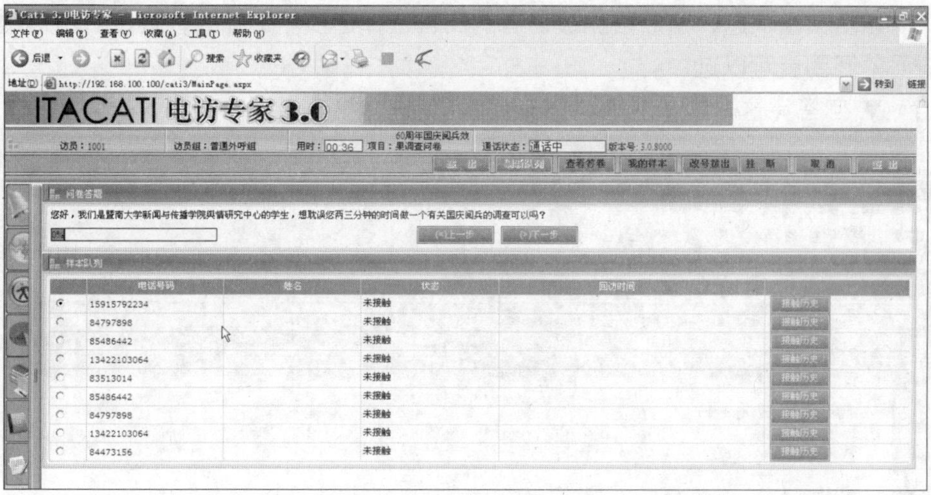

图5－7

电话拨出后，“样本状态”中会显示“拨号中”、“回铃”、“通话中”等状态，现在显示的是“通话中”状态。电话拨通后，如上图所示，问卷答题显示框中会出现问卷的欢迎语。访员读出欢迎语，征得被访者同意后就可以单击“下一步”继续答题。如果不同意，可以单击“挂断”按钮，取消通话。

▼我们先假设被访者接受访问，那就单击“下一步”，继续答题，如图5－8。

图5－8

访员读出问题，然后根据被访者的回答选择选项。选择时，直接点击选项前面的圆圈就可以选中。

▼ 回答完这一题就继续“下一步”，就进入下一道题，如图5－9。

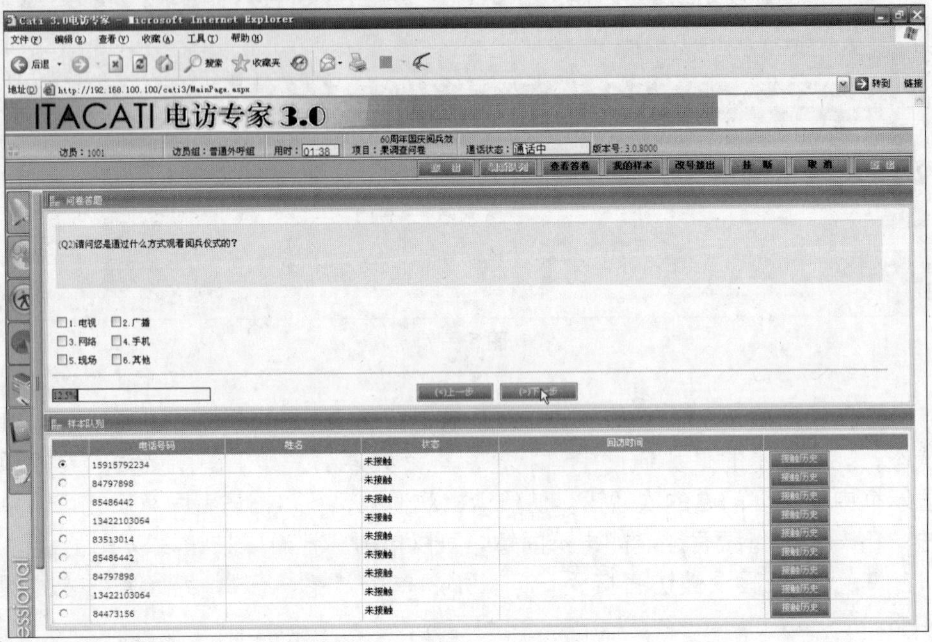

图5－9

▼ 以此类推，直至问卷结束，即出现问卷的结束语，如图5－10。

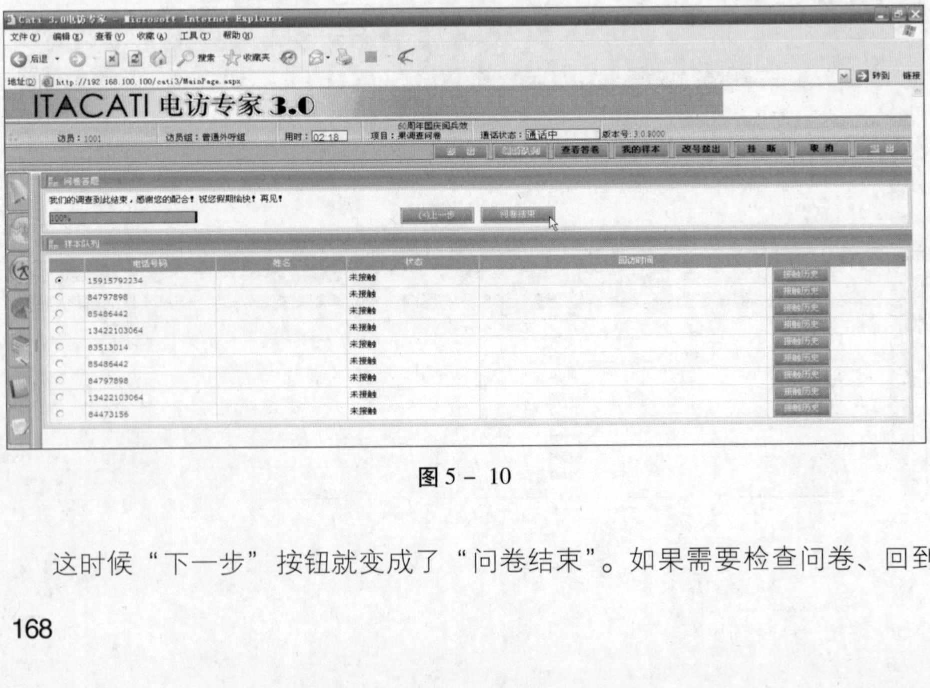

图5－10

这时候“下一步”按钮就变成了“问卷结束”。如果需要检查问卷、回到开放问题或者开放选项补充填写内容，就通过单击“上一步”实现。如果没有问题，就单击“问卷结束”结束问卷。单击“问卷结束”之后，电话会自动挂断，并回到最初的访问界面。无需再次单击“挂断”按钮，也不用单击“取消”按钮标注状态，直接可以拨打下一个电话。

▼ 接下来让我们回到已经拨打出电话的访问界面，假设被访者没有同意，单击“挂断”按钮，如图5－11。

图5－11

挂断之后，并不能直接拨打下一个电话，而应该先单击“取消”按钮，标注一下这个已接触样本的状态，然后才可以继续拨打下一个电话。如果电话没有接通，例如空号、占线等情况，也是这样的操作，先单击“挂断”，然后单击“取消”标注状态。

▼ 单击“取消”，如图5－12。

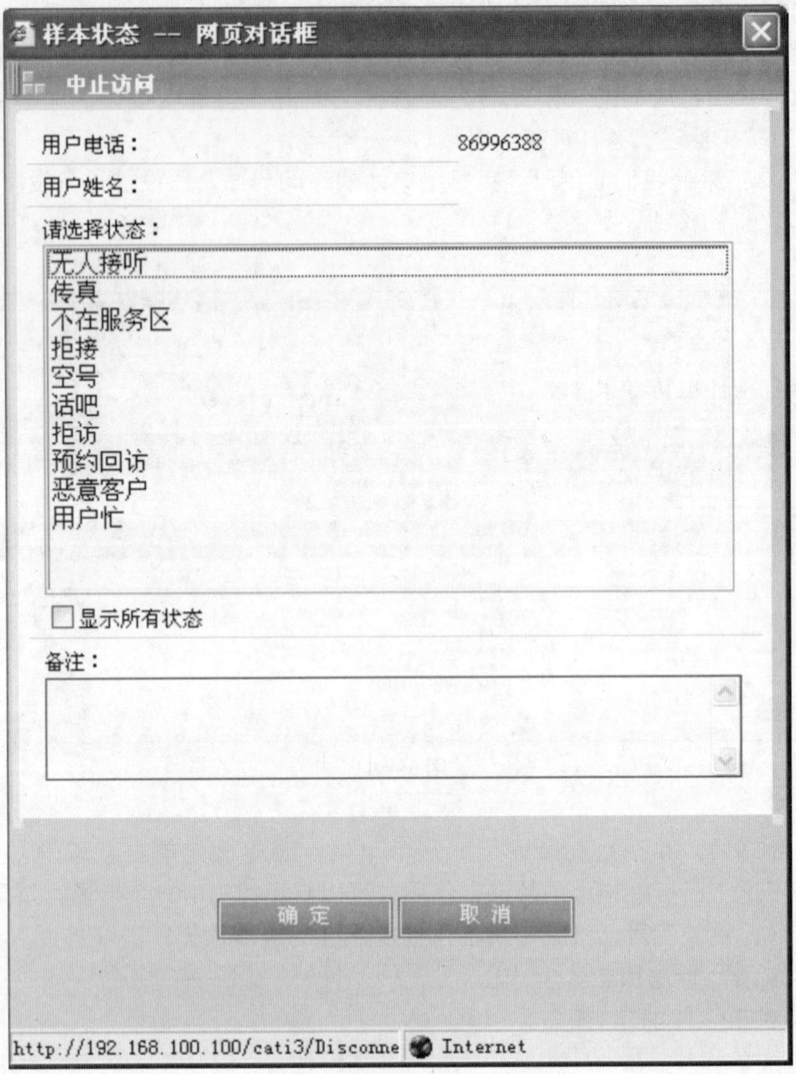

图 5 – 12

在“请选择状态”下的备选状态中选择一个符合的样本状态，如果找不到对应的状态，可以勾选显示框下方的“显示所有状态”，把所有的样本状态都显示出来。备注可以不填，然后单击“确定”，便可回到访员的访问界面。

需要注意的是，“预约回访”状态的操作与其他的状态略有不同，多出一个回访信息的设置，演示如下：

▼ 选择“预约回访”状态，会进入如图 5 – 13 所示对话框。

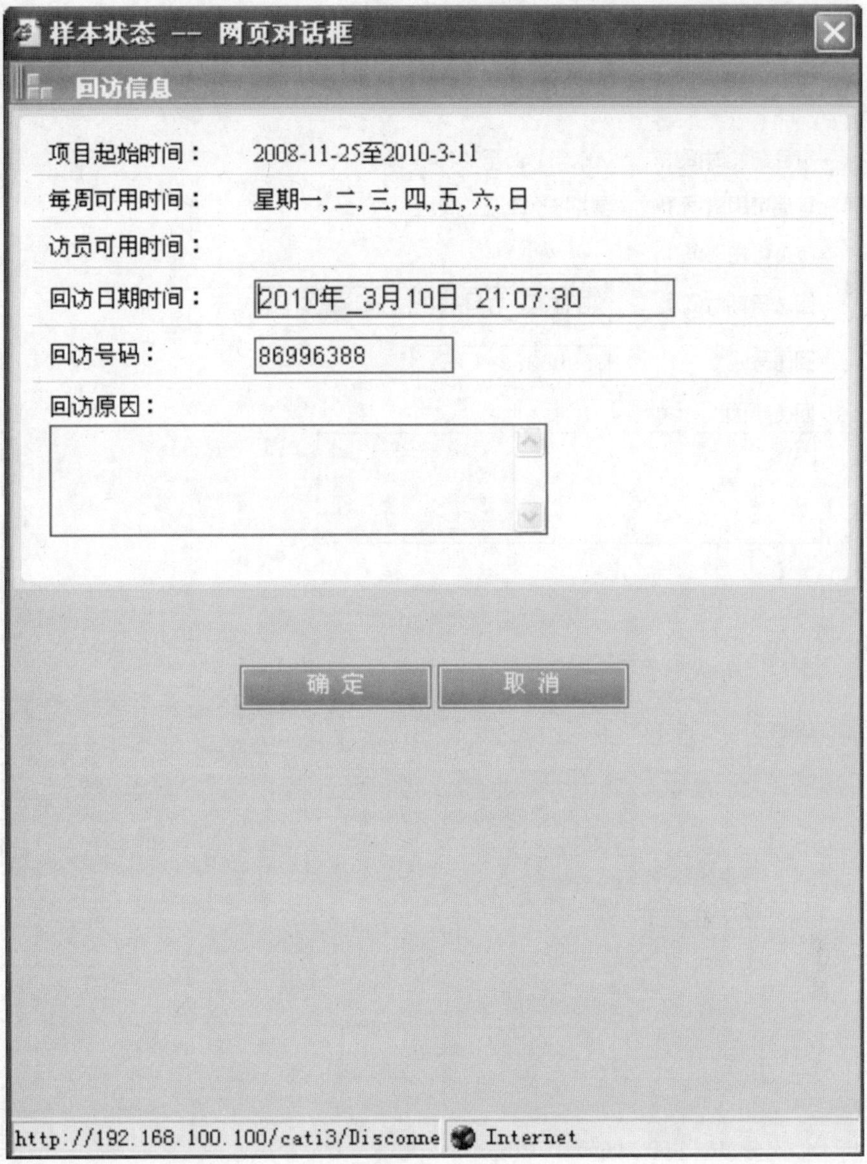

图 5 － 13

这里需要修改回访日期时间、回访号码、回访原因。

▼ 在回访日期时间里选择所要修改的部分，如图 5 －14。

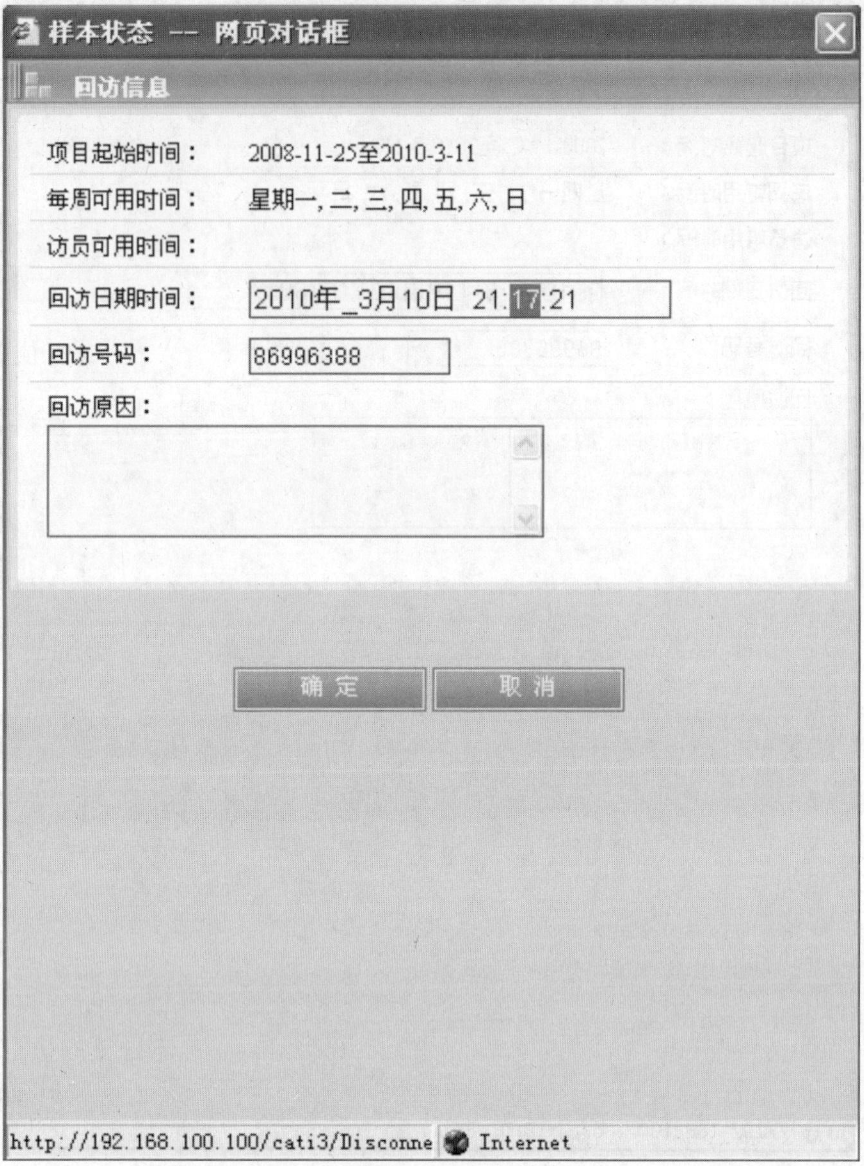

图5－14

选中之后，直接输入新的时间即可。

小贴士

在访问中，还会出现一种“改号拨出”的情况。有些热心的被访者在接通电话后，因为抽取的样本电话不方便，要求拨打其提供的其他号码。这时候，访员应该按照前文所讲，首先挂断电话，然后单击“取消”选择样本状态。因为没有“改号拨出”的状态，访员可以选择拒访。选择状态后单击“确定”回到访问界面。在访问界面的操作栏上单击“改号拨出”，会出现如

图 5－15 所示对话框。

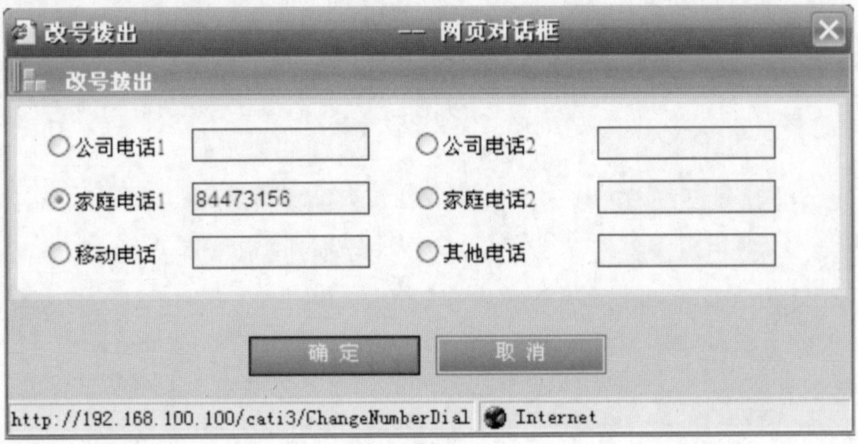

图 5－15

在出现的对话框中选择“其他电话”，然后输入所要拨打的电话号码，单击“确定”按钮，电话就会自动拨打出去。接下来的操作与上面相同。

访员在离开访问界面时，为了避免数据丢失，不要直接单击界面最右上角的关闭按钮，而应该单击界面操作栏最后的“签出”按钮，然后再关闭窗口。

第六章　数据统计与导出

正式调查结束之后就进入数据统计和导出环节。一份完整的调查通常包含单选题、多选题、多选排序题、排序题、表格题、开放式问答题等十几种题型，其中封闭式题型在系统中设计完成之后编码也基本完成，但开放题的统计却必须根据研究目的和方案设计先对其进行分类和编码。

在ITACATI系统中，我们不但可以将访问数据导出，保存成其他软件兼容的格式，以作深入的、更为复杂的分析，例如Excel格式、SPSS格式或Quantum格式，这部分功能在系统的“答卷管理”模块实现；也可以直接在ITACATI系统中进行简单实用的数据统计，例如单题描述性统计、交叉统计、分类统计，以便快速呈现出调查结果，这部分在系统的“统计报表”部分完成。另外，ITACATI系统也可以进行项目的话务统计、审核统计等。

下面按照项目操作的具体步骤，分几个部分逐一介绍。

第一节　答卷的查询与审核

在ITACATI系统中，已经完成的问卷，不管成功与否都被称为“答卷”。即使是成功的问卷，一般也必须经过督导或项目负责人的审核通过才是“有效答卷”。因此在进行数据分析与导出之前，必须先对答卷进行“查询”并“审核”。

查询与审核操作在系统的“答卷管理”部分完成。

一、答卷维护

主要操作导航： 进入CAI管理台→选择项目→答卷管理

▼ 进入CAI管理台（步骤详见第四章第二节）；

▼ 在CAI管理台界面选择特定项目（鼠标移动到项目名称区域，左键点击即可选择）；

▼ 右键点击，将会弹出选择菜单，选择“答卷管理”，如图6－1所示。

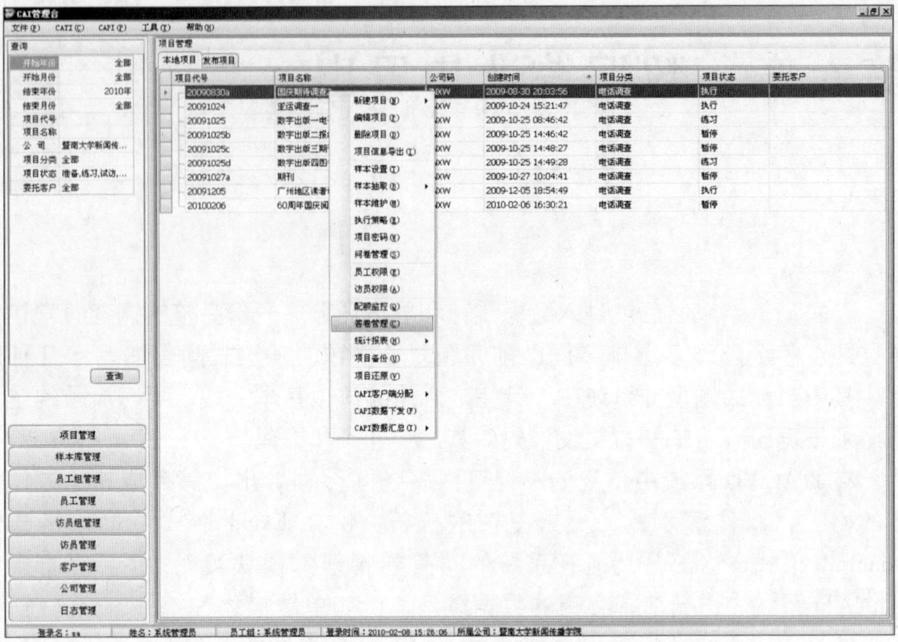

图6－1　答卷管理模块

▼ 操作完成，这样就成功进入“答卷维护”界面，如图6－2所示。

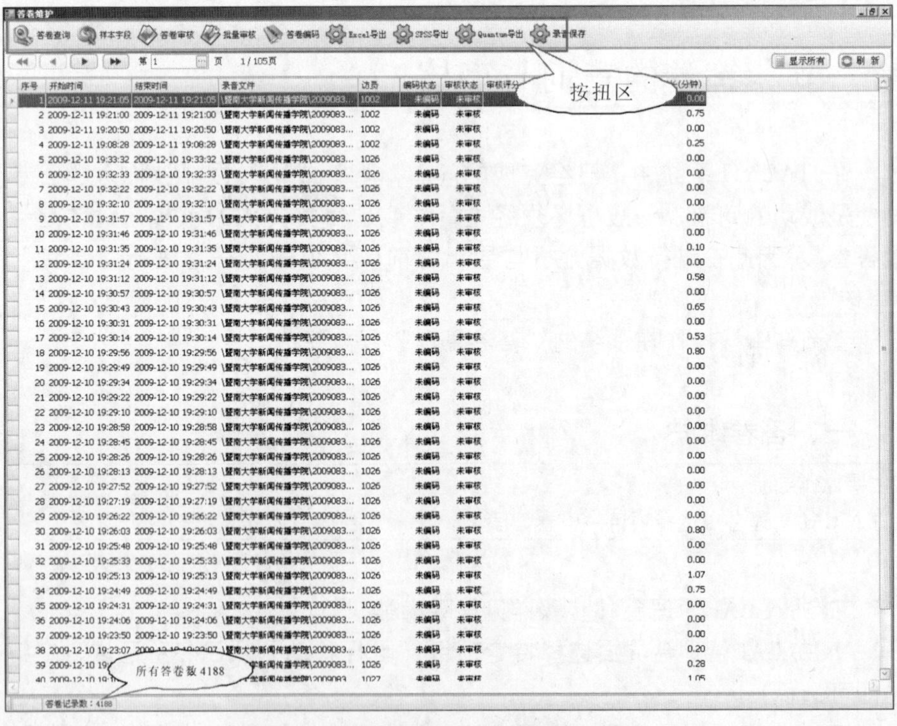

图6－2　答卷管理（答卷维护）界面

在这里，我们先介绍一下“答卷维护”界面，以便读者更为快速地学习后面的知识。

“答卷维护”上部有一排按钮，从左到右依次为“答卷查询”、“样本字段”、“答卷审核”、“批量审核”、“答卷编码”、“Excel 导出”、“SPSS 导出”、“Quantum 导出”、“录音保存”，点击相应按钮，即可进行相应的操作。界面中间部分显示所有“答卷”，显示包括答卷“序号”、“开始时间”、“结束时间”、“录音文件地址”、“访员”、“编码状态”、“审核状态”、“审核人”、“访问时长”等在内的详细答卷信息。在图 6－2 的左下角可以看到字样“答卷记录数：4 188”，即该调查共产生 4 188 份答卷，当然无效样本或未成功调查的样本的答卷也包括在其中。

二、答卷查询

答卷查询一方面可以让项目负责人知道项目的进度，同时也是导出原始数据的基础工作。

答卷查询中应用最多的操作是查询项目中所有访问成功的答卷，下面我们进行详细介绍。

主要操作导航：
答卷管理→答卷查询→样本筛选（样本条件表达式编辑）→查询

操作步骤如下：

▼ 在“答卷管理”界面，点击“答卷查询”按钮进入查询界面，如图 6－3所示。

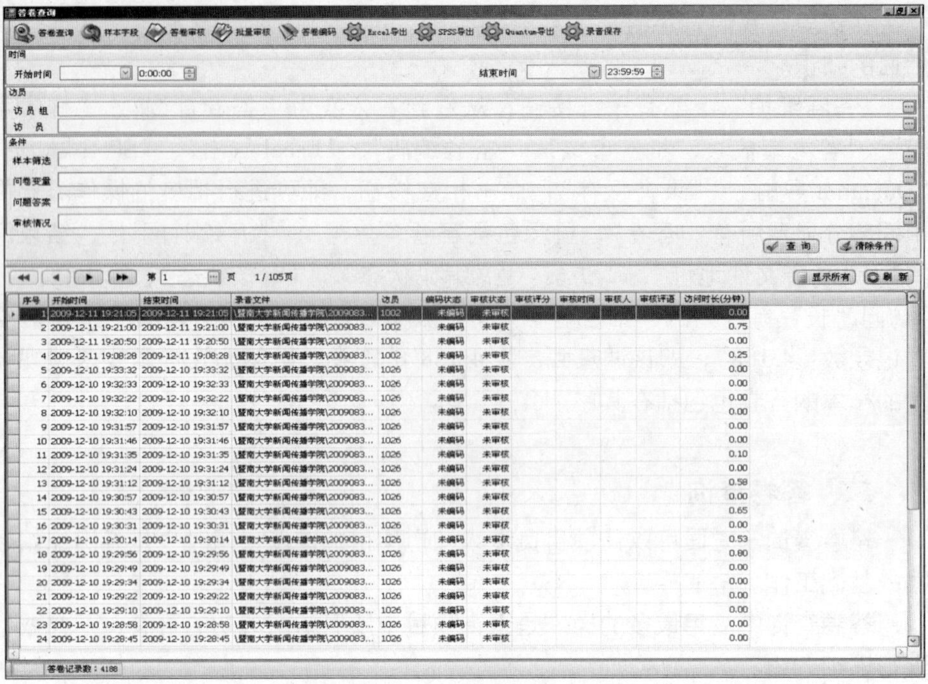

图6－3 “答卷查询”界面

在“答卷查询”中，我们可以根据不同的条件查询所需要的答卷，具体的查询条件包括访问“时间”、“访员”、“条件”（包括“样本筛选”、“问卷变量”、“问题答案”、“审核情况”等），如图6－4所示。

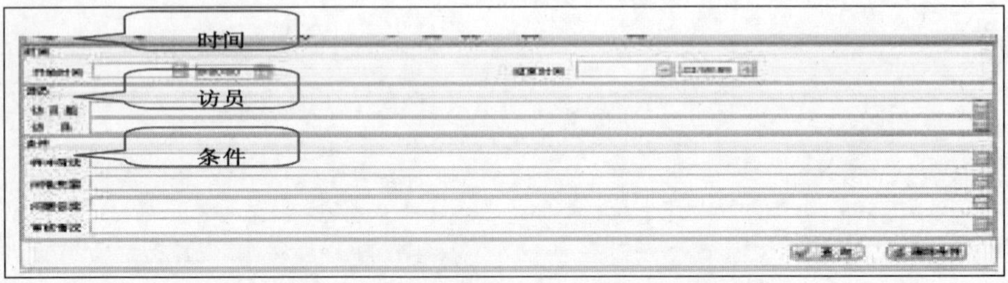

图6－4

▼ 在图6－3中，点击“样本筛选”右侧按钮，如图6－5所示。

图6－5 “答卷查询”界面

▼ 弹出“样本条件表达式编辑”窗口，如图6－6所示。

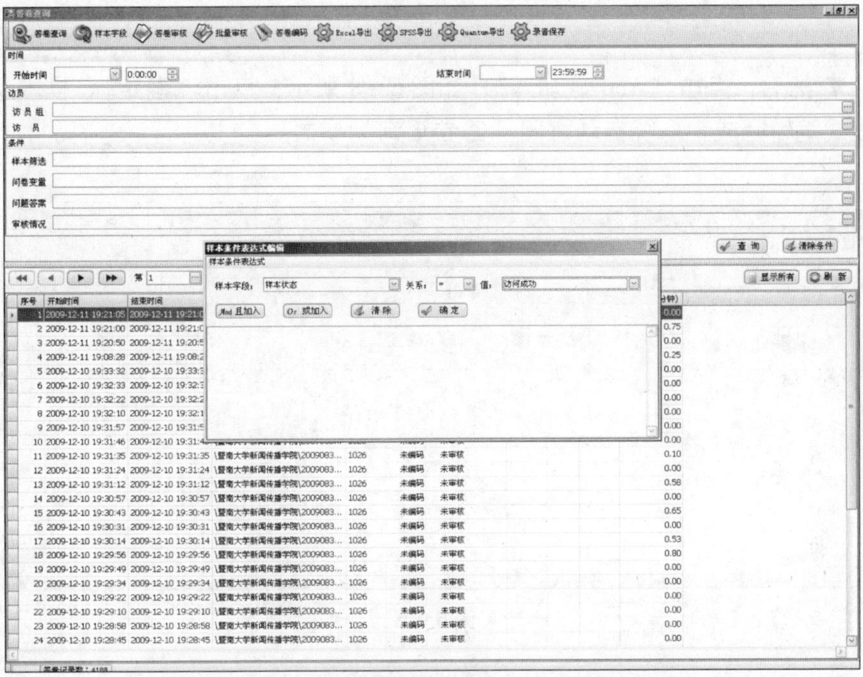

图6－6 “答卷查询”界面——输入查询条件

▼ 在“样本字段”下拉框中选择“样本状态”，“关系”下拉框中选择“＝”，“值”下拉框中选择“访问成功”，如图6－7所示。

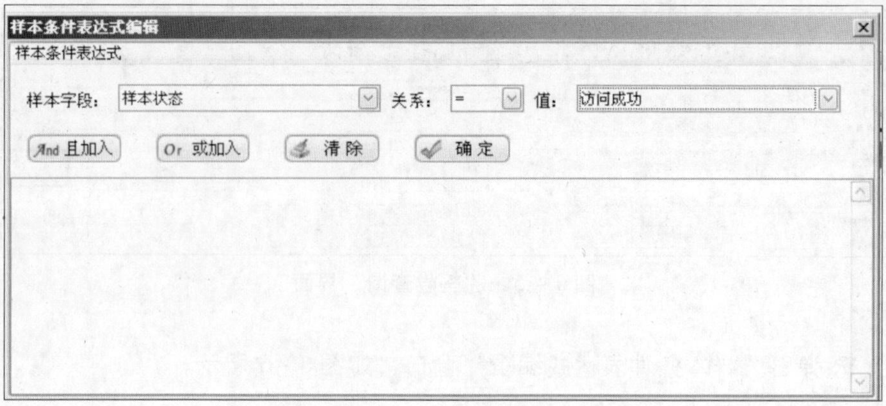

图6－7

▼ 然后，点击“And 且加入”，如图6－8 所示；点击“确定”，样本条件表达式编辑完成，系统自动跳回“答卷查询”界面。

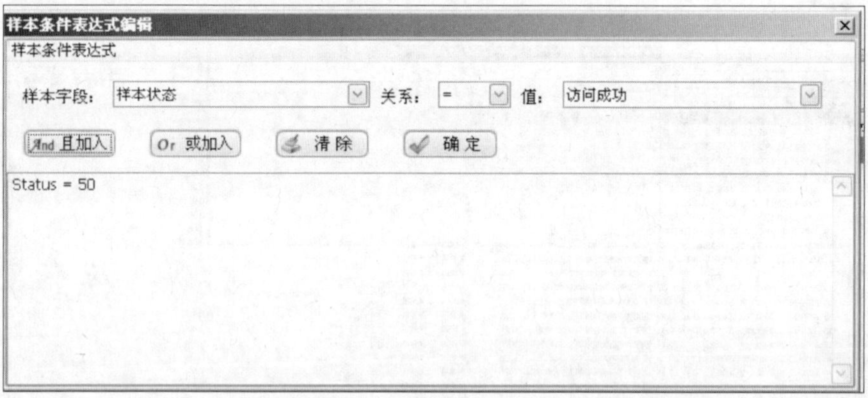

图6－8

▼ 点击“查询”，完成答卷查询操作，如图6－9 所示。

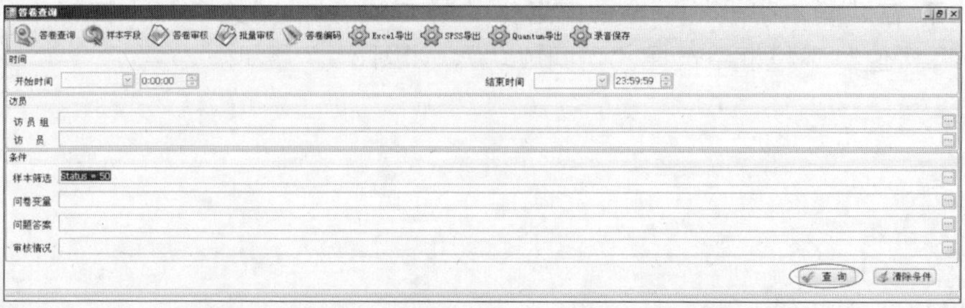

图6－9 “答卷查询”界面——输入查询条件完毕

▼ 这时，界面左下角显示“答卷记录数：304”，这就是说，本项目的成功答卷（样本）304 份已经成功筛选出来，如图 6－10 所示。

序号	开始时间	结束时间	录音文件	访员	编码状态	审核状态	审核评分	审核时间	审核人	审核评语	访问时长(分钟)
1	2009-09-14 21:37:57	2009-09-14 21:45:24	\暨南大学新闻传播学院\2009083...	1007	未编码	未审核					7.45
2	2009-09-14 21:37:51	2009-09-14 21:40:49	\暨南大学新闻传播学院\2009083...	1017	未编码	未审核					2.97
3	2009-09-14 21:37:10	2009-09-14 21:38:17	\暨南大学新闻传播学院\2009083...	1021	未编码	未审核					1.12
4	2009-09-14 21:36:49	2009-09-14 21:39:40	\暨南大学新闻传播学院\2009083...	1019	未编码	未审核					2.85
5	2009-09-14 21:34:08	2009-09-14 21:39:56	\暨南大学新闻传播学院\2009083...	1015	未编码	未审核					5.80
6	2009-09-14 21:33:09	2009-09-14 21:36:11	\暨南大学新闻传播学院\2009083...	1018	未编码	未审核					3.03
7	2009-09-14 21:33:04	2009-09-14 21:35:50	\暨南大学新闻传播学院\2009083...	1021	未编码	未审核					3.70
8	2009-09-14 21:31:32	2009-09-14 21:35:13	\暨南大学新闻传播学院\2009083...	1019	未编码	未审核					3.68
9	2009-09-14 21:31:30	2009-09-14 21:35:54	\暨南大学新闻传播学院\2009083...	1017	未编码	未审核					4.40
10	2009-09-14 21:30:44	2009-09-14 21:31:38	\暨南大学新闻传播学院\2009083...	1015	未编码	未审核					0.90
11	2009-09-14 21:30:02	2009-09-14 21:35:20	\暨南大学新闻传播学院\2009083...	1007	未编码	未审核					5.30
12	2009-09-14 21:27:03	2009-09-14 21:30:30	\暨南大学新闻传播学院\2009083...	1021	未编码	未审核					4.48
13	2009-09-14 21:25:14	2009-09-14 21:29:27	\暨南大学新闻传播学院\2009083...	1011	未编码	未审核					4.82
14	2009-09-14 21:24:45	2009-09-14 21:29:13	\暨南大学新闻传播学院\2009083...	1007	未编码	未审核					4.47
15	2009-09-14 21:20:21	2009-09-14 21:26:19	\暨南大学新闻传播学院\2009083...	1018	未编码	未审核					5.97
16	2009-09-14 21:19:02	2009-09-14 21:22:21	\暨南大学新闻传播学院\2009083...	1021	未编码	未审核					3.32
17	2009-09-14 21:17:51	2009-09-14 21:21:11	\暨南大学新闻传播学院\2009083...	1015	未编码	未审核					4.08
18	2009-09-14 21:14:47	2009-09-14 21:18:42	\暨南大学新闻传播学院\2009083...	1021	未编码	未审核					3.92
19	2009-09-14 21:13:41	2009-09-14 21:16:34	\暨南大学 \暨南大学新闻传播学院\20090830a\1019\85271286_JNXWSA0000006200_20090914201542.wav								2.88
20	2009-09-14 21:12:46	2009-09-14 21:17:00	\暨南大学新闻传播学院\2009083...	1007	未编码	未审核					4.23
21	2009-09-14 21:10:00	2009-09-14 21:15:14	\暨南大学新闻传播学院\2009083...	1015	未编码	未审核					5.23
22	2009-09-14 21:08:15	2009-09-14 21:13:57	\暨南大学新闻传播学院\2009083...	1018	未编码	未审核					5.70
23	2009-09-14 21:07:33	2009-09-14 21:11:48	\暨南大学新闻传播学院\2009083...	1001	未编码	未审核					4.25
24	2009-09-14 21:07:25	2009-09-14 21:10:10	\暨南大学新闻传播学院\2009083...	1020	未编码	未审核					2.75

答卷记录数：304

图 6－10 “答卷查询”界面——查询结果

三、答卷审核

在 ITACATI 系统中，我们可通过答卷审核重现访员在访问过程中的所有操作，以及访员与被访者的通话录音。通过系统中提供的媒体播放器，管理员可通过选中“读取录音文件”可选框来控制是否听录音，选中之后可听到当时访员对该样本进行访谈时的录音对话，这样就可以核实以上答卷操作是否真实有效了。

“答卷审核”分为“逐个审核”和“批量审核”两种。

1. 逐个审核

主要操作导航： 完成答卷查询→答卷审核（查看答卷→评分→保存）

逐个审核答卷的过程如下：

▼ 在“答卷查询”结果界面，选中需要审核的答卷，点击界面上方的“答卷审核”，如图 6－11 所示。

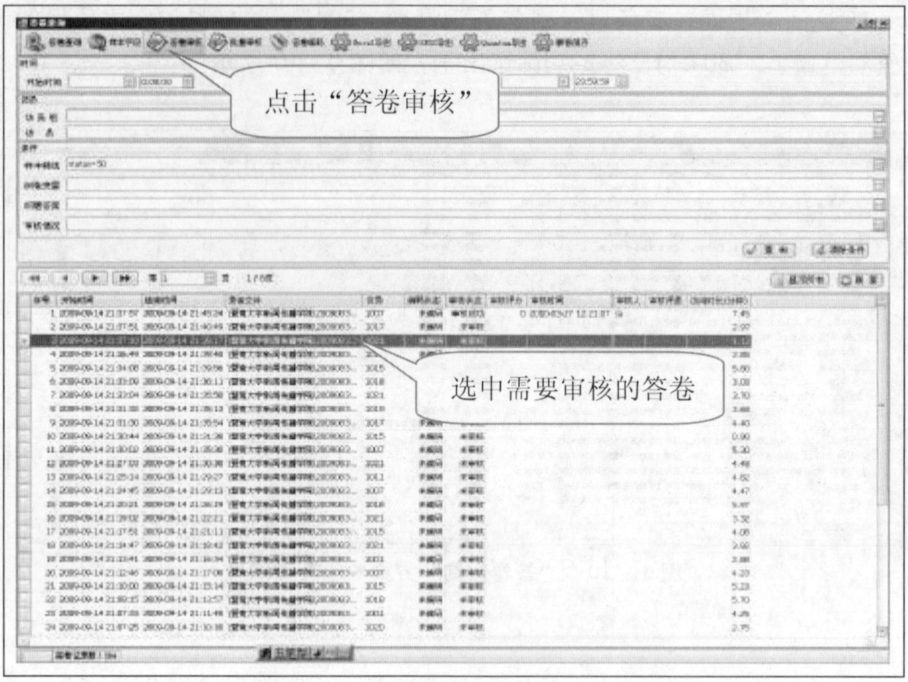

图6－11

▼开始逐个审核，首先出现的是问卷欢迎语，如图6－12所示。

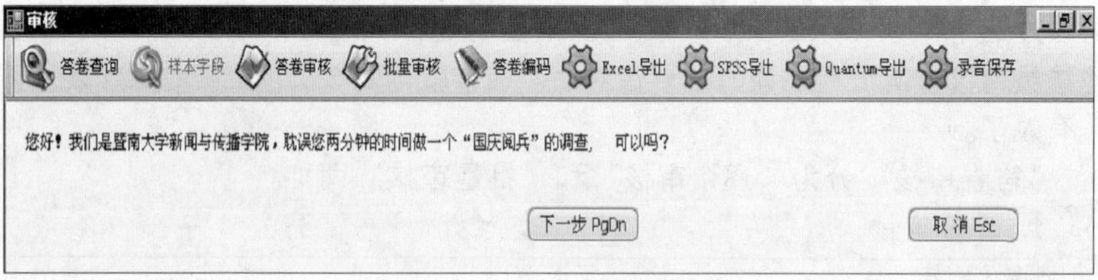

图6－12　“答卷审核”界面

▼点击“下一步 PgDn”，进入答卷第1题查看结果，如图6－13所示。点击“下一步 PgDn”继续查看下一题，以此类推；点击“上一步 PgUp”可以返回上一题查看；

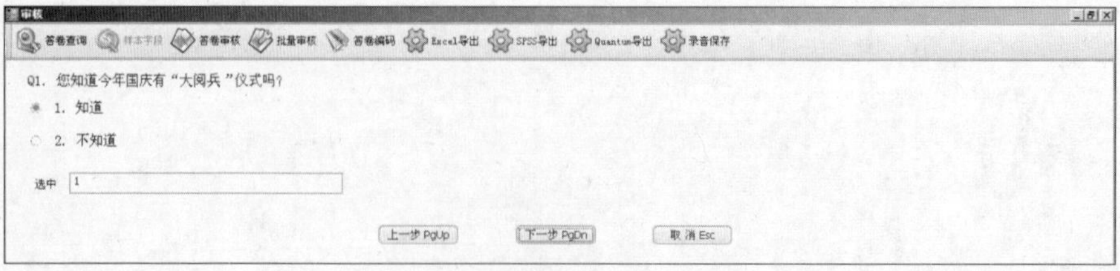

图6－13

▼ 审核进行到最后一题时，点击“完成”按钮，如图 6－14 所示。

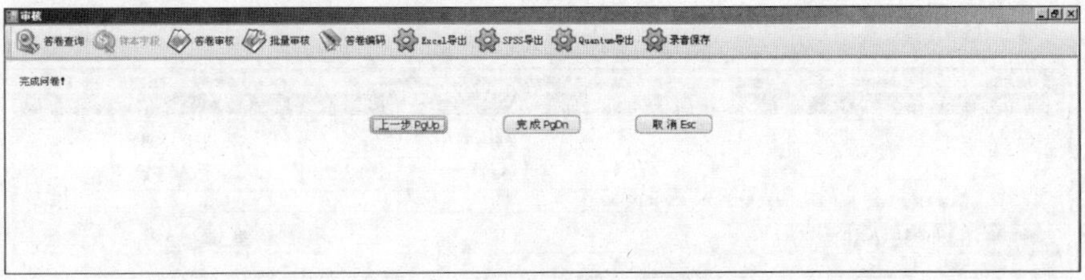

图 6－14

▼ 弹出如下窗口，如图 6－15，表示该答卷已经审核结束。

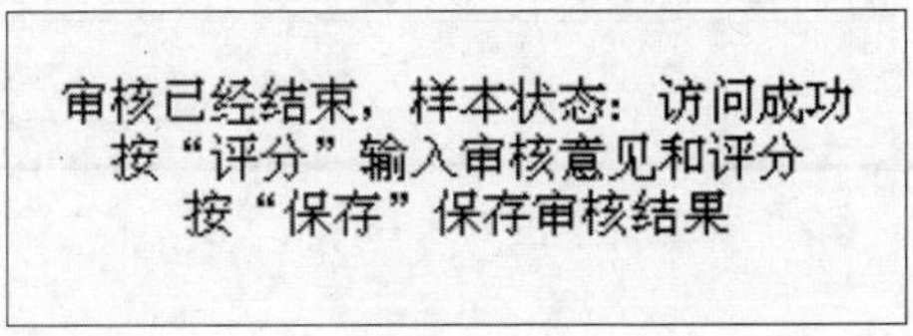

图 6－15

▼ 点击界面右下方“评分”按钮，弹出图 6－16 所示窗口。在“结果”选项中选择“通过”或“作废”，在“评分”栏填入分值，如“85”，点击“确定”按钮，完成。

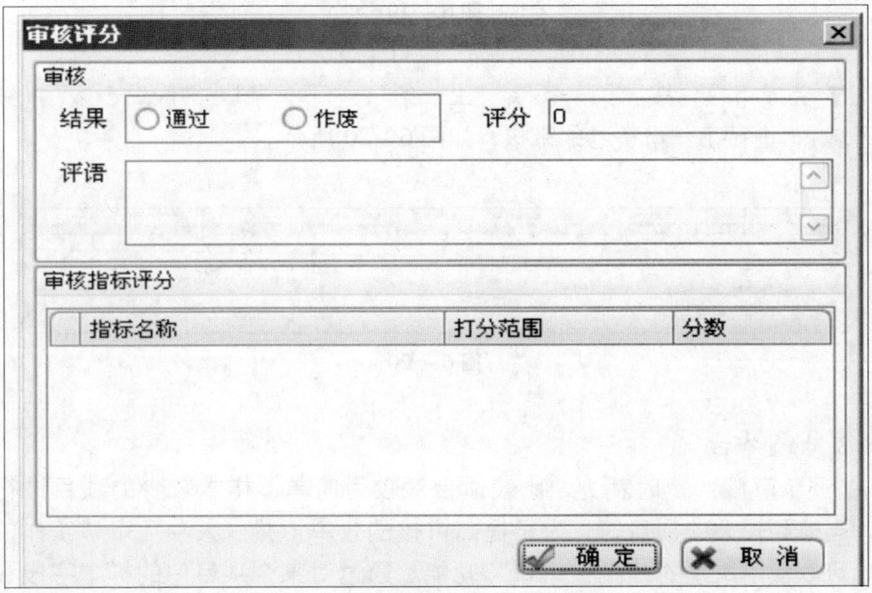

图 6－16

▼（可选操作）点击右下角的“录音另存为”，弹出窗口，设定保存路径。将录音存到自己指定的目录路径下，如图6－17、图6－18所示。

图6－17

图6－18

▼ 点击右下角的“保存”按钮，保存已审核的答卷，如图6－19所示。

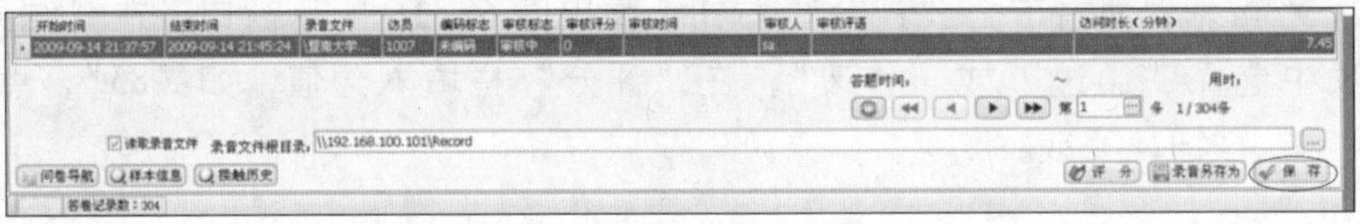

图6－19

▼ 完成审核，按“第一条”、“上一条”、“下一条”、“最后一条”（线框中区域），进行下一份答卷的审核，如图6－20所示。

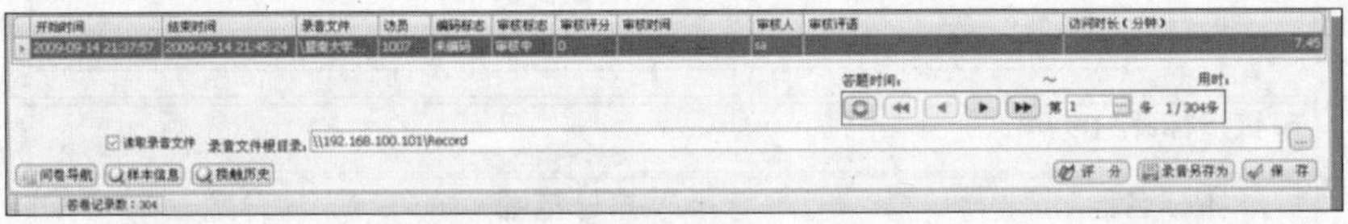

图6－20

2. 批量审核

“逐个审核”费时耗力，比较适合对较为简单、样本较少的项目进行审核，当遇到较大的项目时，为了提高审核的效率，减少大项目审核工作的强度，可以使用系统的“批量审核”功能。通过对某个项目中的样本字段和项目问卷的某些问题进行筛选，将满足条件的所有样本答卷集中在一起进行批量审核，从而提高工作效率。

主要操作导航：
完成答卷查询→批量审核

批量审核操作步骤：

▼在“答卷查询”结果界面，点击界面上方的“批量审核”按钮，如图6－21所示。

图6－21

▼弹出“选择需要审核的内容”对话框，保持系统默认选项，点击“确定”按钮，如图6－22所示。

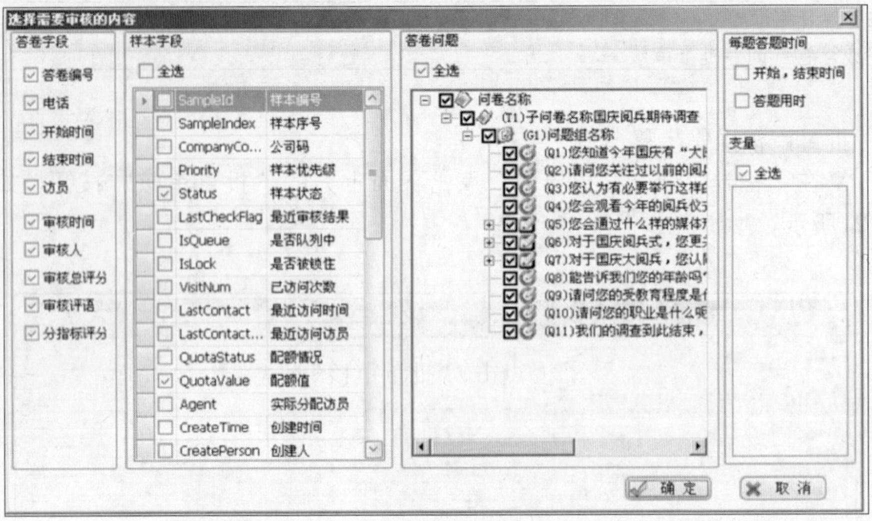

图 6 - 22 “选择需要审核的内容”界面

▼ 进入“批量审核”界面，如图 6 – 23 所示。

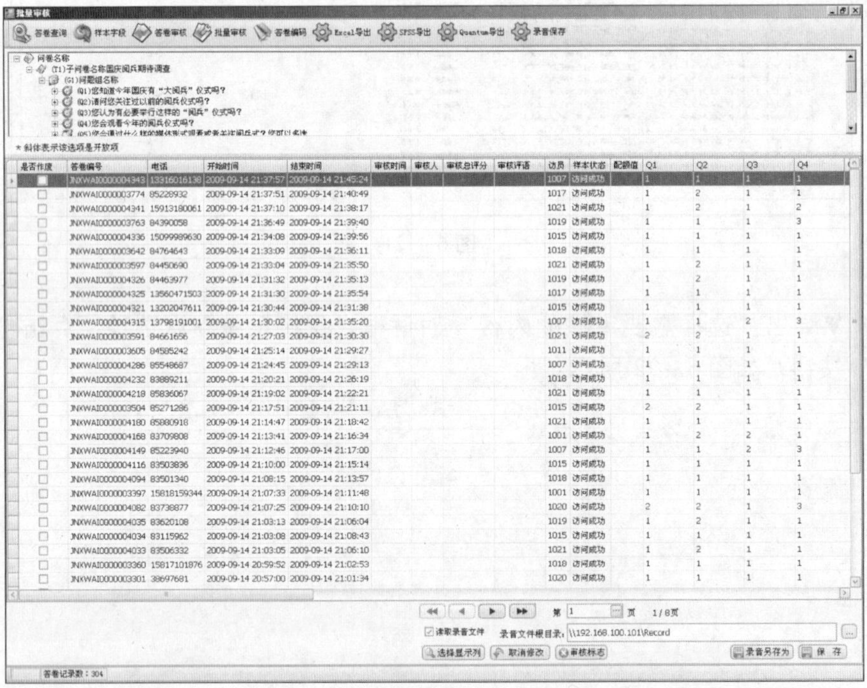

图 6 - 23

在“批量审核”界面中，上方显示问卷预览，方便审核中进行对照；下方为主审核界面，显示需要审核的样本内容，每个受访者从左到右，依次显示

“编号”、“开始时间”、“结束时间”等，在右边显示每个题项（比如 Q1、Q2、Q3 等）的答卷结果。

▼ 添加审核信息（可选操作）；

选择某样本，在审核字段中可看到“审核人”、“审核总评分”、“审核评语”等标签，双击对应区域，即可手动输入“审核人”、“审核总评分”、“评语”等信息，如图 6－24、图 6－25 所示。

是否作废	答卷编号	电话	开始时间	结束时间	审核时间	审核人	审核总评分	审核评语	访员	样本状态	配额值
☑	JNXWAI0000004343	13316016138	2009-09-14 21:37:57	2009-09-14 21:45:24					1007	访问成功	
☐	JNXWAI0000003774	85228932	2009-09-14 21:37:51	2009-09-14 21:40:49					1017	访问成功	
☐	JNXWAI0000004341	15913180061	2009-09-14 21:37:10	2009-09-14 21:38:17					1021	访问成功	
☐	JNXWAI0000003763	84390058	2009-09-14 21:36:49	2009-09-14 21:39:40					1019	访问成功	

图 6－ 24

＊斜体表示该选项是开放项

是否作废	答卷编号	电话	开始时间	结束时间	审核时间	审核人	审核总评分	审核评语	访员	样本状态	配额值	Q1	Q2	Q3	Q4
☐	JNXWAI0000004343	13316016138	2009-09-14 21:37:57	2009-09-14 21:45:24			90		1007	访问成功		1	1	1	1
☐	JNXWAI0000003774	85228932	2009-09-14 21:37:51	2009-09-14 21:40:49					1017	访问成功		1	2	1	1
☐	JNXWAI0000004341	15913180061	2009-09-14 21:37:10	2009-09-14 21:38:17					1021	访问成功		1	2	1	2
☐	JNXWAI0000003763	84390058	2009-09-14 21:36:49	2009-09-14 21:39:40					1019	访问成功		1	1	1	3
☐	JNXWAI0000004336	15099989630	2009-09-14 21:34:08	2009-09-14 21:39:56					1015	访问成功		1	1	1	1

图 6－ 25

▼ 作废答卷（可选操作）：

在每个答卷的最左边，为“是否作废”选择框，如果发现答卷未正确填写或出现错误不符合要求，则可以将不合格的答卷作废处理。

操作方法很简单，在对应的答卷前勾选即可，已经作废处理的答卷前的选择框处于勾选状态，如图 6－26 所示。

是否作废	答卷编号	电话	开始时间	结束时间	审核时间	审核人	审核总评分	审核评语	访员	样本状态	配额值
☑	JNXWAI0000004343	13316016138	2009-09-14 21:37:57	2009-09-14 21:45:24					1007	访问成功	
☐	JNXWAI0000003774	85228932	2009-09-14 21:37:51	2009-09-14 21:40:49					1017	访问成功	
☐	JNXWAI0000004341	15913180061	2009-09-14 21:37:10	2009-09-14 21:38:17					1021	访问成功	
☐	JNXWAI0000003763	84390058	2009-09-14 21:36:49	2009-09-14 21:39:40					1019	访问成功	

图 6－ 26

▼ 保存录音（可选操作）。

点击右下角的“录音另存为”，弹出窗口，将录音存到自己指定的目录路径下。

第二节　答卷的数据导出

经过审核的成功答卷就可以导出，以便进行更进一步的分析，ITACATI 支持多种格式的数据导出，从“答卷维护”界面我们也可以看到，系统数据导出有三种格式，分别是“Excel 导出”、“SPSS 导出”和“Quantum 导出”，在此，我们重点介绍应用最为广泛的 EXCEL 格式和 SPSS 格式。

一、Excel 格式数据导出

Excel 格式具有数据兼容性好的优点，使用起来最为便利。

主要操作导航： 完成答卷查询→Excel 导出

操作步骤：

▼在“答卷查询”结果界面，点击界面上方的“Excel 导出”按钮，如图 6－27 所示。

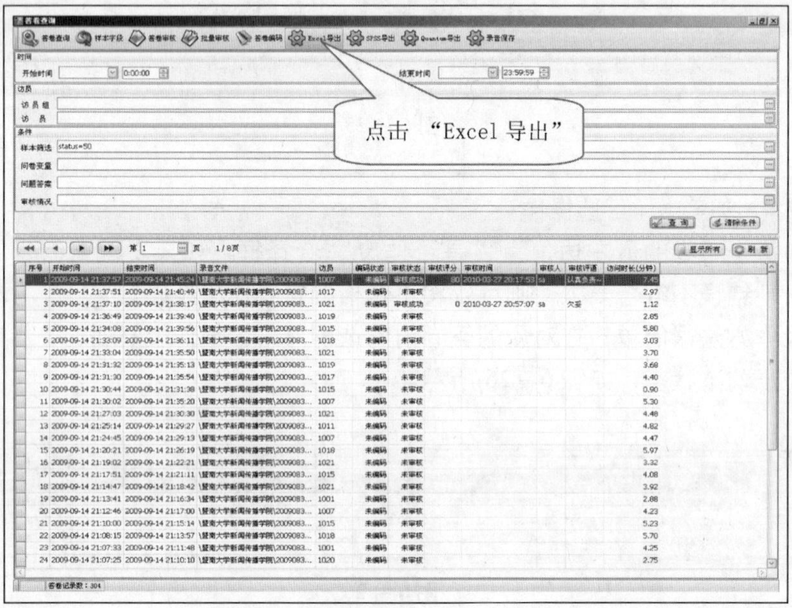

图 6－27

▼ 进入 Excel 导出界面，如图 6－28 所示。

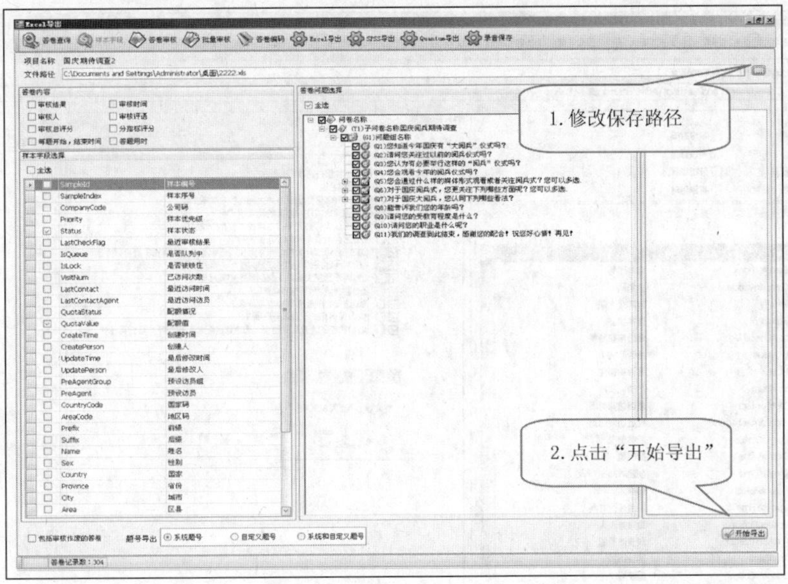

图 6－28

▼ 保留系统默认设置，点击界面上方“文件路径”右侧按钮（如图 6－28），弹出保存窗口，自定义保存路径，如图 6－29 所示。

图 6－29

▼ 然后，点击界面右下角的“开始导出”按钮（如图 6－28），完成 Excel 格式数据导出，如图 6－30、6－31 所示。

图 6－30

图 6－31

图 6－32 便是导出的 Excel 数据表，下面我们稍作介绍：

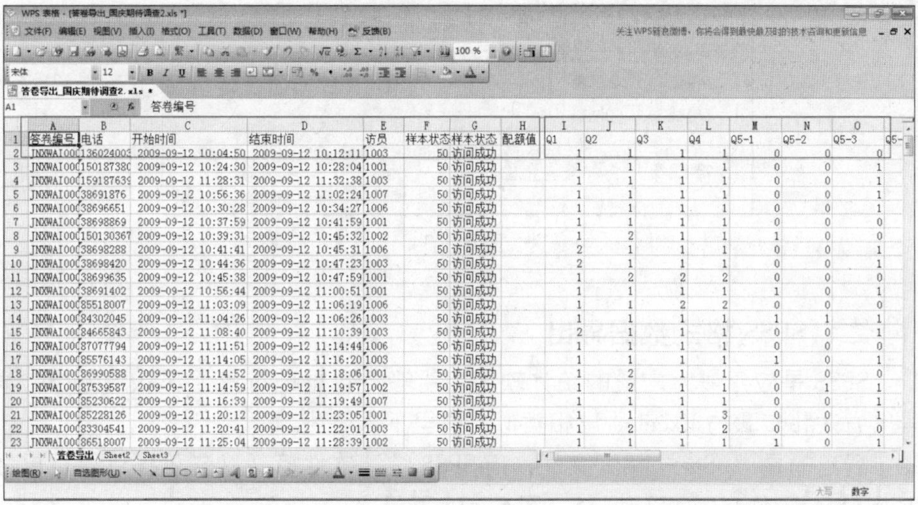

	答卷编号	电话	开始时间	结束时间	访员	样本状态	样本状态	配额值	Q1	Q2	Q3	Q4	Q5-1	Q5-2	Q5-3
2	JNXWAI00	136024003	2009-09-12 10:04:50	2009-09-12 10:12:11	1003	50	访问成功		1	1	1	1	0	0	0
3	JNXWAI00	150187380	2009-09-12 10:24:30	2009-09-12 10:28:04	1001	50	访问成功		1	1	1	1	0	0	1
4	JNXWAI00	159187639	2009-09-12 11:28:31	2009-09-12 11:32:38	1003	50	访问成功		1	1	1	1	0	0	1
5	JNXWAI00	38691876	2009-09-12 10:56:36	2009-09-12 11:02:24	1007	50	访问成功		1	1	1	1	0	0	1
6	JNXWAI00	38696651	2009-09-12 10:30:28	2009-09-12 10:34:27	1006	50	访问成功		1	1	1	1	0	0	1
7	JNXWAI00	38698869	2009-09-12 10:37:59	2009-09-12 10:41:59	1001	50	访问成功		1	1	1	1	0	0	0
8	JNXWAI00	150130367	2009-09-12 10:39:31	2009-09-12 10:45:32	1002	50	访问成功		1	2	1	1	1	0	0
9	JNXWAI00	38698288	2009-09-12 10:41:41	2009-09-12 10:45:31	1006	50	访问成功		2	1	1	1	0	0	1
10	JNXWAI00	38698420	2009-09-12 10:44:36	2009-09-12 10:47:23	1003	50	访问成功		2	1	1	1	0	0	1
11	JNXWAI00	38699635	2009-09-12 10:45:38	2009-09-12 10:47:59	1001	50	访问成功		1	2	2	2	0	0	0
12	JNXWAI00	38691402	2009-09-12 10:56:44	2009-09-12 11:00:51	1001	50	访问成功		1	1	1	1	1	0	1
13	JNXWAI00	85518007	2009-09-12 11:03:09	2009-09-12 11:06:19	1006	50	访问成功		1	1	2	2	0	0	0
14	JNXWAI00	84302045	2009-09-12 11:04:26	2009-09-12 11:06:26	1003	50	访问成功		1	1	1	1	1	1	1
15	JNXWAI00	84665843	2009-09-12 11:08:40	2009-09-12 11:10:39	1003	50	访问成功		2	1	1	1	0	0	1
16	JNXWAI00	87077794	2009-09-12 11:11:51	2009-09-12 11:14:44	1006	50	访问成功		1	1	1	1	0	0	0
17	JNXWAI00	85576143	2009-09-12 11:14:05	2009-09-12 11:16:20	1003	50	访问成功		1	1	1	1	1	0	1
18	JNXWAI00	86990588	2009-09-12 11:14:52	2009-09-12 11:18:06	1001	50	访问成功		1	2	1	1	0	0	0
19	JNXWAI00	87539587	2009-09-12 11:14:59	2009-09-12 11:19:57	1002	50	访问成功		1	2	1	1	0	1	1
20	JNXWAI00	85230622	2009-09-12 11:16:39	2009-09-12 11:19:49	1007	50	访问成功		1	1	1	1	0	0	1
21	JNXWAI00	85228126	2009-09-12 11:20:12	2009-09-12 11:23:05	1001	50	访问成功		1	1	1	3	0	0	1
22	JNXWAI00	83304541	2009-09-12 11:20:41	2009-09-12 11:22:01	1003	50	访问成功		1	2	1	2	0	0	0
23	JNXWAI00	86518007	2009-09-12 11:25:04	2009-09-12 11:28:39	1002	50	访问成功		1	1	1	1	1	0	1

图 6－32

导出的 Excel 答卷分别记录了“答卷编号”、(被访人)“电话”、“开始时间”、“结束时间”、“访员”、“样本状态”等基本信息；答卷中每道题目的结果，系统已经按照题目选项自动完成编码。

例如，Q1 问题为“你知道今天国庆有大阅兵吗?”(如图 6－33)，答案为“1. 知道”，“2. 不知道”，则“知道”的编码为“1”，“不知道”的编码为“2”。

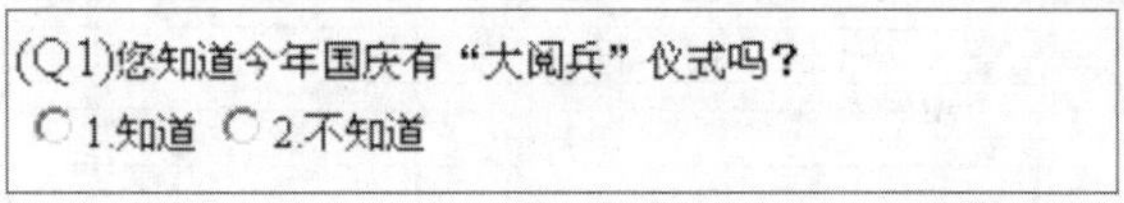

图 6－33

多选题的编码规则略有不同，以 Q5 为例。

Q5－1、Q5－2、Q5－3、Q5－4、Q5－5、Q5－6 分别为系统默认的 Q5 各选项的变量名，系统默认编码值为“1”和“0”，分别表示该项选中、未选中；在该题中，如果选中第六个选项“其他”，则需填写具体内容，系统增加两个变量“Q5－6V”、“Q5－6C”，分别代表开放部分所填具体内容和对其自定义编码。

举例说明，如果被访者选中第六个选项“其他”，并且填写具体内容为“手机报”，那么“Q5－6V”的值就是“手机报”；后期处理数据时，可对“Q5－6V”(“手机报”)进一步编码，比如编为“6”，如图 6－34 所示。

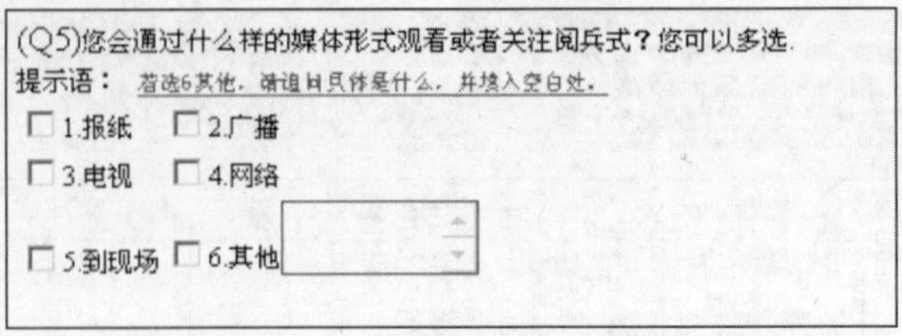

图 6－34

二、SPSS 格式数据导出

SPSS 是应用最为广泛的统计软件，能够对数据进行更为深入的分析，其导出方法和步骤与 Excel 导出相类似，这里不再赘述。

导出的是“. Sav”格式文件，用 SPSS 统计软件打开（先确保计算机已经安装 SPSS 软件），如图 6－35、图 6－36 所示。

在“data view”界面，显示各样本信息，包括访谈信息和各问题答案，这与 Excel 数据基本相同，其中“starttime”、“endtime”是该样本的访谈开始时间和结束时间，“vistage”对应访员编号，“status”为样本状态，“quotaval”为配额值。而 q001 对应 Q1，q002 对应 Q2，q005001—q005006 对应多选题 Q5 的 1－6 个选项，依此类推。

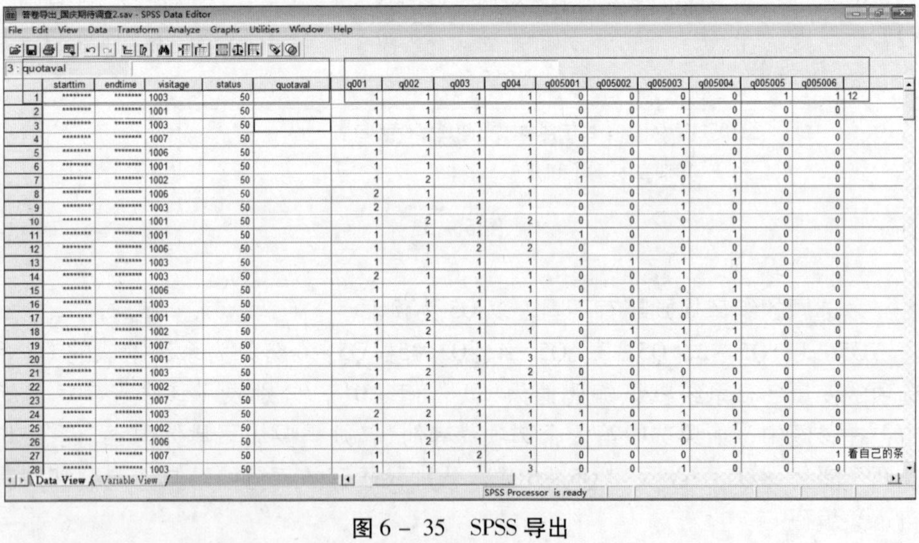

图 6－35 SPSS 导出

在“Variable View”界面，可以看到样本变量的具体属性，ITACATI 系统自动生成了变量标签（Label 列），以及各变量的对应值（Values 列），如图 6－36所示。

	Name	Type	Width	Decimals	Label	Values	Missing	Columns	Align	Measure
1	answerid	String	50	0	答卷编号	None	None	21	Left	Nominal
2	phone	String	50	0	电话	None	None	16	Left	Nominal
3	starttim	Date	20	0	开始时间	None	None	8	Right	Scale
4	endtime	Date	20	0	结束时间	None	None	8	Right	Scale
5	visitage	String	50	0	访员	None	None	9	Left	Nominal
6	status	Numeric	8	0	样本状态	None	None	8	Right	Scale
7	quotaval	String	50	0	配额值	None	None	12	Left	Nominal
8	q001	Numeric	8	0	Q1 您知道今年国庆有	{1, 知道}...	None	8	Right	Ordinal
9	q002	Numeric	8	0	Q2 请问您关注过以前	{1, 关注过}...	None	8	Right	Ordinal
10	q003	Numeric	8	0	Q3 您认为有必要举行	{1, 有必要}...	None	8	Right	Ordinal
11	q004	Numeric	8	0	Q4 您会观看今年的阅	{1, 会}...	None	8	Right	Ordinal
12	q005001	Numeric	8	0	Q5 您会通过什么样的	{0, 未选中}...	None	8	Right	Ordinal
13	q005002	Numeric	8	0	Q5 您会通过什么样的	{0, 未选中}...	None	8	Right	Ordinal
14	q005003	Numeric	8	0	Q5 您会通过什么样的	{0, 未选中}...	None	8	Right	Ordinal
15	q005004	Numeric	8	0	Q5 您会通过什么样的	{0, 未选中}...	None	8	Right	Ordinal
16	q005005	Numeric	8	0	Q5 您会通过什么样的	{0, 未选中}...	None	8	Right	Ordinal
17	q005006	Numeric	8	0	Q5 您会通过什么样的	{0, 未选中}...	None	8	Right	Ordinal
18	q005006v	String	100	0	Q5 您会通过什么样的	None	None	50	Left	Nominal
19	q005006c	String	20	0	Q5 您会通过什么样的	None	None	20	Left	Nominal
20	q006001	Numeric	8	0	Q6 对于国庆阅兵式，	{0, 未选中}...	None	8	Right	Ordinal
21	q006002	Numeric	8	0	Q6 对于国庆阅兵式，	{0, 未选中}...	None	8	Right	Ordinal
22	q006003	Numeric	8	0	Q6 对于国庆阅兵式，	{0, 未选中}...	None	8	Right	Ordinal
23	q006004	Numeric	8	0	Q6 对于国庆阅兵式，	{0, 未选中}...	None	8	Right	Ordinal
24	q006005	Numeric	8	0	Q6 对于国庆阅兵式，	{0, 未选中}...	None	8	Right	Ordinal
25	q006006	Numeric	8	0	Q6 对于国庆阅兵式，	{0, 未选中}...	None	8	Right	Ordinal
26	q006006v	String	100	0	Q6 对于国庆阅兵式，	None	None	50	Left	Nominal
27	q006006c	String	20	0	Q6 对于国庆阅兵式，	None	None	20	Left	Nominal
28	q007001	Numeric	8	0	Q7 对于国庆大阅兵，	{0, 未选中}...	None	8	Right	Ordinal
29	q007002	Numeric	8	0	Q7 对于国庆大阅兵，	{0, 未选中}...	None	8	Right	Ordinal

图 6－36　SPSS 导出

第三节　统计报表

统计报表模板的统计内容包括话务统计、样本统计、单题统计、交叉统计、审核统计、样本分类统计等。这里我们主要介绍话务统计、单题统计、交叉统计三个主要内容。

一、进入统计报表

主要操作导航： 进入 CAI 管理台→选择项目→统计报表→单项目统计

操作步骤：

▼ 进入 CAI 管理台（步骤详见第四章第二节，第 72－73 页）。

▼ 在 CAI 管理台界面选择特定项目（鼠标移动到项目名称区域，左键点击即可选择）。

▼ 右键点击，将会弹出选择菜单，选择“统计报表”，在子菜单中选择“单项目统计”，如图 6－37 所示。

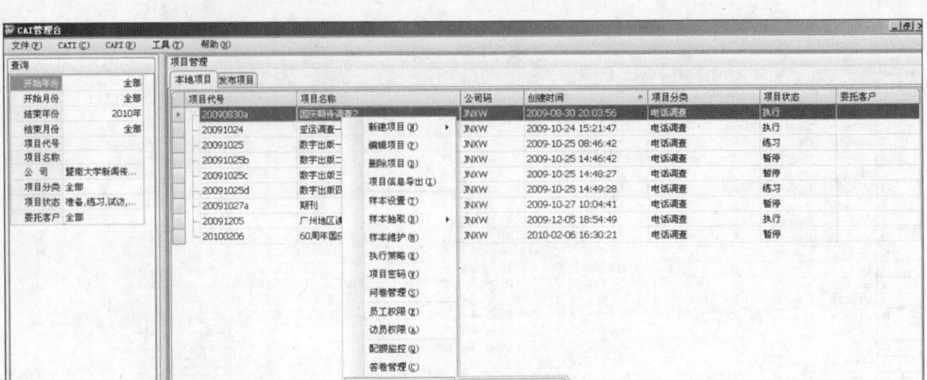

图6－37

▼ 进入“统计报表”界面，图略。

二、话务数据导出

话务统计的统计内容为各访员在电话访谈中的相关话务及总体工作情况的统计，一般用来对访员的工作质量进行评估。

主要操作导航：
进入 CAI 管理台→选择项目→统计报表→单项目统计

操作步骤：（紧接上一步）

▼在统计报表界面，点击“话务统计”，如图6－38所示。

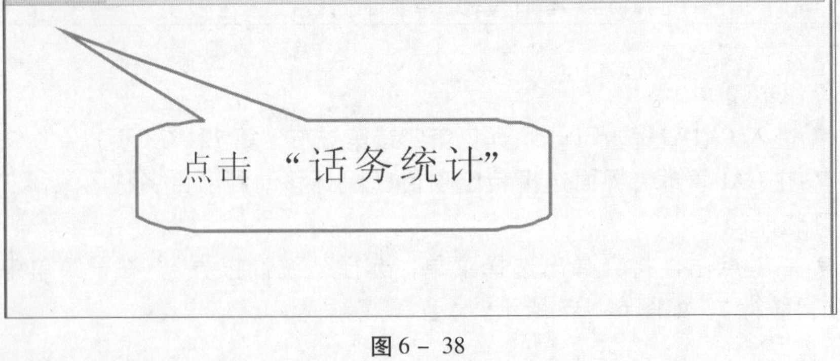

图6－38

▼ 进入“话务统计”界面，保持系统默认状态，点击右下角“统计”按

钮，完成话务统计，如图 6－39 所示。

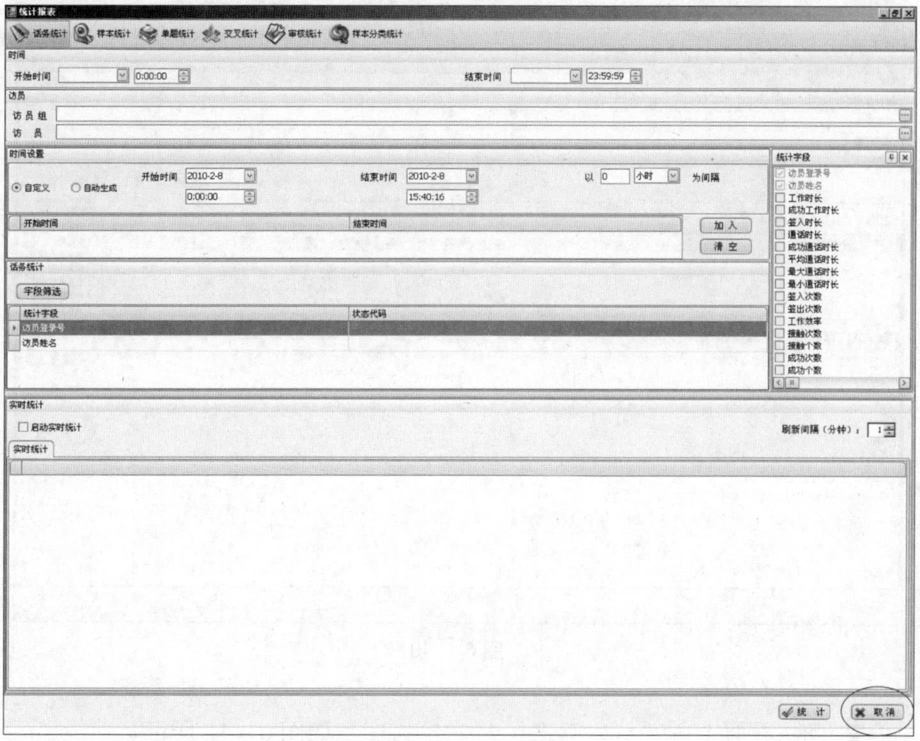

图 6－39　话务统计

三、单题数据导出

单题统计是将我们关心的某一道题进行快速统计，在实际的工作中应用较为广泛。

主要操作导航：
进入 CAI 管理台→选择项目→统计报表→单项目统计→单题统计（答卷查询→新建统计→完成）

操作步骤：

▼ 进入“统计报表”界面（步骤详见本节第一部分“进入统计报表”）；

▼ 单击界面顶部“单题统计”按钮，进入单题统计界面，如图 6－40 所示。

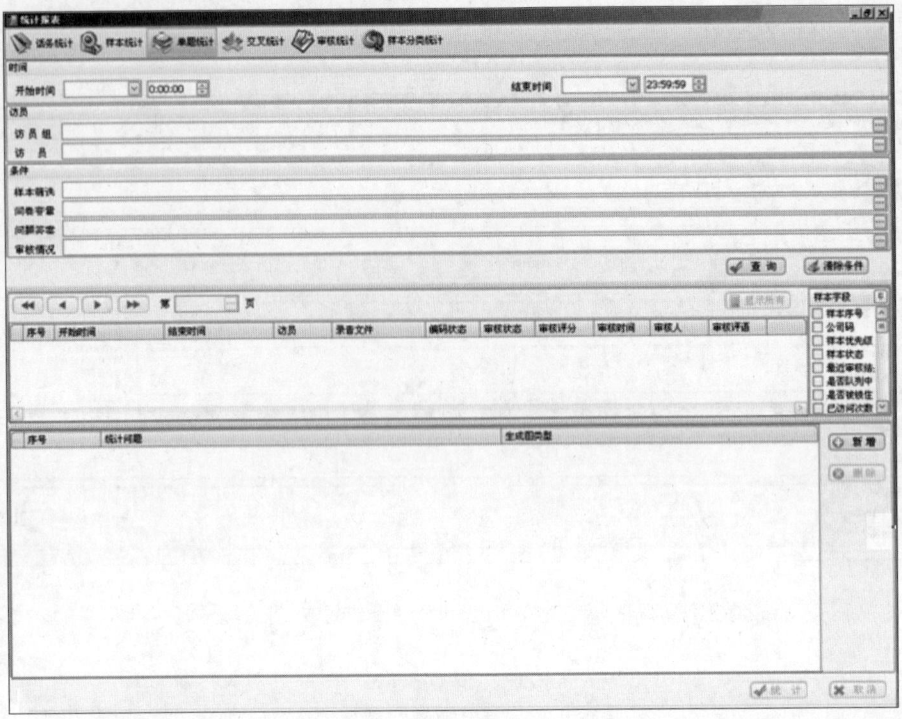

图6－ 40

▼ 点击界面上方“样本筛选”栏右侧按钮，如图6－41 所示。

图6－ 41

▼ 弹出“样本条件表达式”，如图6－42 所示。

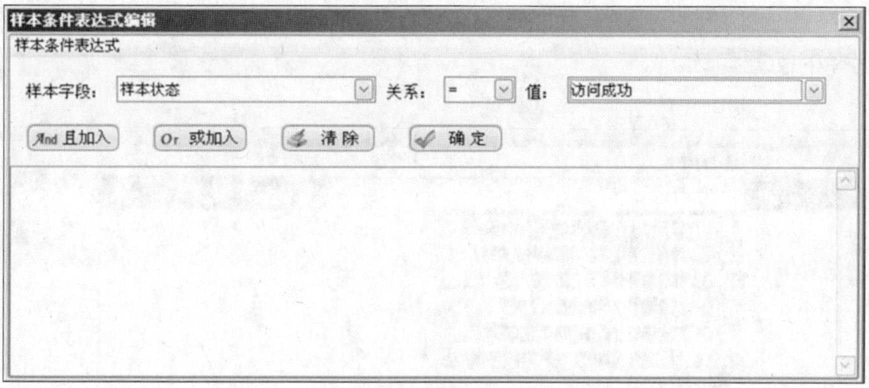

图6－42

▼ 编辑“样本条件表达式”，方法参见本章第一节，第二部分“答卷查询”，完成后点击“查询”按钮，如图6－43所示。

图6－43

▼ 在界面下部区域，点击“新增”按钮，会新增一行，序号为1，如图6－44所示。

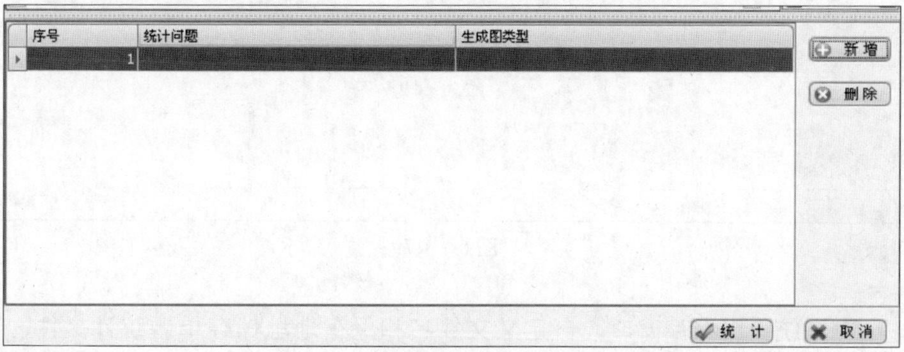

图6－44

▼ 点击“统计问题”下拉按钮，弹出可选问题菜单，如图 6－45，将需要选择的问题勾选。

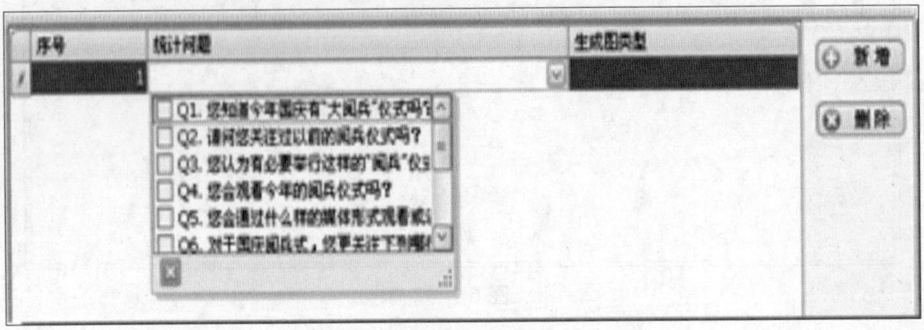

图 6－45

▼ 点击“生成图表类型”下拉按钮，弹出可选生成图表类型，将需要生成的图表类型勾选，如图 6－46 所示。

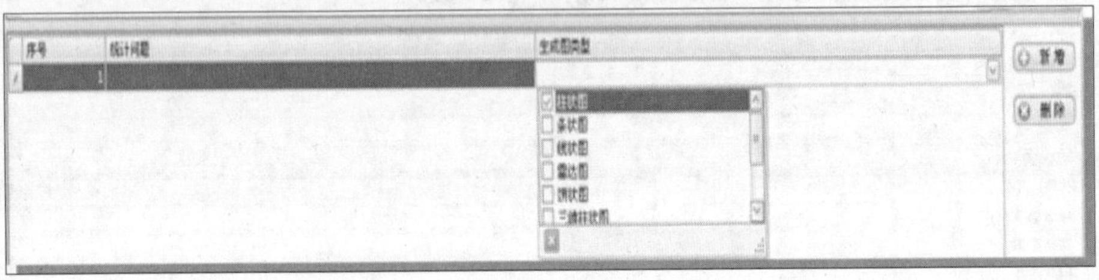

图 6－46

▼ 完成操作后，点击界面右下角的“统计”按钮，如图 6－47 所示。

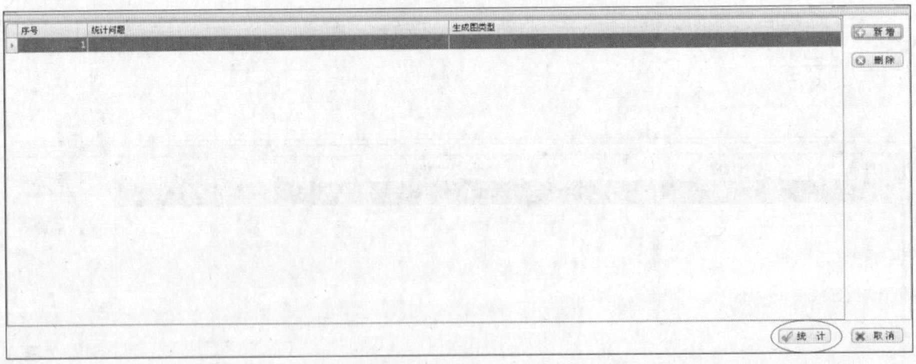

图 6－47

▼ 系统弹出保存窗口，自定义文件名和保存地址保存单题统计文件，导出的文件如下，见图 6－48、图 6－49。

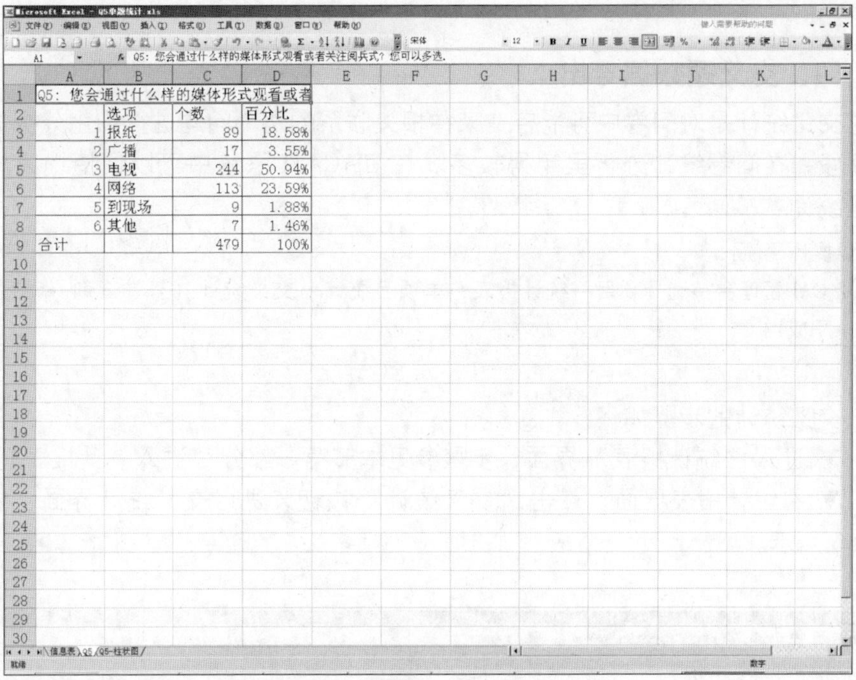
Microsoft Excel - Q5单题统计.xls
Q5：您会通过什么样的媒体形式观看或者关注阅兵式？您可以多选.
Q5：您会通过什么样的媒体形式观看或者
选项
个数
百分比
1 报纸 89 18.58%
2 广播 17 3.55%
3 电视 244 50.94%
4 网络 113 23.59%
5 到现场 9 1.88%
6 其他 7 1.46%
合计 479 100%
信息表
Q5
Q5-柱状图
就绪
数字

图 6 - 48

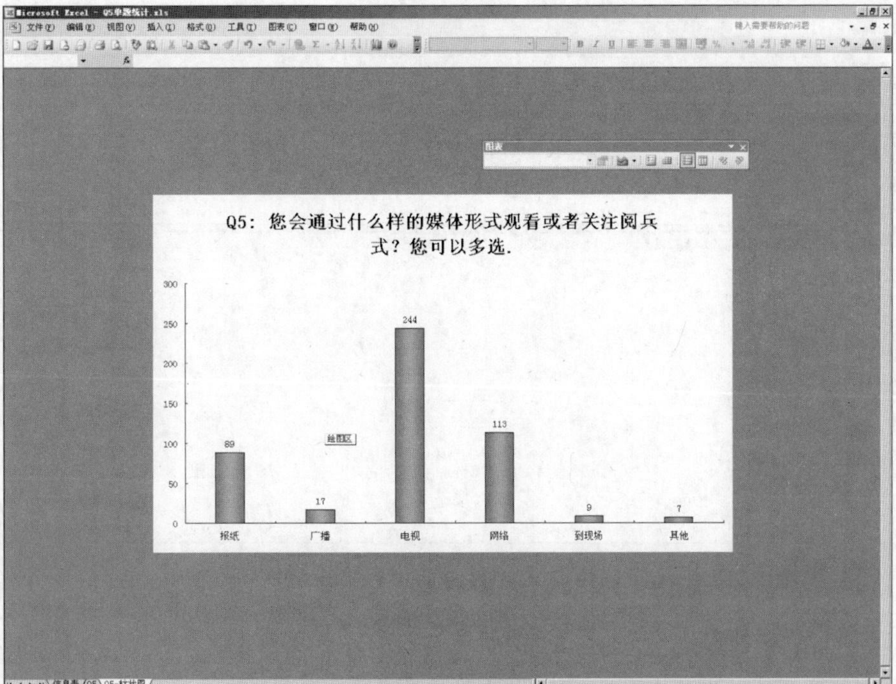
Microsoft Excel - Q5单题统计.xls
图表
Q5：您会通过什么样的媒体形式观看或者关注阅兵式？您可以多选.
300
250
200
150
100
50
0
89
17
244
113
9
7
绘图区
报纸
广播
电视
网络
到现场
其他
信息表
Q5
Q5-柱状图
就绪
数字

图 6 - 49

四、交叉题数据导出

交叉统计是对问卷中可能存在某种相关联系的两个问题进行量化分析的一种手段，在问卷统计分析里用得较多。在 ITACATI 系统中可以便捷地完成交叉题统计。

主要操作导航：
进入 CAI 管理台→选择项目→统计报表→单项目统计→交叉统计（答卷查询→新建统计→完成）

交叉统计的步骤如下：

▼ 进入“统计报表”界面，步骤参见本节第一部分“进入统计报表”。

▼ 在统计报表界面，点击“交叉统计”按钮，进入交叉统计界面，如图 6－50 所示。

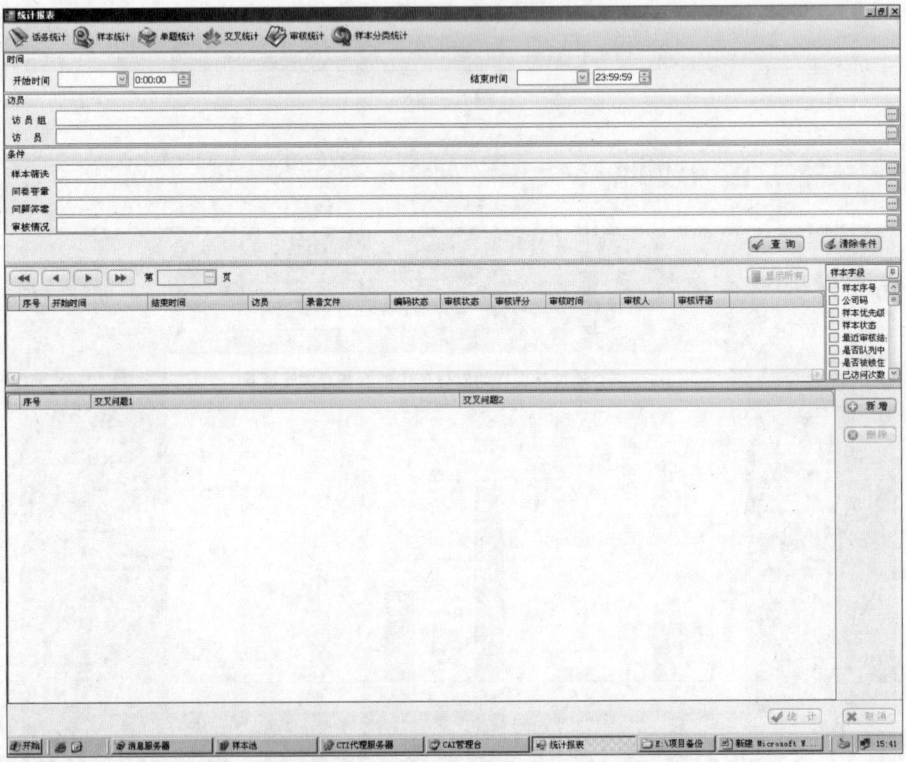

图 6－50

▼ 点击界面上方“样本筛选”栏右侧按钮，如图 6－51 所示（如果已经完成查询，则以下几步可省略）。

图 6 – 51

▼ 弹出“样本条件表达式”，如图 6 – 52 所示。

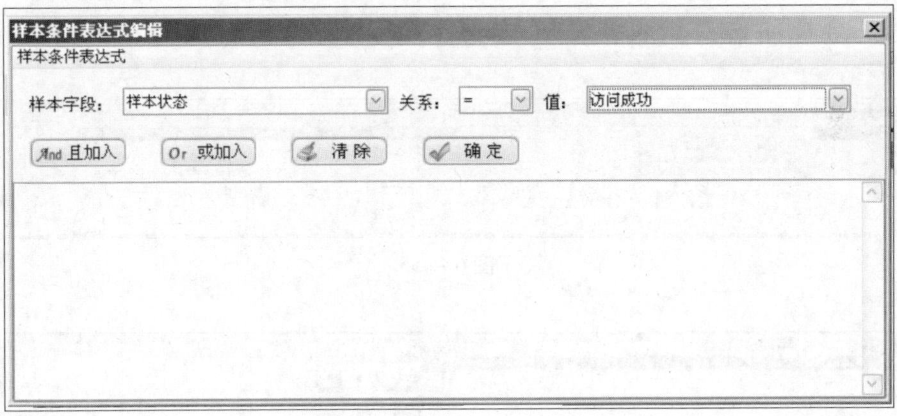

图 6 – 52

▼ 编辑“样本条件表达式”，方法参见本章第一节第二部分“答卷查询”，完成后点击“查询”按钮，如图 6 – 53 所示。

图 6 – 53

▼ 同单题统计类似，点击统计区域“新增”按钮，添加一行统计，序号为 1，如图 6 – 54 所示。

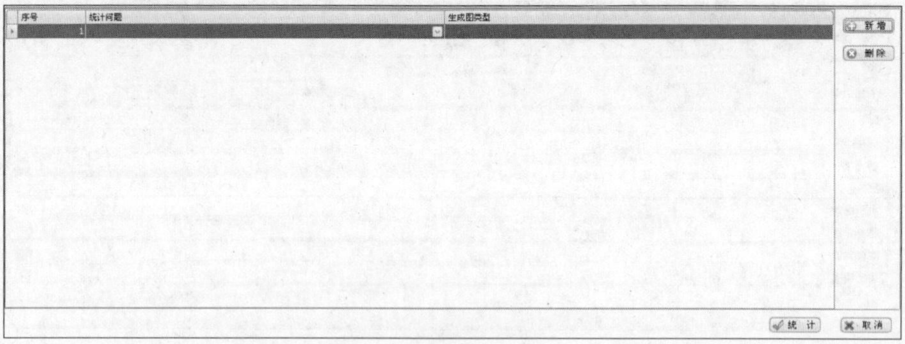

图 6－54

▼分别点击“交叉问题1”列和“交叉问题2”列，选择需要进行交叉统计的题目，在这里我们选择“Q4”和“Q9”，查看被访者“受教育程度”与“是否会看阅兵式”之间的关系，如图6－55、图6－56、图6－57所示。

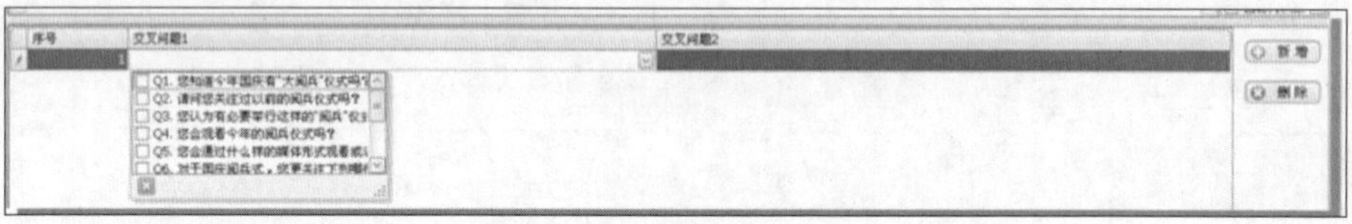

图 6－55

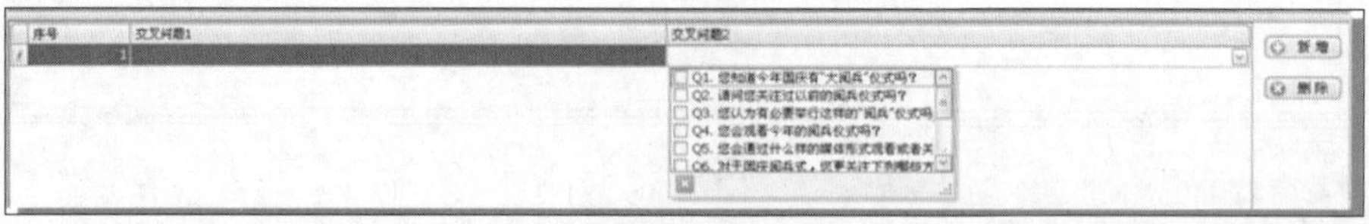

图 6－56

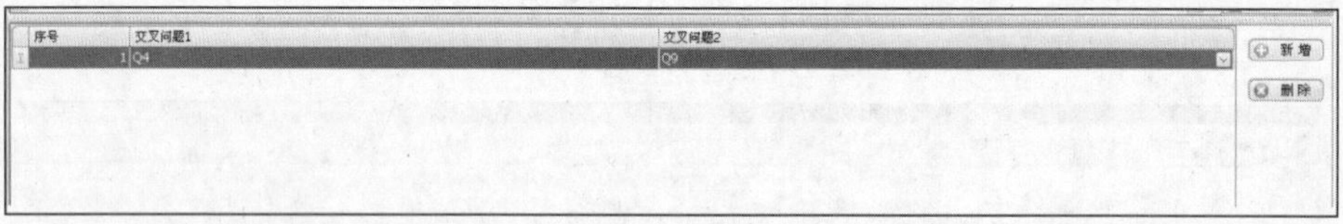

图 6－57

▼完成之后，点击右下角的“统计”按钮，如图6－58所示。

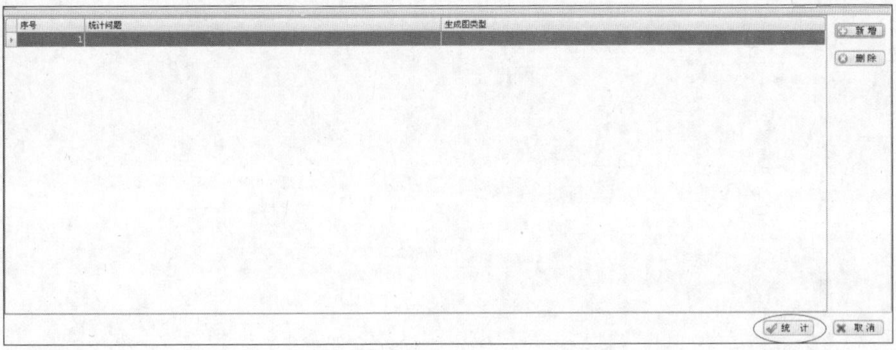

图 6 - 58

▼ 系统弹出保存窗口，自定义文件名和保存地址保存单题统计文件，导出的文件如下，如图 6 -59 所示。

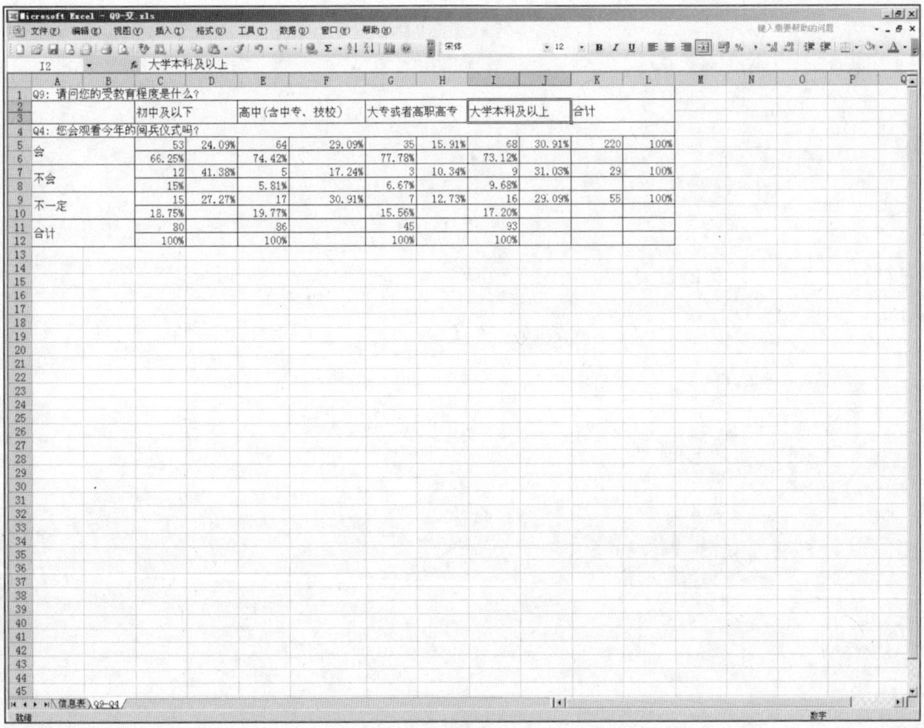

Q9：请问您的受教育程度是什么？

	初中及以下		高中(含中专、技校)		大专或者高职高专		大学本科及以上		合计	
Q4：您会观看今年的阅兵仪式吗？										
会	53	24.09%	64	29.09%	35	15.91%	68	30.91%	220	100%
	66.25%		74.42%		77.78%		73.12%			
不会	12	41.38%	5	17.24%	3	10.34%	9	31.03%	29	100%
	15%		5.81%		6.67%		9.68%			
不一定	15	27.27%	17	30.91%	7	12.73%	16	29.09%	55	100%
	18.75%		19.77%		15.56%		17.20%			
合计	80		86		45		93			
	100%		100%		100%		100%			

图 6 - 59

第七章　CATI 项目的数据应用

第一节　撰写调查报告

CATI 项目的调查结束后，整理出来的数据和结论需要形成相应的调查报告以呈交给相关部门。根据调查性质或使用目的，调查报告可以分成两类：学术调查报告和商业调查报告。

一、学术调查报告

学术调查报告基本包括标题、目录、调查结果摘要、调查概要、调查结果、结论与建议、附录等内容。具体如下：

1. 标题

报告标题的撰写要求简洁明了，能直接表明调查的内容，写明“××调查报告书”，如“国庆 60 周年阅兵效果调查报告书”。同时，在标题下面写明调查主体（如某某课程组）和撰写时间。委托调查还要写明上呈部门。

2. 目录

目录紧接在标题之后，要求结构清晰，详略得当，一目了然。

3. 调查结果摘要

学术调查报告的篇幅一般比较长，为了让阅读报告的人能够在第一时间抓住调查重点，需要在调查报告的最前面写一份简单的“结果摘要”，对调查结果进行简要的概括与说明。

4. 调查概要

详细说明调查的背景、目的、内容、调查对象构成、抽样方法、统计方法、工作计划和日程安排等调查控制手段，内容可参考调查策划书。

5. 调查结果

这一部分是调查报告的正文，主要是数据的展示与说明。数据一般用清晰的表格或直观的图表来表示，如柱状图、饼状图等。

（1）表格。完整展示数据信息，如表 7－1。

表 7－1　表格示例：调查对象年龄构成情况（n＝307）

年龄	人数	百分比
16～19 岁	39	12.7
20～29 岁	128	41.7
30～39 岁	82	26.7
40～49 岁	41	13.4
50～59 岁	9	2.9
60 岁及以上	8	2.6
总计	307	100.0

（2）图表。直观显示数据的状态，如图 7－1。

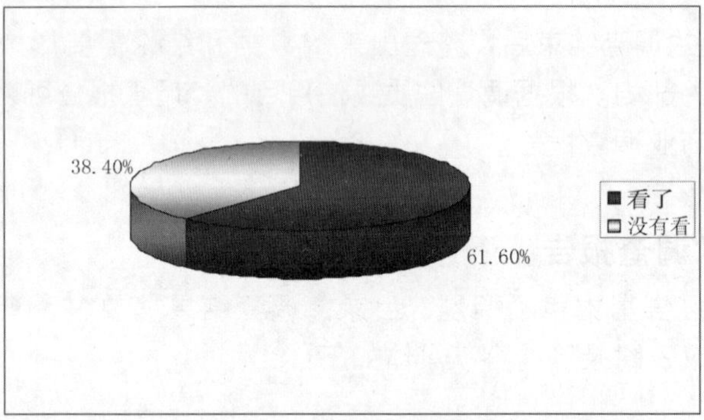

图 7－1　图表示例：是否观看阅兵的人数比例

表格能容纳的信息比图表多，而图表比表格更加直观。可根据调查报告的阅读对象来选择不同的数据表现形式。

6. 结论与建议

对调查结果进行结论性的总结。在作结论时，要求能从各类数据中总结规律性问题，并提出解决问题的建议。因此，报告撰写人需要较高的洞察力和理解力，对数据有较高的敏感度，并善于归纳总结。

7. 附录

涉及本次调查的所有相关文件，如策划书、问卷等，均需要附在报告书的最后，以供查阅。

在调查报告的撰写中，还需要注意以下几点：

（1）数据准确规范。数据是调查报告的核心，所有在报告中体现的数据一定要准确、有效、可追溯。在数据的表现上，数据单位、小数点后保留数值等要统一。

（2）文字简练客观。在对数据进行文字说明时要客观叙述，避免使用带有主观色彩的词语。如“我们认为”、“估计”、“大概”等。

（3）排版美观大方。不论文字、图表还是数据，格式均要前后对应统一，让人一目了然。

以下是一篇完整的调查报告目录，可以了解调查报告书的基本构成。

目 录

二、商业调查报告

商业调查报告的基本格式与学术调查报告类似，但为了商业表现，除了文字报告外，还经常使用 Microsoft Powerpoint（以下简称 PPT）来进行报告展示。

PPT 报告一般分以下几部分内容：

1. 封面

封面是指一份 PPT 的第一页，在这一页中要展示“报告标题”、“报告呈送方”等基本信息。

2. 目录

在报告正式开始之前，需要有一页 PPT 将整份报告的内容简要说明。比如“本次报告分以下几个部分”等。

3. 报告正文

报告正文是报告的重头部分，与前面所介绍的调查报告的内容相同，但在报告展示时需要注意以下问题：

（1）语言要更加简练。PPT 的展示特性要求每页 PPT 上的内容要简单、一目了然，能让人第一眼就抓住重点，文字要简练突出，忌密密麻麻的长篇文字。

（2）多用图表和流程图来展示结果。在调查报告的写法中曾提过图表与表格的区别，表格的信息更加丰富，但不如图表形象。PPT 注重视觉展示，因此主要用图表，辅以表格来传达信息。

4. 结束页

正文内容展示结束后，用结束页来提示大家展示已经完毕。这页的内容，可以是很简单的“谢谢”两个字，也可以是有装饰性的图片，还可以是诸如报告者的联系方式等信息。

第二节　撰写新闻通稿

调查结束后，除了撰写调查报告，有时还需写作新闻稿件，尤其是有关社情民意的调查。首先，我们来看一则有关 CATI 项目的新闻作品。

六成市民看阅兵　近半打满分

调查显示阅兵式向世界展示了中国力量，极大地提升民族自信心

本报讯（记者　谢苗枫）前昨两日，国庆阅兵式结束后，暨南大学新闻与传播学院舆情研究中心在第一时间对广州市民进行了电话访问调查。调查显示，61.6% 的市民观看了前天上午的阅兵式，其中近一半的人给这次阅兵式打了满分，总评分为91.6分（百分制）。据悉，此次调查采用层级随机抽样方法，在广州市成功访问了307位市民。

调查数据显示，各方阵分列阅兵和新型武器装备成了最受瞩目的亮点，分别给49.7%和38.6%的观众留下了深刻印象，位居全部被调查项目的前两位。但女民兵方阵和首次亮相的特种兵方阵印象低于预期，分别为12.2%和11.1%，而仅有1.6%的受访者对“奥运方阵”有印象。

对阅兵式中的广东元素的关注，近半数的市民对广东彩车“领潮争先”印象深刻，而对阅兵式中出现的广东音乐和名人却不太感冒。

调查还发现，九成以上的人感觉到这次阅兵式能极大地提升了民族自信心和自豪感，向世界展示了“中国力量”。大多数人认可了之前中央军委总部和阅兵领导小组设定的四大预期目标，特别是对于这次阅兵的精神风貌评价最高，认可度达96.3%。

（摘自《南方日报》2009年10月3日A3版）

与普通的新闻一样，与CATI相关的新闻同样由标题、导语、主体、结尾四个主要部分构成，接下来我们将分别介绍。严格来说，上述例子并不是一篇完全符合规范的新闻，例如文中标出的“人”、“观众”等，都应该称为被访者，这里只是给CATI相关新闻的结构提供一个例证。

如图7-2，除了标题、导语、主体、结尾四个主要部分，新闻还包括电头、署名两个部分。上述例子中的“本报讯”就是该篇新闻的电头，它用来表示新闻的来源和传递的方式，有的还会注明时间。署名是放在新闻最后位置或者电头后面位置的记者姓名、通讯员姓名、供稿单位名称等，例如上述例子中的“记者谢苗枫”。因为调查机构通常只是提供新闻通稿，不同于媒体记者的写作行为，可以忽略这两个部分，所以后文将不作讲解。

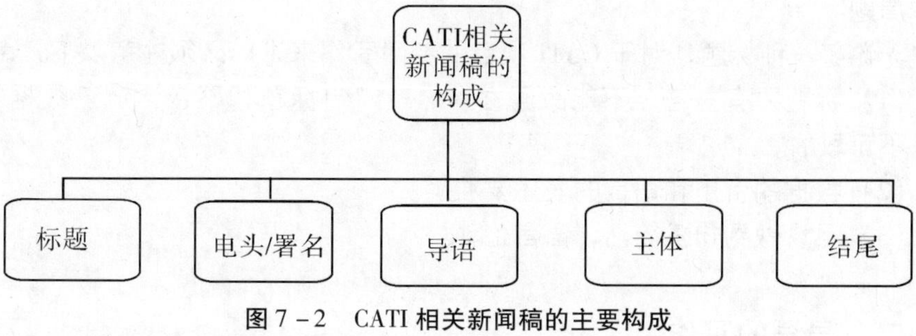

图7-2　CATI相关新闻稿的主要构成

一、标题的写作

新闻的标题是一篇文字报道中最能吸引读者眼球的部分，如果没有图片，读者阅读新闻时必然先读标题。所以，新闻标题的写作非常重要。一个好的标题要能留住读者的眼球，煽起读者的阅读欲望。对有关 CATI 项目的新闻来讲，要达到引人注目的效果，就是把最重要的调查结果放入标题。例如：

六成市民看阅兵　近半打满分

（摘自《南方日报》2009 年 10 月 3 日 A3 版）

广州近半市民给阅兵式打满分

（摘自大公网 2009 年 10 月 2 日国庆阅兵）

上述例子均为单行题，新闻标题还经常出现两行题和三行题，这也是新闻标题与其他文体标题的不同之处。对于 CATI 项目的新闻写作，通常只用单行题和两行题，三行题不常使用。下面举两个两行题的例子，例如：

近半老广给大阅兵打满分

暨大舆情研究中心电话访问调查显示：部队方阵最受关注

（摘自《新快报》2009 年 10 月 3 日 A5 版）

近六成广州市民国庆“电视”阅兵

暨南大学专题调查显示，近九成受访市民认为阅兵有必要

（摘自《南方都市报》2009 年 9 月 30 日 A18 版）

上述两行题由主标题和副标题组成（也有两行题），位于标题的第一行，并且突出显示的标题叫主标题，位于第二行，没有突出显示的标题叫副标题。主标题是对新闻最主要事实的说明，副标题是对新闻其他主要事实的介绍，或者是对主标题内容的补充。也有两行题的副标题在第一行，位于主标题之前，也称肩题。

无论哪一种标题，对于 CATI 项目的新闻写作来讲，必须注意以下几点：

（1）标题要有内容，不能故弄玄虚。疑问句标题和不包含调查数据的标题是不可取的。

（2）数据的引用和语言的表述要准确。

（3）尽量做到句式简洁，语言生动。

二、导语的写作

导语是新闻的第一段，用简短的语句交代新闻的主要内容。一般的新闻报道，通过导语部分即可掌握新闻的主要信息。导语的内容和作用与标题类似，都是交代主要内容，引起读者继续阅读的兴趣，但是导语的内容更加完整，某种意义上讲，也可以当做是对标题内容的扩展。

有关 CATI 新闻的导语写作就是对标题的主要调查结果进行进一步的描述，或者交代新闻的时间、地点等相关要素，或者展示具体的数据，或者补充其他相关的结果等。下面是两则新闻的标题和导语部分，从中可以有所体现。

广州近半市民给阅兵式打满分

【大公网讯】国庆阅兵结束后，广州暨南大学新闻与传播学院舆情研究中心在第一时间对广州市民进行了电话访问调查。调查显示。六成二的市民观看了昨天上午的阅兵式，其中近一半的人给这次阅兵打了满分，总评分为九十一点六（百分制）。

（摘自大公网 2009 年 10 月 2 日国庆阅兵）

近六成广州市民国庆“电视”阅兵

暨南大学专题调查显示，近九成受访者认为阅兵有必要

本报讯（记者×××通讯员×××）今年国庆，阅兵再度亮相。广州市民对大阅兵了解多少？有怎样的期待？近日，暨南大学舆情研究中心在调查中发现，近六成广州市民表示会通过电视观看今年的阅兵仪式，而国产武器装备和阅兵部队成关注的热点。

（摘自《南方都市报》2009 年 9 月 30 日 A18 版）

通过这两个例子可以看到，导语部分的核心内容与标题内容是一致的，只是在标题内容的基础上，增加了相关的数据、事实，增加了调查的时间、目的、执行机构等内容。

此外，有关 CATI 项目的新闻导语写作主要应该注意以下几个方面：

（1）要补充必要的新闻内容，例如新闻发生的时间。

（2）要短小精悍，要突出最主要的调查结果和数据，切忌面面俱到。

（3）语言简洁生动，要有吸引力。上文第二则导语把调查目的变成问题的方法就值得推荐。

三、主体的写作

新闻的主体部分是位于导语和结尾之间的内容，是对新闻内容的详细介绍。所有值得报道的调查结果都可以在主体部分一一阐述，也可以对导语中的重要数据作出进一步的补充说明。

由于主体部分内容较多，通常根据调查结果的重要性由高到低依次写作，把主要的数据放在主体的前面，详细介绍，次要的调查结果放在主体的后面，简单介绍。因为重要的调查数据的新闻价值比较大，更能引起读者的关注，从而起到更好的传播效果。这样的写作结构在专业的新闻写作中叫“倒金字塔”

结构，这种结构不仅有利于读者阅读，还有利于编辑人员对稿件进行处理。

如果内容较多，且重要程度的区别不大，可以采用小标题的形式，把主体分为多个并列的部分。

下文是两则有关调查的新闻作品，虽然调查方法不限于CATI，但是写作要求是相同的。

催生不如先催婚

台湾人口出生率偏低，主要原因可能不是不想生，而是不想婚！依据最新民调显示，民众只要结婚，都会想生，但是二十至四十九岁青壮年适婚族当中，仅有六成已婚，高达四成仍保持单身。而且二十余岁年轻族群中，九成的男性与七成一的女性宁可保持单身状态，因此错过了黄金生育期！

“内政部”有鉴于岛内人口出生率偏低，打算以百万元征求“听了就想生”的标语，受到各方高度关注。依据旺旺中时民调中心于十六日完成针对台湾地区八百余位二十至四十九岁民众的电话调查访问发现，民众并非排斥生儿育女，只是晚婚与失婚比例偏高，自然不会考虑养育下一代。

岛内适婚族有多少已经结婚了呢？调查发现，受访的民众当中，已婚的比例仅有约六成，未婚的比例高达四成。深入统计分析更发现，二十至二十九岁民众当中，男性有90%没有结婚，女性未婚比例也高达71%。换言之，在二十余岁最适合繁衍下一代的黄金生育期，台湾绝大多数的男女却宁可保持单身状态，当然更不会生小孩。

其实多数民众并不排斥生儿育女。调查发现，受访民众当中，78%认为一个家庭有两个小孩最理想，13%表示应有三个，5%觉得有一个就够了。希望能有四个或甚至超过四个小孩者，比例约一个百分点。至于认为完全不需要小孩者，比例仅有3%。

“不孝有三，无后为大”的观念深植人心，民众也多期盼能有下一代，只要结了婚，绝大多数父母都想要小孩。调查发现，二十至四十九岁的已婚民众当中，94%都已经有小孩，2%想要小孩，但至今还没有儿女。结了婚却完全不想要小孩的比例，仅有四个百分点。

有小孩的家庭当中，25%有一个小孩，54%有两个小孩，19%有三个小孩，3%甚至有四个或四个以上的小孩。统计分析也发现，只有一个小孩的父母，51%都会希望再生一个小孩。

至于想要小孩但至今还没有生的父母当中，43%是表示时间还没到，27%表示养不起小孩，23%则表示虽然想生，但至今还生不出来。

整体而言，没有小孩的民众，不论已婚未婚，62%的人都想有小孩，38%的人不考虑生小孩。这些人不愿生的主要原因，36%表示经济能力无法负担，16%怕小孩影响生活质量，11%认为自己年纪太小，8%忧心无法成为称职的父母，其余原因所占比例偏低。

生育率偏低将会导致人口结构老化，民众对此多感到忧心。调查发现，69%的受访者担心台湾沦为老人居多数的高龄化社会，26%的民众表示不会担心。

本次调查于三月十六日进行，以台湾地区住宅电话簿为抽样清册，再用抽出电话号码的尾二数进行随机取号，共成功访问812位成人。并将访问结果并依照台湾地区人口的性别、年龄与地区分布进行加权。在95%信心水平下，抽样误差为正负3.4%。

（摘自华夏经纬网）

调查：韩国六成年轻人不知朝鲜战争何年爆发

中新网3月25日电　据韩国《朝鲜日报》25日报道，韩国80后（1980年后出生的人）和90后（1990年后出生的人）半数以上不知道朝鲜战争是在哪一年爆发。

为纪念朝鲜战争爆发60周年，韩国盖洛普针对韩国1 703名13岁以上的人，就“朝鲜战争爆发年度”进行了调查，结果给出准确答案（1950年）的人有60.9%，有39.1%的人说“不知道”或给出错误的答案。特别是，在13~19岁的人当中不知道战争爆发年度的比例高达62.9%，而这一比例在80后当中也达到58.2%。

对于哪个国家对朝鲜战争的责任最大的问题，回答说朝鲜的人最多，达到43.9%，其后依次为“朝韩全部”16.9%、“日本、中国等朝鲜半岛周边国家”11.5%、“美国”10.9%、“苏联”8.5%、“韩国”2.3%。

就朝鲜发动战争的可能性，在1995年进行的盖洛普调查中，有52.7%的人回答说“有”，多于说“没有”（47.3%）的人，但在这次调查中，回答说“有”的占43.8%，表示“没有”的占52.2%。尽管与15年前相比，对朝鲜发动战争的忧虑有所减少，但依然接近一半。

就朝鲜半岛统一问题，约70%左右的人希望实现统一，其中“应尽早实现统一”和“10年后应逐渐实现”的回答分别占23.9%和47.0%，但“比起统一，保持现状更好”（26.0%）的回答也占四分之一。不希望统一的人与盖洛普在2001年进行调查时的7.6%相比，时隔约10年，增加2倍以上。

这项调查于3月5日实施，置信度为95%，最大抽样误差为±2.4个百分点。

（摘自中国新闻网）

四、结尾的写作

新闻的结尾部分是新闻的最后一段，它没有特定的内容要求，只是因为出于文章最末的位置才成为结尾，也可以算作主体的最后一段，这也是为什么有些人说新闻没有结尾的原因。但是有关CATI项目的新闻作品，结尾段落却相对比较明显，有一定的内容要求。

有关CATI的新闻结尾一般交代与调查方法和过程有关的内容，例如调查的委托机构、执行机构、抽样方法等。根据肖明、丁迈合著的《精确新闻学》所述，为了增强可信度，精确新闻的写作必须包括以下7个涉及调查过程和方法的必要内容①：

（1）受何机构委托进行调查，调查的目的是什么。

（2）调查的执行机构是谁。

（3）共对多少人进行了调查，有效样本是多少。

（4）被调查者是如何抽选出来的。

（5）抽样误差是多少。

（6）调查所采用的访问方式是什么。

（7）什么时间实施的调查。

除了这7项外，笔者认为被访对象的构成情况也应该包括在内，因为样本的构成对调查的客观性也有很大的影响。例如，用男女比例为8∶2的样本来代表总体是非常不科学的。这8项内容虽然是新闻的必要内容，但显然不是新闻的主要内容，调查的结果才是最重要的，所以一般放在新闻的结尾部分，相当于普通新闻的背景介绍部分。当然，这些内容很多都会在正文中有所提及，例如调查时间、执行机构等，结尾部分只是把没有提到的其他内容给予说明，例如抽样误差、有效样本等。国内媒体的此类新闻大多对抽样方法、访问方式、抽样误差、样本构成等几个方面不太重视，经常不作说明，这是不合规范的，不科学的。

例如，中国新闻网曾刊出的标题为“调查：韩国六成年轻人不知朝鲜战争何年爆发”的新闻，结尾如下：

这项调查于3月5日实施，置信度为95%，最大抽样误差为±2.4个百分点。

（摘自中国新闻网）

这个结尾非常简洁，仅一句话而已。因为前文已经交代了调查的目的、实施机构、有效样本、被访者属性四项内容，此处无需赘述。但是美中不足的是，该新闻通篇没有介绍调查方式和抽样方法。

与调查过程和方法相关的内容也不一定放在结尾部分。在某些情况下，有些媒体把此部分内容放在主体的第一部分，紧接着新闻导语，以突出调查的科学性和客观性，提高新闻的可信度，这也是可取的。只是那样的话，新闻就没有明显的结尾段落了，主体部分的最后一段便可视作结尾段落。

---

① 肖明，丁迈．精确新闻学．北京：中国广播电视出版社，2002：440－442.

结尾写作需要注意的有以下三个方面：

（1）结尾部分要与主体衔接自然，不要有突兀感。

（2）如果结尾部分的内容提前，或者前文已经全部有所介绍，则要顺其自然，把主体部分完成即可，切忌狗尾续貂。

（3）结尾部分的内容应采取概述的方式，不宜展示细节。尤其是样本属性的介绍，没有必要一一展示各个属性的具体比例。例如某报纸曾如此介绍过样本的属性："调查的被访者覆盖了不同性别、不同地域、各个年龄段、各个教育程度的公众。其中，男性占62.2%，女性占37.8%，20岁到50岁之间的占81.8%，50岁以上的占5.5%。初中及以下学历的为39.4%，高中或中专学历的为12.7%，大学及以上学历的为14.0%。"这样的介绍不仅浪费了版面，也没有多大意义。

小贴士

前面四部分主要是针对消息类新闻作品的写作，在实际应用中，如果遇到大型的、长期的调查项目，可能还需要写成篇幅较长的深度报道。深度报道的写作没有固定的格式要求，只要将调查结果描述得准确、清楚即可。

深度报道的开头部分不再成为导语，多为调查背景、相关新闻事件、调查起因和目的等内容的介绍，或者是提出几个与调查相关的问题以吸引读者继续阅读。

深度报道的主体部分由于内容较多，通常借助小标题的方式分为多个并列的部分，对调查相关的各种结果分别展开详细的论述。除了调查结果的介绍，主体部分还经常会穿插一些社会现象、媒体新闻、群众采访、专家点评、其他调查数据等相关内容。

深度报道的结尾不拘一格，可以是对调查本身的介绍，也可以是作者对调查的思考，还可以是相关的采访和点评，只要做到整篇文章的内容完整就行。

五、新闻写作的整体要求

结合新闻本身的写作要求和CATI项目的特点，有关CATI项目的新闻写作需要注意的有以下五个方面：

1. 新闻写作要快

这不仅要求写作速度快，还要求新闻反应要快。新闻的撰写者要能及时察觉CATI项目的社会意义，果断地判断出调查结果的新闻价值，迅速联系相关媒体。因为新闻都是具有时效性的，读者关注度降低的时候，新闻的价值势必也会降低。

2. 对调查所得数据应该予以解读

数据解读的目的是帮助读者明白数据的含义，但要注意解读的正确性。在写作时，新闻的作者应该明确地告诉读者比例的高低、趋势的升降等数据背后的意义。但是要正确解读数据，错误的解读是不真实的新闻，会误导读者。

3. 要尽量口语化，避免枯燥

由于新闻面对的是广大的读者，类似于“样本”、“配额”等调查中的专业术语，要尽量避免出现在新闻中，以免阻碍读者对新闻的理解。为了给读者在阅读时营造一种亲切感，新闻作品中还要尽量避免出现太多的数字，那样会让读者产生抵触心理。作者要尽可能地转化数据，例如尽量使用整数，用文字替换数字，与读者熟悉的事物作比较等。

4. 图表要规范、美观

有的时候，新闻作品中还会插入一些展示调查结果的图表，尤其是在深度报道中，这就要求作者制作的图表不仅要美观，还要符合图表规范。要保证所用数据的准确，不能只引用部分数据。还要保证图表要素的齐全，不能缺少单位、变量名等必备的要素。

5. 突出重点，抓大放小

根据新闻价值的大小，要对调查结果作出取舍，并按照重要程度先后介绍。CATI 项目的新闻不能像调查报告一样面面俱到。新闻就像是调查报告的内容提要，只能将最有可能引起关注的调查结果加以报道，没有特点或者说明不了问题的数据要舍得放弃。

由于以上特点，CATI 项目的新闻写作对作者也提出了相应的要求。它不仅要求作者具备新闻写作的相关技巧，还要求作者具备基本的数据分析和应用能力。

第三节　撰写学术论文

高校或研究机构的研究人员使用 CATI 系统辅助调查获取数据后，常常需要进一步对数据进行分析，然后把研究结果撰写成为学术论文。这类学术论文的撰写并没有一个固定的模式。但是由于使用 CATI 系统辅助的研究大多为定量研究，所以在格式上有一些基本要素是相对固定的。

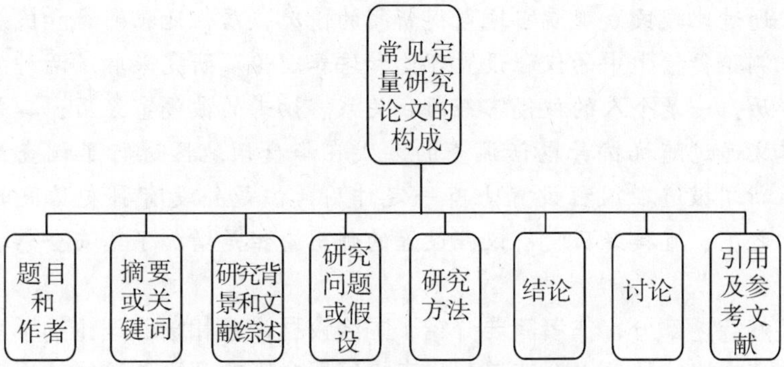

图 7-3　常见定量研究论文的构成

在对美国传播学权威期刊《传播学杂志》在 2000 年至 2009 年 9 月间应用 CATI 辅助研究的论文进行整理后发现，这类量化论文的正文一般分为六个部分。

第一部分是摘要。在摘要中应当包括研究的目的、意义、过程和结果。由于篇幅的限制，每项内容用 1～2 句话概括即可。

第二部分是研究背景和文献综述。这一部分需要根据研究的问题找出之前相关的研究成果，进行介绍和分析，以此引出本项研究的意义和创新之处。该部分篇幅根据需要而定。

第三部分是研究问题（Research questions）。研究者在该部分中具体的提出自己研究的问题，通常以假设的方式提出。提出假设时，要注意结合文献综述或者一定的思考和思路，也可根据具体研究需要省略这一部分。

第四部分是研究方法（Method）。这往往是论文最重要的部分。在这一部分需要介绍的内容有样本和抽样程序、变量、控制变量的方法、数据分析方法等内容。凡是本研究原创的与具体操作有关的内容，都可以以小标题的形式放入其中。

第五部分是结论。在这一部分要深入的剖析研究成果，有些论文把数据分析放在结论部分。在这里要结合第三部分提出的问题或假设，写出相对应的结论和新发现，也可以结合已有文献挖掘新的成果。

第六部分是讨论（Discussion）。围绕自己的研究成果和他人的研究成果进行比对分析，进一步深化结论。

结尾还需要附上所有的参考文献资料情况。

下面笔者将结合发表于《传播学杂志》2003 年第 3 期的一篇文章 *The Scary World in Your Living Room and Neighborhood: Using Local Broadcast News, Neighborhood Crime Rates and Personnal Experience to Test Agenda setting and Cultivation*，来分析一下学术论文的撰写格式。

在摘要部分，作者点出了文章的所有要点，简洁明了。

本文通过比较民众观看当地电视新闻的情况、居住地犯罪率和民众的个人安全感来测验传播学中的议程设置理论和培养理论。研究采取了两种方式来测量直接经历：一是个人的被侵害经历和关系密切者的被侵害经历；二是当地犯罪率。本文通过随机拨号电话调查的方式在华盛顿地区进行了调查，研究发现，当地新闻报道在议程设置上有一定作用，但是并没有引发居民的不安全感。相比之下，直接经历没有议程设置的作用，但是增加了不安全感。

在文献综述部分，作者简要介绍了围绕议程设置和培养理论的学者见解和争议，作者提出，另外一个变量——直接经历会影响两种理论的效果，并且提出了本研究的大概过程和关注重点。

在研究问题部分，作者在对研究思路进行了介绍之后，提出了具体的问题，参见下文。①

RQ1a：Does watching local news make one more likely to name crime an important problem?

RQ1b：Does watching local news make one more fearful?

RQ2a：Does personal experience with crime make one more likely to name crime an important problem?

RQ2b：Does personal experience with crime make one more fearful?

在研究方法部分，作者首先介绍了样本的抽取过程。由华盛顿大学的调查中心在2001年对华盛顿都市区居民（包括华盛顿和相近的马里兰州、弗吉尼亚州近郊）进行了随机拨号的电话调查，共采到921个有效样本。被访者必须是在家的成年男性。然后作者介绍了研究中的因变量，调查中的问题和选项的设置。

在结论部分，作者对调查获得的数据进行了具体的分析，主要采用了描述统计量分析和相关系数分析两种数据统计方法。结论涉及的有本地电视新闻的效果、对犯罪行为直接经历的效果和邻近地区犯罪信息的效果三个方面。

在讨论部分，作者汇总了之前的分析，提出了本地新闻和直接经历在两种理论上的不同作用机制。

① Kimberly Gross and Sean Aday. The Scary World in Your Living Room and Neighborhood：Using Local Broadcast News，Neighborhood Crime Rates and Personnal Experience to Test Agenda Setting and Cultivation. *Journal of communication.* 2003，p. 415.

后　记

本书作者是一批有志于传播学研究的中青年学者，都亲身主持或参与过多次 CATI 项目，积累了一定的实践经验。在接到撰写这部《计算机辅助电话调查》的任务时，我们认为这是一次让我们对 CATI 这一调查方法进行反思总结的机会，也是一次在理论与实践的对话中提升自身水平的机会。经过夜以继日地写作和修改，本书终于定稿。

在写作过程中，我们耐心地截取每一步操作的图片，尽可能多地列举可供参考的实例，设身处地地为读者指出可能遇到的问题，每一个细节尽可能做得细致入微。想读者之所想是我们的写作初衷，也是我们对自己的一贯要求。

在撰写过程中，我们力求以亲切的态度和通俗的语言与读者进行交流，不故弄玄虚，不脱离实际，但求简明易懂，方便实用。如今，本书即将接受读者的检验，希望我们的良苦用心能给读者带去更多的帮助。但愿此书能够使读者学有所获，知有所长。

本书存在的疏漏和不足之处，也希望广大读者提出宝贵的意见，我们将不胜感激。

朱磊

2012 年 10 月于暨南大学